AF588553

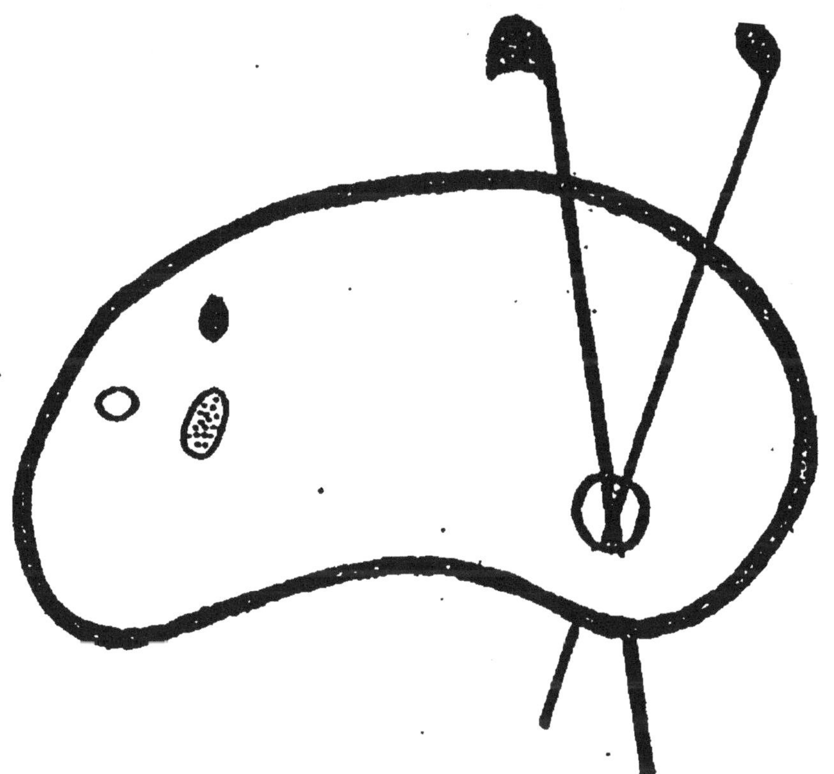

IDÉES MODERNES

COSMOLOGIE — SOCIOLOGIE

PAR

LÉOPOLD BRESSON

Ancien élève de l'École polytechnique

PARIS

C. REINWALD, LIBRAIRE,

15, RUE DES SAINTS-PÈRES, 15

1880

PARIS. — TYPOGRAPHIE DU MAGASIN PITTORESQUE
(JULES CHARTON, ADMINISTRATEUR DÉLÉGUÉ)
rue des Missions, 15

PRÉFACE

Non seulement les sciences d'observation et d'expérience, telles que l'astronomie, la physique, la chimie et la biologie, se sont enrichies, dans les temps modernes, et surtout depuis un demi-siècle, d'une multitude de faits et d'aperçus nouveaux ; mais de nouvelles sciences, de nouvelles théories, ont paru, sous les noms de philosophie positive, de sociologie, de théories de l'évolution, du transformisme, de l'unité des forces naturelles, etc. Dans tous les ordres de spéculation, la connaissance humaine a fait de grands progrès, les uns acquis, incontestables, les autres encore incertains et contestés.

Je me suis proposé de suivre la pensée moderne aussi loin que possible dans cette voie du progrès, jusqu'aù point même où elle semble près de s'égarer dans les obscurités d'une nouvelle métaphysique que l'on pourrait appeler mécaniste ou moléculaire.

De là le titre d'*Idées modernes*, qui indique suffisamment, je crois, l'objet de ce livre, et qui a l'avantage, si cela en est un, d'être pour ainsi dire perpétuel ; car il y aura toujours à refaire un livre d'idées modernes.

Parmi celles que j'ai exposées, il en est, je le crains, qui blesseront d'anciennes et sincères croyances, des sentiments ou des préjugés respectables. Il est difficile qu'il en soit autrement. On passe aisément pour matérialiste et pour athée, lorsque l'on veut rester à la hauteur de la science moderne, en touchant à certaines questions. Je ne suis cependant ni l'un ni l'autre. Les expressions de matérialisme et d'athéisme m'ont toujours inspiré, la dernière surtout, une sorte de répulsion instinctive. Je n'accepte pas plus les négations absolues de ces systèmes philosophiques que les affirmations opposées du spiritualisme et du théologisme.

Après avoir bien souvent réfléchi sur les problèmes et les mystères de la nature intime, de l'origine et de la fin des choses, dont l'esprit humain ne saurait se détacher, et qui m'ont été comme un refuge et un délassement au milieu d'occupations étrangères aux spéculations philosophiques [1], j'ai cédé, sur la fin de ma vie, à la

[1] Sorti de l'École des ponts et chaussées en 1840, l'auteur a servi près de quarante ans en France, en Algérie, aux travaux publics, à la guerre, à la marine ; puis en Russie, et enfin en Autriche, où, pendant dix-sept ans, il a été directeur général de la Compagnie des chemins de fer autrichiens.

(*Note de l'Éditeur.*)

tentation d'écrire mes réflexions. Je l'ai fait avec sincérité et sans réserve. Si ce n'était une citation périlleuse que de rappeler le mot de Montaigne, je dirais, car j'en suis sûr : Ceci est un livre de bonne foi.

Je serais satisfait si quelque lecteur bienveillant pouvait y reconnaître un peu de cette qualité rare et maîtresse que l'on appelle le bon sens.

IDÉES MODERNES

SCIENCE — POLITIQUE — SOCIOLOGIE

PREMIÈRE PARTIE

INTRODUCTION

DÉFINITIONS.

§ 1. — Certaines expressions peu usitées dans le langage ordinaire reviennent souvent dans le langage scientifique ou philosophique, qu'elles rendent obscur si elles ne sont pas facilement et rapidement comprises. C'est pourquoi je voudrais signaler tout d'abord quelques-unes de ces expressions, et les définir aussi clairement que possible. Elles se présentent ordinairement par couple, dont les termes, formant une sorte d'antithèse, se complètent et s'éclairent l'un par l'autre.

Objectif et *subjectif*. Le Dictionnaire de Littré s'exprime ainsi :

« *Objectif* est opposé à subjectif, et se dit de toute idée qui » vient des objets extérieurs à l'esprit. »

« *Subjectif*, qui a rapport au sujet. Il se dit, par opposition » à objectif, de ce qui se passe dans l'intérieur de l'esprit. »

Ajoutons quelques explications.

L'univers comprend l'homme, ou plutôt l'esprit, la pensée humaine, d'une part; le monde extérieur, d'autre part, dont l'homme lui même fait partie au point de vue matériel, organique et inorganique. Le monde est l'*objet*, objet de contemplation et d'observation. L'esprit est le *sujet*, qui contemple et observe. De là les qualifications d'objectif et de subjectif, pour ce qui arrive du dehors ou ce qui vient du dedans.

Il importe de bien comprendre que les deux aspects, subjectif et objectif, se rencontrent dans toutes nos spéculations. Ainsi, quand je considère la relation entre la durée de la chute d'un corps pesant et sa vitesse acquise, je conçois que cette relation subsisterait, comme toutes les lois naturelles, les trois grandes lois astronomiques de Képler, par exemple, qui règlent les mouvements célestes, quand même il n'y aurait pas de sujet pour la comprendre et l'exprimer. C'est une relation objective. Mais l'esprit constate la loi, s'en empare, la traduit dans le langage algébrique, la médite, et en opère les déductions. La loi est devenue subjective.

D'une manière générale, toute science est à la fois objective et subjective. Objective, en tant qu'elle comprend la série des relations existant entre les phénomènes naturels; et subjective, en tant qu'elle se compose de la série de ces relations constatées et formulées par l'esprit humain.

La première série est objective, scientifique proprement dite; la seconde est subjective, logique. Cette expression, *logique*, peut s'employer dans ce sens comme antithèse de *scientifique*.

La réalité, la légitimité des conceptions humaines, a pour condition et pour preuve l'accord permanent entre les séries scientifiques et les séries logiques, entre le dehors et le dedans, entre l'objectif et le subjectif.

Cette notion est de la plus haute importance, et j'y insiste encore. Il est évident que les positions successives que la lune occupe dans le ciel, positions déterminées par l'attraction terrestre combinée avec les perturbations solaires, forment une série d'événements astronomiques comprenant, entre autres, toutes les éclipses, entièrement indépendante de la pensée humaine, une série complètement objective, en un mot.

Mais voici que l'astronomie, partant d'un certain nombre d'observations célestes, en déduit, au moyen du calcul, une série de positions théoriques qui constituent ce que l'on appelle les tables lunaires. Ces tables, qui sont entièrement le produit de l'esprit humain, forment une série purement subjective dont la réalité subsisterait même après la disparition de notre satellite. Ces deux séries, objective et subjective, se développent parallèlement l'une à l'autre. Leurs termes doivent se correspondre et coïncider autant que possible, et cette coïncidence est à la fois le résultat et la preuve de l'exactitude et de la légitimité de la théorie.

§ 2. *Induction. Analyse. Déduction. Synthèse.* — L'induction est « une sorte d'analyse où l'on va des effets à la cause, des » conséquences au principe, du particulier au général. » (Littré, *Dict.*)

Lorsque l'esprit, contemplant un certain nombre de faits particuliers, parvient à saisir et à exprimer la relation générale qui les unit, il fait une induction. Ainsi les trois lois, dues au génie de Képler, sur la vitesse de translation, la forme des orbites, et la durée des révolutions des planètes, appartiennent aux inductions les plus brillantes et les plus fécondes de la cosmologie. Newton a atteint, par induction, un degré plus élevé encore de généralité en découvrant la loi de la gravitation universelle. Il est clair que l'induction a pour base la contemplation du monde extérieur, et qu'elle est une méthode, un procédé objectif.

La déduction, que nous ne distinguerons pas de la synthèse, est le procédé intellectuel par lequel on va, à l'inverse de l'induction, de la cause aux effets, du principe aux conséquences, du général au particulier. Ainsi Newton a donné le plus bel exemple de déduction ou de synthèse quand il a tiré les faits particuliers du système solaire de la loi générale de la gravitation. (Littré, *Dict.*) La méthode de déduction, basée sur la méditation, le raisonnement, le calcul, a plus particulièrement le caractère subjectif.

Intuition. Connaissance soudaine, spontanée, indubitable. (*Dict.* de Littré.) C'est l'intuition qui fournit les axiomes, et se trouve par conséquent à la base de toutes les sciences.

Il faut toutefois se défier des fausses intuitions, qui sont l'origine de la plupart des erreurs. Il ne suffit pas de dire : Je vois, je sais cela par intuition. Une connaissance intuitive n'a vraiment ce caractère que dans le cas où elle ne soulève pas de contradiction et de controverse.

§ 3. *Dynamique. Statique.* — Ces expressions, empruntées à la mécanique, se rapportent, la première à la théorie du mouvement, et la seconde à celle de l'équilibre. Mais elles ont reçu, dans la biologie d'abord, puis dans la sociologie, une extension philosophique nouvelle et importante.

« État dynamique, par opposition à état statique, c'est-à-» dire état d'un organisme considéré en fonction, par opposition » au même organisme considéré dans sa composition. » (Littré, *Dict.*)

Si l'on veut suffisamment étudier une machine compliquée, une locomotive par exemple, il faut décomposer cette étude : examiner d'abord le nombre, la forme, le poids, la situation relative, la destination de tous ses organes; puis considérer cette machine en mouvemement, le jeu de ses appareils, ses résultats, l'effort de traction qu'elle peut produire, etc. La première partie de cette étude est statique; la seconde est dynamique.

Tous les êtres vivants, y compris l'homme et les sociétés humaines, sont, sous ce rapport, comparables aux machines : ils sont doués, comme celles-ci, d'organes, d'appareils, de fonctions, et peuvent donner lieu à des études analogues. Il y a donc une statique biologique : c'est, on le voit de suite, l'anatomie; et une dynamique biologique, qui est la physiologie.

Il y a de même une statique sociale et une dynamique sociale, et ces termes prennent une signification philosophique élevée, s'éclairent d'un jour tout nouveau, quand ils sont rapportés, comme ils doivent l'être, d'une part à la théorie de l'ordre, de l'autre à celle du progrès social.

§ 4. *Spontané. Systématique.* — Toutes les conceptions humaines commencent par être spontanées, c'est-à-dire qu'elles naissent d'elles-mêmes dans l'esprit, sans être cherchées ni voulues. Dans tous les ordres de faits, les nécessités de son existence conduisent spontanément l'homme à quelques connaissances élémentaires. Lorsque le nombre s'en est accru, lorsque l'on a saisi entre elles des relations de coexistence, de séquence, de similitude; lorsqu'une classe spéciale a pu se former, vouée à la conservation, au développement, à la transmission de ces connaissances : alors la science s'est constituée, la découverte de la vérité est devenue l'objet d'efforts réfléchis, systématiques.

Ainsi, l'état systématique doit être considéré comme succédant, dans l'intelligence et dans les conceptions humaines, à l'état spontané.

§ 5. *Sympathie. Synthèse. Synergie.* — La syllabe radicale commune à ces trois expressions indique l'accord, la convergence, l'harmonie. La sympathie est relative aux sentiments, la synthèse aux idées, et la synergie aux efforts. Il y a lieu de remarquer que la synthèse, considérée plus haut comme méthode, l'est ici comme résultat.

Les trois termes si heureusement construits expriment les trois états analogues de la sensibilité, de l'intelligence, et de la volonté, c'est-à-dire des trois grandes facultés cérébrales, quand l'harmonie individuelle et sociale s'est autant que possible réalisée. Ils marquent le but de l'existence vers lequel l'homme doit tendre sans cesse, en devenant de plus en plus sympathique, synthétique, et synergique. (Aug. Comte.)

§ 6. *Intégration. Désintégration* ou *dissolution.* — Le philosophe anglais Herbert Spencer a donné au mot *agrégat* le sens le plus étendu en l'appliquant aux masses formées d'unités semblables, depuis les nébuleuses sidérales jusqu'aux sociétés humaines, et il a étudié, dans ces agrégats, les propriétés les plus générales que l'on puisse y concevoir.

L'intégration (qu'il ne faut pas confondre avec la même expression mathématique) est l'opération par laquelle les unités ou les parties d'un agrégat, qui étaient d'abord diffuses et homogènes, se concentrent et s'organisent. La conséquence de ce procédé universel est la différenciation des parties constituantes, des organes, des fonctions, ou, en d'autres termes, l'hétérogénité de l'agrégat.

La dissolution, suivant le sens ordinaire de l'expression, est le contraire de l'intégration. Elle ramène l'agrégat de l'état concentré à l'état diffus, de l'hétérogène à l'homogène.

L'évolution, dans son sens le plus large, doit comprendre ce double mouvement d'intégration et de dissolution.

Coexistence. Séquence. Ces deux notions se rapportent, la première à la conception de l'espace, la seconde à celle du temps. Lorsque deux choses existent au même instant, et occupent chacune un certain lieu de l'espace, il y a au moins entre elles une relation, celle de la distance qui les sépare. Lorsque deux événements se succèdent, il y a au moins entre eux une relation, celle du temps écoulé de l'un à l'autre. Ces relations de temps et d'espace constituent, en chaque cas, le minimum de notre connaissance; la notion de mouvement les comprend l'une et l'autre, et les lois de la mécanique sont à la base de toute science.

Temporel. Spirituel. Les divers sens de ces expressions sont assez connus; mais la philosophie positive, et généralement la sociologie, les emploient d'une manière déterminée et en contraste l'une avec l'autre. Le pouvoir temporel est le gouvernement proprement dit; le pouvoir spirituel est le desideratum de l'avenir positif; l'autorité théologique du pape et du sacerdoce catholiques peut seule aujourd'hui en donner une idée.

AXIOMES ET CERTITUDE.

§ 7. — On appelle axiomes certaines vérités dont la démonstration est, à la fois, inutile et impossible : inutile, parce que ces vérités sont évidentes de soi; impossible, parce que le raisonnement ne peut rien ajouter à leur évidence, et ne fait le plus souvent qu'en altérer la clarté.

Les sciences exactes ont soin de placer les axiomes sur lesquels elles s'appuient en tête de leurs démonstrations. On connaît, par exemple, ces axiomes mathématiques :

« Deux quantités égales à une troisième sont égales entre elles. »

« Le tout est plus grand que sa partie. » Etc.

Le propre des axiomes est, au simple énoncé, de forcer l'adhésion de l'esprit, dans son état sain et normal; tandis que les propositions opposées y soulèvent une répulsion invincible.

Il faut se garder de trop multiplier le nombre des axiomes, et de prendre pour tels des propositions dont la preuve est nécessaire; on introduirait par là l'incertitude et l'instabilité dans les fondements mêmes de la science. Mais on doit éviter également l'excès contraire, qui est de vouloir tout démontrer. On arrive ainsi aux obscurités ontologiques et au doute universel.

Il me semble que les sciences philosophiques, la métaphysique, la logique, etc., sont tombées dans ce dernier excès, en agitant des questions que résout immédiatement la simple affirmation du sens commun, telles que les questions de notre propre existence, de la réalité du monde extérieur, et quelques autres de même nature.

Les propositions : Je sens, je pense, je suis, je veux, doivent être acceptées comme des axiomes, au même titre que les vérités mathématiques élémentaires.

A côté de cette affirmation du moi, du sujet, vient se placer immédiatement celle de la réalité du non-moi, de l'objet, du milieu où l'homme vit et se développe; des phénomènes qu'il perçoit; de la substance, de la matière dont ces phénomènes sont la manifestation. Ces affirmations, ces certitudes, sont de la même évidence; elles se valent et se complètent.

§ 8. — Au-dessous des axiomes, avec un moindre degré d'évidence, mais avec un caractère de certitude aussi complète, se développent les séries subjectives des vérités rationnelles, et les séries objectives des faits d'observation. Je ne veux pas dire que tout raisonnement soit infaillible, et tout résultat d'observation incontestable. La certitude rationnelle doit supporter l'épreuve permanente de la démonstration, s'imposer à tous les esprits, supprimer la contradiction, et se trouver finalement d'accord avec les résultats de l'observation. La certitude expérimentale s'acquiert par le contrôle, la critique, la répétition, l'accord constant des observations entre elles et, s'il y a lieu, avec les vérités démontrées.

Lorsque ces conditions sont remplies, l'esprit humain est en possession d'une nouvelle espèce de certitude.

De la définition du cercle et des propriétés des perpendiculaires on déduit, par exemple, qu'une ligne menée du centre d'un cercle au point milieu d'une corde quelconque, est perpendiculaire sur cette corde. Cette proposition géométrique n'a point l'évidence d'un axiome, mais elle en a toute la certitude.

Qui pourrait douter des lois assignées aux mouvements planétaires, en les voyant confirmées par la prévision, à une seconde près, d'événements futurs tels que les éclipses? ou de la loi physiologique qui impose la mort comme terminaison future à toute existence organique sur la surface du globe?

Ainsi, l'homme s'affirme avec son intelligence, sa sensibilité, son activité, sa conscience; et il affirme en même temps le milieu dont il fait partie. Il se reconnaît apte à en percevoir les phénomènes, à les coordonner, à en constater les relations de coexistence, de succession et de similitude, c'est-à-dire les lois; puis, revenant sur lui-même, il prend pour objet de ses études les conditions de sa vie individuelle ou collective, et étend ainsi le champ de ses recherches spéculatives, depuis les notions mathématiques élémentaires jusqu'aux questions morales et sociales les plus élevées.

Tel est le terrain solide et débarrassé des obscurités métaphysiques que l'esprit humain peut et doit prendre pour point de départ; telle est la voie qui lui est ouverte, et où il peut s'engager avec une confiance légitime.

Est-ce à dire que cette confiance doive être illimitée; que, sur cette voie, il ne rencontre pas des indécisions, des difficultés, des obstacles insurmontables, et même des abîmes? Bien loin de là! nous allons le voir.

§ 9. — L'homme naît, vit, passe et meurt dans le temps et dans l'espace; il en est enveloppé et pénétré; c'est à la fois la condition nécessaire, le tourment et je dirais presque l'humiliation de son esprit. Pas de notion plus simple et plus incompréhensible, plus fatale et plus contradictoire. Le temps et l'espace font partie, comme données ou comme objet, des sciences les plus positives et les plus parfaites, la géométrie et la mécanique; et cependant l'esprit ne peut en soutenir la contemplation prolongée, sans éprouver comme un sentiment de vertige et d'effroi.

Qu'est-ce donc que l'espace? Suffit-il de répondre avec Kant: Une simple forme de la sensibilité? Mais si les êtres sensibles étaient anéantis, s'il ne restait que des substances minérales, n'y aurait-il plus d'espace? Est-ce plutôt une réalité objective? Mais si tous les corps disparaissaient, s'il ne restait rien dans le lieu, dans l'espace qu'ils occupent, ce rien, cet espace, serait-il quelque chose?

Sans chercher une réponse à ces questions, voyons ce que dit H. Spencer sur ce sujet:

« La connaissance de l'absolu est impossible; nous ne connaissons les choses que par leurs différences ou par leurs ressemblances, c'est-à-dire par leurs relations.

» Les relations sont de deux ordres: il y a des relations de séquence et des relations de coexistence; les unes sont primitives, les autres dérivées. La relation de séquence est donnée dans tout changement de conscience. La relation de coexistence, qui ne peut être donnée originellement dans la conscience dont les états sont sériaires, n'apparaît que lorsqu'on trouve que les termes de certaines relations de séquence se présentent à la conscience aussi facilement dans un ordre que dans l'autre... La conception abstraite de toutes les séquences est le temps. La conception abstraite de toutes les coexistences est l'espace. » (*Premiers principes.*)

Il est difficile de mieux dire et de rester clair, en pénétrant plus avant dans le sujet.

Nous avons, par la vue, mais surtout par le tact et par la résistance que rencontre notre action musculaire, la perception d'un corps, de ses formes, de ses dimensions. Ce corps occupe une portion de l'espace limitée par ses lignes et ses surfaces, et nous acquérons, par les sensations dont il est l'origine, une notion nette, positive, de cet espace ainsi limité et défini. La distance de deux corps éloignés l'un de l'autre nous donne l'idée non moins nette de l'une des dimensions de la partie limitée de l'espace qui s'étend entre ces corps. Ici point de difficultés : des notions claires, précises, dont les développements constituent la géométrie. Mais au delà de cet espace limité, quelque immense qu'on le suppose, nous en concevons un autre, puis après celui-ci un autre, et ainsi de suite.

Dans les profondeurs, dans les abîmes stellaires superposés, la limite qui nous arrête un instant recule et s'enfonce indéfiniment devant notre imagination éperdue ; c'est en cela que consiste la notion de l'infini dans l'étendue. Nous ne connaissons point cet infini d'un seul jet, par une affirmation immédiate et totale. Dans ce sens, l'infini est absolument incompréhensible. Nous procédons, comme l'expression même l'indique, par des négations successives, dont la progression me paraît avoir perfectionné l'idée même d'infini. Je crois, par exemple, que les jalons posés dans les espaces célestes, à des distances prodigieuses, par l'astronomie moderne, nous ont donné de l'univers infini une notion supérieure à celle qu'en avaient les philosophes anciens. Quoi qu'il en soit, cette négation de toute limite, ou, si l'on veut, cette affirmation de l'au delà, ne contient plus rien de scientifique, rien que l'on puisse en déduire. Nous retombons en pleine obscurité, en pleine contradiction. Car, tout en voyant que l'espace ne saurait être borné, nous sentons que nous ne pouvons et que nul être ne peut le comprendre. Le seul fruit qu'il y ait à retirer de pareilles spéculations, c'est la conviction de notre impuissance cérébrale, et un sentiment de résignation qui peut ne pas être sans dignité.

§ 10. — La notion du temps est de même nature que celle de l'espace. Le temps n'est ni une entité réelle, ni une simple condition de l'intuition sensible, de la perception. Nous ne pouvons nous représenter le temps que par la succession des phénomènes. S'il n'y avait dans la nature et dans la conscience ni mouvement, ni changement d'état, ni phénomène d'aucune sorte, le temps n'existerait pour aucune intelligence. Et s'il n'y avait pas d'être pensant, l'ordre chronologique des mouvements célestes, par exemple, n'en subsisterait pas moins.

La définition de Spencer rapportée plus haut, nous paraît encore la meilleure qu'on puisse donner.

Lorsque nous percevons sans discontinuité le commencement et la fin d'un phénomène, nous avons une notion nette de la durée; lorsque deux événements se succèdent, l'idée de l'intervalle de temps qui les sépare se présente clairement à l'esprit. Cette idée se précise, le temps se mesure, lorsque les événements, les mouvements, se reproduisent avec régularité, tels que l'évolution annuelle de la terre autour du soleil, ou sa rotation diurne sur son axe, ou les simples oscillations d'un pendule.

La notion d'un temps limité prend par là un caractère aussi positif, aussi scientifique que celle d'un espace limité, et concourt avec celle-ci à la constitution de la mécanique.

La science a prodigieusement reculé ces limites dans les temps modernes : la géologie assigne des millions d'années à la formation successive des couches qui composent l'écorce terrestre. L'agglomération de la matière cosmique en nébuleuses, la transformation de celles-ci en systèmes solaires; le refroidissement des planètes jusqu'au point où la vie s'y développe et plus tard s'y éteint; la naissance, le développement, la maturité, la vieillesse et la mort d'un astre, supposent certainement une durée beaucoup plus grande encore. On peut affirmer, je crois, que les anciens n'avaient pas l'idée de cette immensité, et que leur notion de l'infini, dans le temps comme dans l'espace, était inférieure à la nôtre.

Quoi qu'il en soit, ces limites, si éloignées qu'on les veuille fixer, ne sauraient contenir la pensée humaine, qui, du présent, s'élance irrésistiblement et se perd dans l'obscurité du passé et de l'avenir : obscurité, abîmes plus profonds encore et plus effroyables (c'est le mot de Pascal) que ceux de l'étendue.

Lorsque, par une belle nuit étoilée, étendant la main vers le ciel, je me dis: Là, dans cette direction, au moment même où je parle, est l'espace sans bornes, infini, peuplé d'innombrables soleils; cela est inouï, incompréhensible, mais actuel, présent, indiscutable; j'éprouve une sorte d'éblouissement intellectuel qui tient moins de l'effroi que du ravissement.

Je n'aborde, au contraire, qu'avec une défiance craintive, la contemplation de l'éternité future et surtout de l'éternité passée. La première, il est vrai, se conçoit comme une succession illimitée de durées partielles, d'événements innombrables, qui forment le prolongement immense de notre courte vie. Mais le passé infini, considéré comme une série d'événements dont aucun n'a été le premier, soulève dans mon esprit une espèce de révolte. Il paraît contradictoire, impossible, que, dans cette série qui n'a pas de commencement, le terme actuel, l'instant présent, ait jamais pu arriver; et je suis tenté de m'écrier : Cela est, mais c'est absurde.

Est-ce à dire qu'il soit inutile ou malsain de se pencher parfois avec curiosité et émotion sur ces abîmes pleins de doutes et de ténèbres? Non certainement. Mais à la condition de ne point s'y laisser entraîner par le vertige, et de se relever avec plus de calme et moins de prétentions, mieux résigné à la véritable condition humaine, et préparé à marcher d'un pas plus ferme dans la voie des sciences positives.

CAUSE ET EFFET. — CAUSE PREMIÈRE.

§ 11. — Lorsque deux faits, d'un ordre quelconque, sont liés par des rapports tels que le premier détermine l'apparition du second, l'un est dit cause et l'autre effet. Ainsi, la chute des corps à la surface de la terre est l'effet de la pesanteur; la lumière solaire est la cause de la combinaison détonante du chlore et de l'hydrogène. Le remords est l'effet d'une action mauvaise.

L'ancienne philosophie énonçait, comme une vérité fondamentale, qu'il n'y a point d'effet sans cause; autant dire qu'il n'y a pas de résultat de cause sans cause; une pareille affirmation n'est qu'une sorte de tautologie qui ne peut rencontrer de contradicteur, mais qui n'a aucune valeur logique.

La notion de cause et d'effet résulte de ce que l'univers se présente à notre esprit, composé de séries continues, indéfinies, de phénomènes, d'êtres, d'événements, dont chacun est à la fois produit du passé, producteur de l'avenir; de sorte que tout effet est dû à un grand nombre de causes, et, devenant cause à son tour, concourt à une multitude d'effets.

Ainsi envisagée, la notion de cause a la plus complète analogie avec celle de temps et d'espace. Nous concevons une suite de causes infiniment prolongée dans le passé et dans l'avenir, de même qu'une succession infinie d'instants et une juxtaposition infinie d'espaces. Mais nous ne comprenons pas plus une première cause qu'un premier instant, ou qu'un dernier espace.

Réduite à cette proportion, et comprenant tout ce qui est observable ou concevable, l'idée de cause prend un caractère complètement scientifique. Elle n'explique point l'origine des choses, qui est absolument inaccessible à l'intelligence humaine; mais une cause première ne l'explique pas davantage. Quand on y a recours, c'est pour y reporter, en les accumulant, toutes les difficultés que l'on écarte provisoirement de la route, jusqu'au point où elles se dressent comme une barrière infranchissable.

Rien de plus inintelligible, par exemple, que la création du monde par une cause première qui, après être restée immobile, stérile, dans le vide et le silence absolus, pendant un temps infini, se serait mise à créer tout à coup, il y a quelques milliers d'années, avec une inépuisable fécondité.

A coup sûr, au point de vue logique, une série de causes, une sorte d'intégrale prise entre deux infinis pour limites, est plus satisfaisante. Il n'en est pas de même au point de vue religieux, que je respecte beaucoup, mais dont je n'ai point à m'occuper ici.

Ceux qui résolvent la question par l'affirmation du catéchisme : Dieu, pur esprit, éternel, tout-puissant, créateur et providence de l'univers; qui n'éprouvent à ce sujet ni doute, ni hésitation; ceux-là sont dans un état mental satisfaisant, je dirais volontiers enviable. Ils n'ont rien de mieux à faire que d'y rester.

Du reste, dans ces questions d'origine et de nature des choses, il est aussi téméraire de nier que d'affirmer. Arrivée à ces hauteurs, l'intelligence est entourée de nuages épais qui l'empêchent de rien discerner.

Dans la série des êtres qui sont à la fois causes et effets, l'homme se présente au rang le plus élevé, sinon par sa puissance matérielle, du moins par son intelligence. Il n'en connaît point au-dessus de lui. En existe-t-il quelque part, dans d'autres mondes? Rien ne le prouve ni ne l'infirme; et rien n'empêche de le supposer, et d'admettre l'existence d'êtres qui lui soient infiniment supérieurs. Si ces êtres inconnus, innommés, doués de facultés surhumaines, vivent à la surface des astres immenses qui peuplent les cieux, ou dans le milieu subtil où ils se meuvent, aucun lien, aucune influence réciproque ne se manifeste cependant entre eux et nous. La terre est soumise à la gravitation des masses sidérales qui l'entourent; mais l'action providentielle, bonne ou mauvaise, de leurs habitants à notre égard, n'est point saisissable.

Ici, l'observation et le raisonnement s'arrêtent impuissants. Il est permis à chacun de se livrer à ses sentiments, à ses rêves, mais non de les imposer aux autres comme une base de croyances communes et obligatoires,

ESPRIT ET MATIÈRE.

§ 12. — La nature intime des choses est pour nous aussi impénétrable que leur première origine.

La matière se manifeste à nos sens par les phénomènes les plus variés, sous les formes les plus différentes, depuis les scories organiques et les animaux élémentaires d'un aspect repoussant, jusqu'aux plus ravissantes créations, telles que les cristaux et les étoiles, les fleurs et la femme, la femme surtout, type achevé de la perfection plastique.

La matière vibre, gravite et se meut; elle est sonore, chaude, lumineuse et électrique. Inerte en apparence dans le règne minéral, elle s'organise dans les végétaux, se développe avec des propriétés nouvelles dans la série animale, et atteint dans le cerveau humain le plus admirable épanouissement.

Les molécules matérielles ne sont jamais au repos; elles sont toutes et sans cesse engagées dans les mouvements les plus compliqués, dans les vibrations les plus délicates, dont chaque espèce constitue l'objet spécial de toute une science.

Telles sont les manifestations évidentes de la matière. On ne les a point considérées, toutefois, comme le résultat des propriétés de la matière elle-même; on les a attribuées à l'action de forces hypothétiques, de moteurs mystérieux, imaginés pour expliquer chaque grande catégorie de phénomènes : c'est ainsi que ceux de la chaleur, de la lumière, de l'électricité, du magnétisme, de la vie, ont donné lieu à la création imaginaire des fluides calorique, lumineux, électrique, magnétique, vital. Une heureuse exception, cependant, a été faite pour les phénomènes de la gravitation, dont la pesanteur n'est qu'un cas particulier : on ne trouve point de trace d'un fluide *gravidique* dans l'histoire des sciences, probablement parce que la gravitation, reconnue propriété générale des corps, s'est promptement dégagée des ténèbres métaphysiques.

Il est clair que l'explication par les fluides n'explique rien, et rappelle la réponse du médecin de Molière à la question : « Pourquoi l'opium fait-il dormir? — Parce qu'il a une vertu dormitive. »

Quoi qu'il en soit, les fluides dits impondérables, sorte d'intermédiaires entre l'esprit et la matière, qui est toujours pondérable, ont perdu l'utilité qu'ils pouvaient avoir comme transition entre les fictions mythologiques et les conceptions positives. Les phénomènes physiques, chimiques, vitaux, sont de plus en plus considérés comme les manifestations immédiates des corps vibrants, qui, par de simples transformations de mouvements, donnent naissance aux sons, à la chaleur, à la lumière, à l'électricité, et à la vie.

§ 13. — Après avoir ainsi restitué à la matière les propriétés, en d'autres termes les forces, les énergies qui lui appartiennent, si l'on cherche à en pénétrer la nature intime, on voit surgir toutes les difficultés inhérentes à de pareilles tentatives.

Un fait s'en dégage tout d'abord : les corps changent d'état, se transforment, passent d'une combinaison dans une autre; mais pas une de leurs particules ne périt : la balance à la main, la chimie poursuit et retrouve toujours celles-ci dans leurs étonnantes métamorphoses. Telle molécule de charbon qui a fait partie de la nébuleuse solaire, puis de l'atmosphère terrestre, fixée un instant dans les tissus végétaux de l'époque carbonifère, est allée s'enfouir pour des milliers de siècles dans les formations houillères, en est sortie un jour pour devenir fleur ou acier, aile de papillon ou gaz à éclairage, diamant ou noir de fumée, et retourne ensuite dans l'atmosphère. Rien ne nous suggère l'idée de la destruction absolue de la matière; nous n'en concevons pas plus l'anéantissement que la création. C'est ce que résument ces aphorismes à demi scientifiques et à demi populaires : « Rien ne se fait de rien ; Rien ne se perd dans la nature. »

La matière nous apparaît donc comme infinie dans le temps. Elle ne l'est pas moins dans l'espace, qu'elle remplit sous la forme d'astres et de nébuleuses. Mais, en outre, son extrême divisibilité nous conduit à une conception nouvelle, celle de l'infiniment petit.

On estime qu'un millimètre cube de liquide peut contenir 100 millions de vibrions munis d'organes de nutrition, de locomotion, etc. Ces organes eux-mêmes se composent de molécules qui sont, pour ainsi dire, des infiniment petits de second ordre. La ténuité en est encore dépassée par celle de la matière des comètes, dont la densité, suivant les calculs de Babinet, est à celle de notre atmosphère comme l'unité à un nombre composé de 125 chiffres. Doit-on conclure que la divisibilité de la matière est infinie? Il faut distinguer. Oui, sans doute, si l'on entend par là qu'une particule matérielle peut toujours être conçue, par exemple, comme partagée en deux; fractionnement qui, indéfiniment répété, produirait des quantités plus petites que tout ce que l'on peut imaginer, et une sorte d'évanouissement de la matière, de la substance des phénomènes; mais cette considération se rapporte à l'espace plutôt qu'à la matière même.

Dans l'état actuel de nos connaissances, au contraire, il est au moins admissible que les corps sont réductibles à des particules, extrêmement petites il est vrai, mais indivisibles chimiquement. Ainsi conçu, le monde matériel est loin d'être expliqué dans sa nature intime; toutefois, dans l'ordre des phénomènes physiques, chimiques ou même organiques élémentaires, il ne présente pas de ces contradictions devant lesquelles l'intelligence s'arrête interdite.

§ 14. — Il en est autrement s'il s'agit des facultés les plus élevées de l'animal, et de l'homme surtout, c'est-à-dire de l'entendement, de la volonté, de la conscience. On comprend qu'un corps pesant et lumineux, par exemple, soit formé de molécules pesantes et lumineuses, qui, sauf le degré d'intensité, jouissent des mêmes propriétés que le corps lui-même. Mais personne ne soutiendra qu'une molécule matérielle (qu'il ne faut point confondre avec la monade de Leibniz) est douée d'intelligence et de volonté. Comment, dès lors, un nombre quelconque de ces molécules pourraient-elles, par leur juxtaposition, par leur association, si l'on veut, produire la volonté, la pensée et l'unité si profondément sentie du moi humain?

Cette contradiction a été facilement aperçue dès l'origine de la philosophie, et, pour la résoudre, on a imaginé un principe, une substance, nommée âme ou esprit, à laquelle ont été attribuées toutes les propriétés qui paraissent incompatibles avec la constitution de la matière.

Mais il est clair que ce principe, institué pour l'explication d'une classe spéciale de phénomènes, ressemble beaucoup aux fluides impondérables de l'ancienne physique, n'explique rien, et ne fait que reporter un peu plus loin la difficulté et la contradiction.

Il est vraiment impossible, en effet, de se faire une idée quelconque de cette chose que l'on nomme pur esprit, qui n'a point de parties, qui n'occupe aucun lieu, qui n'est nulle part, et qui finalement ne peut être que rien. Admettons, cependant, la réalité de cette étrange conception, supposons même que la substance immatérielle se partage, ce qui est déjà contradictoire, en âmes individuelles, personnelles. Voici l'homme, par exemple, constitué par l'association de l'âme et du corps. Eh bien, il n'est pas un argument dirigé contre la matière pensante qui ne puisse être retourné contre l'union de l'esprit et de la matière. Tout penseur attentif reconnaîtra aisément que le travail, la fatigue de la pensée, se produisent au-dessus des yeux, sous le front, dans la partie antéro-supérieure du cerveau. C'est donc là que réside l'âme, et non, cela se sent, dans une autre partie du corps, ni en dehors, ni dans un autre individu. Voilà donc cette portion de substance immatérielle enchaînée à un organe pesant, limité; la voilà localisée, contenue dans quelques centimètres cubes, soumise à toutes les actions et réactions matérielles. Cette incompréhensible association n'est certainement pas plus propre à expliquer les phénomènes de la pensée que ne le sont l'organisation de la matière et le concours des forces qui l'animent.

Le débat entre le spiritualisme et le matérialisme, dont ce qui précède n'est qu'une courte indication, dure depuis des siècles, et n'est pas près de finir. Tant que la question de substance et d'origine restera posée entre ces deux systèmes, gardons-nous d'y entrer : tout a été dit sur ce sujet, et rien n'a été résolu. Les facultés intellectuelles apparaissent dans la série animale au moment où l'organisme y atteint un certain degré de perfection : voilà le fait incontestable. L'intelligence humaine se reconnaît, s'affirme, mais ne s'explique pas à elle-même.

Il faut d'ailleurs bien définir ce que l'on entend par explication. Un fait est expliqué lorsqu'il est rattaché, comme cas particulier, à un fait plus général : ainsi, la foudre à l'état électrique de l'atmosphère, l'élévation des colonnes liquides dans le vide à la pesanteur, et celle-ci à la gravitation universelle. Un phénomène est aussi expliqué quand on en a constaté le mode de variation, de dépendance, les relations de succession, de similitude, avec un autre phénomène. Mais la dernière raison des choses nous échappe toujours, et, à ce point de vue, la gravitation n'est pas mieux expliquée que la pensée : l'activité inconsciente du plus élémentaire des organismes animaux est aussi inconnaissable, dans sa cause et son essence, que les facultés les plus élevées de l'humanité.

§ 15. — La notion de substance, esprit ou matière, comme celles de temps, d'espace, de cause première, est donc entourée de mystères qu'il n'est pas possible ni, du reste, nécessaire de pénétrer.

Ce sont bien des idées premières que l'on rencontre au commencement de toute spéculation philosophique ou scientifique. H. Spencer les rattache, toutefois, à une conception plus générale, celle de la force et de la persistance de la force. Son raisonnement, à cet égard, peut se résumer ainsi : « Le concept d'espace nous est donné par les positions coexistantes de la matière, et celui de temps par ses positions successives, par ses changements. Mais la matière elle-même n'éveille dans l'esprit l'idée de son existence que par la résistance qu'elle oppose au toucher et par la tension musculaire que suscite cette résistance. Ainsi, toutes les expériences qui donnent naissance aux idées de matière, d'espace et de temps, sont des expériences *de force;* et par là se trouve unifiée toute la connaissance humaine, du moins dans l'ordre matériel. » A cela je n'ai rien à redire, si ce n'est que je regrette de voir substituer l'idée métaphysique de force à l'idée positive de mouvement. Nous y reviendrons, du reste, ainsi que sur le principe de la persistance de la force.

L'AUTRE MONDE ET L'AUTRE VIE.

§ 16. — Si les sciences d'observation et d'expérience, l'astronomie surtout, avaient toujours été ce qu'elles sont aujourd'hui, il me paraît certain que l'homme n'aurait jamais imaginé un monde autre que celui qu'il voit, et au milieu duquel il vit.

Le polythéisme grec et romain plaçait vaguement les dieux et les demi-dieux dans l'olympe, au-dessus de la voûte céleste, quelque part dans l'azur et dans la lumière. Les ombres des morts étaient reçues et traitées, dans une certaine mesure, suivant leurs mérites, aux enfers, dans les profondeurs de la terre.

Le monothéisme chrétien a idéalisé l'olympe en le transformant en paradis, et l'a élargi en y appelant les âmes de tous les élus. L'enfer a été exclusivement réservé aux coupables, aux damnés, dont les tourments ont été singulièrement variés et aggravés. Mais la localisation de ces institutions ultra-mondaines n'a point été changée : le ciel et la terre sont demeurés affectés l'un au Paradis, l'autre à l'Enfer.

Évidemment, ces dogmes ne sont plus soutenables, et devraient subir de graves modifications pour s'adapter aux sciences astronomiques et géologiques. Il serait puéril de placer la partie de l'autre monde affectée à l'expiation dans les profondeurs des couches terrestres; quant à la seconde partie, destinée aux récompenses, il n'est guère plus satisfaisant de la supposer installée dans le vide des espaces planétaires.

Étant admis que l'homme, au moment de sa mort terrestre, doit jouir d'une autre vie où il conserve son identité, on pourrait imaginer, sans tomber dans des contradictions scientifiques, que son âme, revêtue d'organes d'une forme nouvelle, inconnue, d'une perfection croissante, d'une puissance prodigieuse, etc., passe sur des astres privilégiés, où elle trouverait toutes les jouissances imaginables des sens et de l'esprit ; ou bien qu'au contraire, enfoncée plus avant dans les liens de la matière, elle soit condamnée à habiter des planètes maudites, où elle subisse une dégradation méritée. Il y aurait dans les cieux des astres-paradis et des astres-enfers. On pourrait, en revenant ainsi à l'ancienne métempsycose, agrandie, perfectionnée, se livrer aux combinaisons les plus variées et les plus ingénieuses de lunes, de planètes, de comètes, de soleils et de nébuleuses. Je ne raille pas ; c'est un sujet qui m'a paru toujours plus redoutable que plaisant : la question de l'autre vie est la plus émouvante, la plus sérieuse que l'homme puisse se poser.

Malheureusement, cette question est loin d'être affirmativement résolue. Si l'homme n'est autre chose qu'une agrégation, aussi parfaite que l'on voudra, de particules matérielles, il est clair que, le lien vital une fois brisé, il ne reste de lui que ces particules mêmes qui se séparent et se dispersent dans de nouvelles combinaisons brutes ou organiques.

Dans le cas même où la vie humaine serait constituée par l'association d'un corps et d'une substance immatérielle, celle-ci pourrait bien avoir une fin, puisqu'elle aurait eu un commencement, non point par son anéantissement, ce qui n'a aucun sens, encore moins pour l'esprit que pour la matière; mais par sa réunion à la substance spirituelle infinie, ce qui, à la vérité, n'est pas plus facile à concevoir, mais équivaudrait à la négation de la vie future.

Quand on traite un pareil sujet, même superficiellement, il est impossible de ne pas dire un mot de l'âme des bêtes. L'homme a au-dessous de lui, dans la série biologique, un nombre infini d'animaux doués, à des degrés divers, de sensibilité, de volonté et, dans la partie supérieure de cette série, d'une intelligence incontestable. Ces facultés, comme le système nerveux lui-même, diffèrent, en passant de l'un à l'autre, non de nature, mais seulement d'intensité ; suivant la philosophie spiritualiste, elles auraient pour condition commune, chez tous les animaux y compris l'homme, l'union de l'esprit et de la matière. Il existerait donc une multitude d'êtres immatériels appelés au même titre à jouir du bénéfice d'une vie future ; et voilà une terrible charge d'âmes pour les spiritualistes !

§ 17. — Ainsi, dans cette question, on rencontre de tous les côtés des difficultés inextricables, des complications croissantes, le doute, l'obscurité, que ne peuvent dissiper ni le raisonnement, ni l'expérience. On invoque parfois ce que l'on appelle le consentement unanime des hommes. L'unanimité n'est point ici absolue ; mais le fût-elle, que pourrait-on en conclure ? L'organe de la pensée, le cerveau, diffère peu d'une race à l'autre de l'espèce humaine, et doit produire partout les mêmes idées, les mêmes croyances, plus ou moins modifiées par le milieu, l'âge, le climat. Toute civilisation, tout progrès, comme tout système philosophique et toute religion, sont virtuellement contenus dans le premier ou dans les premiers couples humains ; se développent et se succèdent, dans leur descendance, suivant un ordre qui n'est point arbitraire.

Nous verrons plus tard comment l'idée d'une autre vie, et par suite d'un autre monde qui en serait le théâtre, est surtout résultée des impressions primitives produites sur l'homme par les phénomènes soit du monde extérieur, soit de sa propre existence terrestre.

On fait encore appel à l'utilité, à la préservation de la morale individuelle et sociale.

Je ne veux point ici m'arrêter sur ce dernier aspect de la question ; je dois y revenir, car la morale forme la conclusion obligée de toute spéculation philosophique. Je ferai seulement deux remarques à ce sujet.

La première, c'est que l'utilité réelle ou supposée d'une chose ne suffit pas pour en établir l'existence. Nous n'en avons que trop d'exemples dans la condition humaine ! Sans doute, la crainte des châtiments ultra-mondains peut, dans une certaine mesure, servir de frein aux natures vicieuses. Mais cette influence paraît bien limitée; car il n'est guère contestable que la morale publique et privée a toujours été en s'améliorant, pendant que les croyances théologiques voyaient successivement diminuer leur empire.

Ma seconde remarque, c'est qu'il est socialement imprudent de faire reposer la morale sur des dogmes fragiles, sujets aux doutes et aux incertitudes métaphysiques. Il faut leur donner une base plus assurée, ces axiomes, par exemple, dont je parlais en commençant, parmi lesquels je me borne à citer en ce moment cette maxime sortie du fond même de la conscience humaine :

« Ne faites pas aux autres ce que vous ne voudriez pas que l'on vous fît. »

Que reste-t-il donc à l'appui des espérances ultra-mondaines? Des aspirations vagues et d'ambitieux désirs.

La mort est l'événement le plus certain de la vie; elle frappe sans relâche, loin de nous, près de nous; chaque jour elle enlève des milliers de créatures humaines; elle se présente sous toutes les formes, à tous les instants. Cependant elle surprend toujours, et toujours l'homme éprouve à son approche ou à sa vue le même sentiment d'horreur. Attaché à l'existence par toutes les fibres de son être, par ses travaux, par ses affections, par ses jouissances matérielles et morales, il ne peut croire, il ne veut pas que cette existence finisse, il se révolte contre l'idée d'une destruction absolue.

Des enfants pleurent près du cercueil d'un père, et dans l'effarement de la douleur contemplent pour la première fois l'appareil funeste de la mort. On essaye de les consoler en leur disant que leur père est là-haut, qu'il les voit, les aime toujours et continue de veiller sur eux.

Une mère, penchée sur le lit de mort de sa fille, voit avec désespoir la rigidité et la pâleur cadavériques prendre sur le visage aimé la place du sourire et des teintes charmantes de la jeunesse. Quoi, tout est fini; l'enfant n'est plus et jamais ne sera. De tout ce charme, de tout cet amour, il ne reste rien, rien que ce corps bientôt déformé et dissous! C'est impossible! l'ange m'a laissée, il est parti; mais il est aux cieux, je l'y retrouverai; Dieu me le rendra!

Qui voudrait enlever à ces enfants leur consolation, à cette mère sa suprême espérance?

L'esprit humain s'élève à la hauteur des plus grands problèmes de l'univers; il pénètre dans la profondeur des cieux et dans la constitution intime des corps; l'infini seul lui oppose une barrière infranchissable. L'homme, a-t-on dit, est plus grand que le monde, car il le connaît et le discute; tandis que le monde ne saurait ni le connaître, ni le comprendre. Comment l'existence de cet être supérieur serait-elle bornée à la courte vie terrestre? Un Képler, un Newton, ne vivront-ils donc point aussi longtemps que les lois universelles dont la découverte est due à leur génie?

Oui; mais la science, qui ne se compose ni ne se contente d'espoirs, de regrets ou d'illusions, vient à son tour interroger la mort. Elle voit une immense série organique, dont les premiers éléments sont les cellules végétales, qui s'élève progressivement jusqu'aux animaux supérieurs et se termine à l'homme. Tous les éléments de cette série vivent quelques instants, quelques jours, quelques années. Aucun n'échappe à la mort; et pour aucun, si ce n'est pour lui-même, l'homme n'a imaginé une autre vie. Mais est-il concevable qu'un abîme si profond existe entre les deux vies; que jamais il n'y ait eu d'un côté à l'autre de communication quelconque? Cette croyance n'est-elle point le résultat des passions, de l'orgueil, d'une fausse appréciation des conditions réelles de l'existence humaine? Comment se fait-il, si une pareille croyance a quelque empire, que la mort, qui n'est alors qu'une transition plus ou moins douloureuse d'une vie à l'autre, inspire une répulsion, une horreur si prononcée?

Il semble que, de nos jours, le nombre va croissant de ceux qui, à la pensée de la mort, se sentent envahis par l'impression d'un anéantissement total, ou du moins par le doute et la défiance. D'autres, tout entiers aux travaux et aux jouissances terrestres, ne se préoccupent point de l'au delà ; d'autres enfin ont leur opinion faite, mais ils la taisent, ou bien parce qu'une certaine réprobation s'attache à l'incrédulité, ou bien encore parce qu'il convient, pensent-ils, d'entretenir dans le peuple des croyances utiles à l'ordre public et à la paix sociale.

Quoi qu'il en soit, le problème d'une autre vie n'est point du même ordre que les questions d'espace, de temps, de cause première, et n'atteint pas la même hauteur. Celles-ci sont universelles; celle-là est, pour ainsi dire, purement humaine.

Notre vie individuelle ne compte que quelques instants de l'éternelle durée.

La vie de l'espèce, un peu plus longue, est comprise elle-même dans d'étroites limites, en deçà et au delà desquelles nous ne savons, nous ne saurons jamais rien de positif. Hors de ces limites qui s'imposent à nos conceptions réelles et à notre activité pratique, que chacun puisse, je le répète, s'abandonner à ses espérances et à ses rêves, mais sans damner ni condamner ceux qui ne les partagent pas.

§ 18. — « Toute religion, dit H. Spencer, est une théorie *à priori* de l'univers. » C'est bien, en effet, le caractère essentiel et la prétention de toute religion, de vouloir expliquer l'universalité des choses, l'absolu, l'incompréhensible, ce que le savant anglais appelle justement l'inconnaissable. Mais cette définition n'est pas complète; une religion est cela, et encore autre chose. C'est, au point de vue sociologique, un ensemble de croyances, de pratiques et de règles communes à ceux qui la professent. Les croyances correspondent au dogme, les pratiques au culte, et les règles à la morale. Telles sont les trois parties qu'il faut distinguer dans toute religion suffisamment développée. Revenant ensuite à la proposition de Spencer, on peut dire que tout dogme religieux contient une théorie de l'univers.

L'homme, arrivé à un certain degré de son évolution intellectuelle, a voulu connaître son origine et sa destinée, comprendre l'univers, la création; découvrir la cause première des grands phénomènes naturels. Mesurant mieux depuis lors ses forces réelles, il a reconnu ce que ses prétentions avaient d'excessif. Mais il s'est abandonné tout d'abord à ses premières impressions, aux fantaisies d'une imagination naïve, aux inspirations des poètes, aux prétendues révélations des prophètes et des législateurs théocratiques.

L'histoire de l'origine, du développement et des transformations des conceptions religieuses se confond presque, dans les premiers âges, avec celle de l'humanité; car les religions primitives résumaient la science, la politique et la morale des sociétés correspondantes. Ce n'est point ici qu'il convient de s'arrêter sur cette histoire, qui constitue une partie essentielle de la sociologie. Je voudrais seulement constater, à l'appui des conclusions prochaines que je me propose d'en tirer, les derniers résultats religieux dus au progrès humain.

Nous avons vu et nous verrons de plus en plus que, dans toutes ses conceptions de temps, d'espace, de substance, de cause, l'esprit humain rencontre comme limite infranchissable l'infini, l'absolu, c'est-à-dire l'incompréhensible, l'inconnaissable. Cette condition mentale domine toute notre connaissance. Il n'est pas besoin, pour l'établir, de raisonnements métaphysiques longs et compliqués. Tout esprit capable de quelque méditation sur un pareil sujet le reconnaîtra aisément, s'il s'arrête un instant à la contemplation recueillie de l'espace ou du temps. Or cette rencontre de l'inconnaissable peut avoir lieu de deux façons : ou bien dès le début, lorsque l'on tente du premier coup d'expliquer l'univers, c'est le procédé religieux; ou bien comme terme de ses recherches, lorsque, remontant la série des phénomènes, du particulier au général, l'intelligence se trouve enfin en présence de quelque chose d'inexpliqué et d'inexplicable, c'est le procédé scientifique.

H. Spencer admet, après A. Comte, que la relativité est le caractère de toutes nos conceptions; puis il ajoute que le relatif suppose l'absolu; que par conséquent l'absolu, bien qu'inconnaissable, existe, et se trouve au fond des idées dernières de la science, aussi bien que des idées dernières de la religion : sur quoi il base et propose, dans ses *Premiers principes*, la réconciliation finale de la religion et de la science.

Cette proposition ne me paraît acceptable que sous certaines réserves. Il est bien vrai que la science et la religion se rencontrent sur la limite de l'inconnaissable; mais tandis que celle-ci établit son domaine au delà de cette limite, la première reconnaît qu'elle ne peut ni ne doit la dépasser. Où la science finit la religion commence; soit, et j'admets volontiers que nos conceptions se partagent entre deux chapitres distincts; qu'il faut ouvrir deux comptes dans notre esprit, l'un au connaissable, l'autre à l'inconnaissable. Mais on ne peut nier que le premier augmente sans cesse, reçoit chaque jour quelques inscriptions nouvelles qui sont autant de vérités démontrées ; tandis que le second est maintenant réduit à une page blanche, en tête de laquelle on ne peut lire qu'un seul mot : absolu ou infini. Mot qui ne pourra jamais être effacé, il est vrai, et qui restera comme l'expression du tourment glorieux de la pensée humaine, mais qui n'est susceptible d'aucun développement intellectuel, et qui n'a plus d'efficacité sociale.

CONCLUSION.

§ 19. — Ce qui précède se résume donc ainsi :

L'éternité, l'espace infini, la cause première, l'origine des êtres, leur nature intime, spirituelle ou matérielle, la fin des choses et celle de l'homme : autant de mystères que l'intelligence s'efforce en vain de pénétrer, autant de questions insolubles.

L'impuissance de sa raison reconnue, si l'homme cède à son imagination et à ses désirs; s'il se livre aux inspirés et aux révélateurs, il trouve des réponses à toutes les questions, des solutions pour tous les problèmes.

Mais les sciences basées sur l'observation et le raisonnement, renfermées d'abord dans les recherches purement géométriques, se sont étendues successivement à tous les ordres de conceptions, depuis l'astronomie jusqu'à la biologie; elles y ont introduit une méthode, et, pour ainsi dire, une espèce nouvelle de vérité. Partout où le fait, observé ou démontré, est en contradiction avec les affirmations métaphysiques ou avec les croyances théologiques, celles-ci sont remplacées par de nouvelles croyances positives, faute desquelles l'esprit humain, ayant perdu ses illusions et sa foi, tomberait dans le doute et dans une funeste indifférence.

La religion et la science ne sont donc point, comme l'a dit un orateur illustre, avec plus d'éloquence que de profondeur, les deux sœurs immortelles qui éclairent et soutiennent l'homme dans les difficultés et les misères de la vie. Ce sont plutôt deux rivales qui se combattent dans son esprit, et ne finissent par tomber d'accord qu'au moment où elles s'évanouissent toutes deux dans l'incompréhensible.

Les changements, toutefois, ne s'opèrent point dans la société, pas plus que dans la nature, d'une manière brusque et absolue. Tandis qu'à certaines époques, et particulièrement à la nôtre, les classes les plus éclairées s'élèvent à des conceptions supérieures, la masse sociale, les femmes surtout, conservent leurs anciennes croyances. L'unité mentale cesse d'exister; il n'y a plus de lien spirituel entre les âmes, c'est-à-dire de religion, suivant le sens étymologique de cette belle expression.

Non seulement l'unité intellectuelle n'existe plus dans la communauté, mais l'individu n'est plus un en lui-même : l'éducation théologique de l'enfance est altérée, plus ou moins directement, par l'enseignement scientifique de la jeunesse, et souvent dans l'homme fait il reste un mélange confus des deux influences opposées.

Cette situation n'est point nouvelle dans l'histoire de l'esprit humain; on peut même affirmer qu'elle a toujours subsisté à des degrés divers.

Mais, à certaines époques, elle passe à l'état de crise aiguë. Il en était ainsi, par exemple, de la civilisation romaine, au moment où un ancien philosophe s'écriait : Les Dieux s'en vont, et dont Plutarque trace cet étrange tableau : «Les hommes de tout âge et de tout état, saisis d'un désespoir frénétique, déchiraient leurs habits et se roulaient dans la fange, en criant qu'ils étaient maudits des Dieux.» Certes, nous n'en sommes point là; mais qui ne voit que l'esprit et la société modernes sont arrivés à un état de confusion, de révolution, où la lutte se poursuit entre l'hérédité et l'élection politique, entre le droit divin et le droit populaire, entre les libéraux, les radicaux et les cléricaux, entre le théologisme et la libre pensée?

Cette situation ne doit pas durer. Il faut rétablir dans l'homme l'unité intellectuelle, dans la société la communauté des croyances, sans lesquelles le trouble et la division des esprits passent dans les cœurs; l'ordre politique manque de stabilité, et la morale de fondement.

Mais comment y parvenir? Sera-ce par la restauration du passé, par la résurrection des anciennes doctrines? Les restaurations politiques réussissent rarement; les restaurations intellectuelles ne réussissent jamais. L'esprit humain peut hésiter, s'arrêter quelquefois dans sa marche progressive; il ne retourne pas en arrière. La nouvelle communauté spirituelle doit donc avoir pour base les sciences et la méthode auxquelles sont dus tant de progrès. La morale, c'est-à-dire l'ensemble des principes de la conduite humaine, publique et privée, s'affaiblit en s'appuyant sur des dogmes repoussés par la raison; elle se fortifiera et trouvera son assiette définitive dans l'étude des lois positives qui régissent l'ordre extérieur et l'ordre humain. Ces lois, dépourvues d'une sanction ultra-mondaine, auront-elles une autorité suffisante? Je le crois, lorsqu'elles auront conquis l'adhésion de la grande majorité des esprits, et formé une nouvelle opinion publique.

C'est ce que je me propose d'examiner, et, s'il est possible, de prouver. L'entreprise n'est pas facile, et je commence par la mettre sous la protection d'une maxime ecclésiastique qui détermine excellemment, selon moi, le caractère de pareilles discussions: « In necessariis unitas, in dubiis libertas, et in om-» nibus charitas. »

J'entends toutefois par choses nécessaires tout ce qui peut être démontré, et par choses douteuses tout le reste. Quant à la charité, c'est-à-dire une bienveillante tolérance pour les opinions contraires, je l'offre, et j'en demande la réciprocité.

CONSIDÉRATIONS GÉNÉRALES

LES CLASSIFICATIONS.

§ 20. — Il n'y a dans la nature ni classes, ni chapitres, ni articles. Les êtres et les phénomènes y forment des suites continues où l'esprit humain crée des divisions, des séries artificielles destinées à faciliter ses opérations.

Le principe des classifications peut être subjectif, c'est-à-dire tiré des facultés du sujet lui-même; ou objectif, c'est-à-dire pris dans les caractères et dans les relations des objets à classer.

C'est au point de vue subjectif que se présente la première de toutes les divisions basée sur les trois facultés cérébrales :

L'intelligence, la sensibilité, l'activité.

A côté de cette série de trois termes viennent se placer d'autres séries qu'il suffit d'énoncer pour en faire apercevoir les relations entre elles et avec la première :

La science, l'esthétique, l'industrie;

Le vrai, le beau, l'utile;

L'esprit, le cœur, le caractère.

Ces distinctions et ces termes, consacrés aujourd'hui par l'usage, n'ont pas besoin d'explications; il faut remarquer cependant, au sujet de la sensibilité, que cette expression ne se rapporte point à la sensibilité physiologique, mais doit être comprise, au point de vue psychologique, comme la faculté d'éprouver tous les sentiments et tous les penchants qui sont du domaine passionnel de la nature humaine.

Ces trois grandes divisions, qui sont comme les trois règnes de l'esprit, convenablement étendues, en embrassent toutes les manifestations, depuis les vérités numériques les plus élémentaires jusqu'aux considérations les plus élevées sur les mouvements célestes et sur l'évolution des sociétés; depuis les simples moulures de l'artisan, ou les chants populaires primitifs, jusqu'aux œuvres sublimes de la poésie, de la peinture et de la musique; depuis les plus humbles opérations du manœuvre jusqu'aux plus vastes combinaisons du commerce et de la banque.

L'ordre suivant lequel la science, l'esthétique et l'industrie doivent être disposées dans notre série fondamentale, dépend du point de vue où l'on se place. Quoique l'homme n'ait jamais été entièrement dépourvu ni de sentiments, ni de connaissances, historiquement le travail matériel et l'industrie occupent le premier rang dans l'évolution humaine; l'art leur succède, et la science vient ensuite. Au point de vue logique, la série est inverse, et la science prend la première place. La conclusion, enfin, d'une saine appréciation de l'ensemble de notre existence, c'est que l'industrie et la science, c'est-à-dire l'activité et l'intelligence, sont subordonnées aux penchants et aux affections qui déterminent toute la conduite humaine, privée et sociale; de sorte que, au point de vue moral, la sensibilité reprend la tête de la série.

Cette explication nécessaire étant donnée, nous laisserons de côté ce qui est relatif à l'art et à l'industrie, pour y revenir plus tard; et nous ne nous occuperons ici que des sciences basées sur l'observation et l'expérience, c'est-à-dire des sciences appelées positives, par opposition aux conceptions théologiques et métaphysiques.

§ 21. — L'objet des sciences positives est de constater les phénomènes et les événements quelles qu'en soient la nature et la complexité; de les expliquer en rattachant les faits particuliers aux faits plus généraux; de découvrir leurs relations de coexistence ou de séquence, de différence ou de similitude, c'est-à-dire leurs lois; et d'arriver par là à les prévoir.

La prévision est le caractère scientifique par excellence: le degré de perfection d'une science est proportionnel au degré de prévision qu'elle comporte.

Tel est le but immédiat et abstrait de la science; mais toutes les manifestations de notre activité, et la science avec elles, convergent vers un but final, concret et social, qui est l'amélioration de la nature et de la condition humaines. Tout être, en se développant suivant la loi de son évolution, suivant ses aspirations, accomplit sa destinée, s'améliore et atteint le degré de perfection ou de bonheur qui lui est dévolu. Or, l'homme aspire à connaître la vérité; et quand il l'a découverte, il aspire encore à la répandre. C'est ce double besoin que la science est appelée à satisfaire. On peut donc dire, d'une manière générale, qu'elle a pour objet définitif le développement et l'amélioration de l'espèce humaine par la recherche et la propagation du vrai.

§ 22. — De la définition que nous venons de donner de l'objet spécial des sciences, savoir, les lois des phénomènes, il suit que la classification la plus naturelle doit en être tirée de ces phénomènes eux-mêmes.

Après avoir indiqué, dans la série des travaux humains, la place qu'occupent l'esthétique et l'industrie, c'est-à-dire les arts d'expression et les arts d'exécution, qu'il faut toujours distinguer des sciences; après avoir écarté les notions obscures de la métaphysique, il reste encore à faire une dernière élimination. On doit, en effet, distinguer deux espèces de conceptions théoriques: les unes abstraites et relatives aux lois des phénomènes considérés dans leur généralité, sans application aux existences individuelles; les autres concrètes, descriptives, et concernant l'application des lois générales aux êtres particuliers. Arrêtons-nous un instant sur cette distinction essentielle.

L'étude des phénomènes célestes constitue l'astronomie; la

physique a pour objet les propriétés générales de la matière; la chimie, les lois générales des combinaisons. Ces sciences font abstraction des circonstances de lieu, de temps, de quantité; elles saisissent un phénomène tel que la gravitation ou les vibrations lumineuses, ou la combustion, et elles l'observent, l'analysent, en déterminent les lois, partout où il se produit, au ciel ou sur la terre, dans le soleil s'il est possible, et dans les étoiles, dans la nature ou dans les laboratoires. Ces sciences sont abstraites, générales. Mais si nous en considérons l'application à un objet, à un être déterminé, à la terre, par exemple, ou bien à la lune, nous aurons des sciences concrètes, une astronomie, une physique, une chimie, terrestres ou lunaires, qui prendront différents noms, tels que géographie, météorologie, géologie, etc.

Il est évident que, par leur destination même, les sciences concrètes sont en nombre indéfini; tandis que les sciences abstraites, les seules dès lors qu'il convienne de considérer ici, sont en nombre très limité.

Pour classer celles-ci, avons-nous dit, il suffit de classer les phénomènes correspondants, c'est-à-dire de les disposer suivant les principes d'une classification rationnelle, dans l'ordre décroissant de leur généralité, de leur simplicité et de leur indépendance relative. Ces trois caractères s'accompagnent et se complètent réciproquement.

Cela posé, les phénomènes célestes se présentent évidemment comme les plus généraux et les plus indépendants. Ils sont régis par une seule loi qui paraît être universelle, à laquelle tout est subordonné, et qui ne dépend d'aucune autre. Si toute existence périssait à la surface de la terre, si même les faits électriques, magnétiques, chimiques, etc., cessaient de s'y produire, le globe terrestre n'en poursuivrait pas moins sa course elliptique autour du soleil; il y aurait encore des jours sans spectateurs, des saisons inutiles, et des siècles sans histoire.

Au-dessous des phénomènes célestes viennent se placer, dans la série scientifique, les phénomènes terrestres, qui se divisent immédiatement en deux grandes catégories : ceux des corps bruts et ceux des corps organisés et vivants.

Les premiers sont l'objet de deux sciences qui se touchent par plus d'un point, mais qui doivent cependant demeurer distinctes. La physique étudie les propriétés générales de la matière, la pesanteur qui est le cas terrestre de la gravitation universelle, l'électricité, la sonorité, l'élasticité, etc. La chimie a pour objet les phénomènes de composition et de décomposition qui résultent des réactions moléculaires et spécifiques des corps. Ces derniers sont évidemment moins généraux que les phénomènes physiques auxquels ils sont subordonnés. Tout en se combinant suivant leurs affinités spéciales, les corps ne cessent jamais d'être pesants, sonores, élastiques.

La chimie vient donc prendre rang, après la physique, dans la série encyclopédique, et elle y est suivie de la science qui étudie la vie ou l'organisation de la matière. Quelque supposition que l'on fasse sur la nature des corps organisés, on ne peut méconnaître ni les différences qui les séparent des corps bruts, ni la subordination des phénomènes vitaux aux phénomènes inorganiques. Dans tout corps vivant, on observe d'abord des faits physiques et chimiques, puis quelque chose de spécial qui résulte de l'organisation, quelque chose de moins général, de plus compliqué et de plus dépendant, qui exige un nouveau chapitre dans le livre de la science.

Considérée ensuite en elle-même, l'étude de la vie comporte deux grandes divisions, suivant que cette étude est limitée aux individus isolés pris pour type d'une espèce, ou étendue à toute l'espèce, lorsque les individus qui la composent forment des sociétés. Dans le premier cas elle prend le nom de biologie, et dans le second celui de sociologie. Il ne peut d'ailleurs y avoir aucun doute sur la subordination de celle-ci à celle-là : les faits sociaux, qui appartiennent presque exclusivement à l'espèce humaine, sont au plus haut degré dépendants de ses propriétés organiques.

La série scientifique se trouve donc ainsi constituée :

Astronomie, physique, chimie, biologie, sociologie.

Il est facile de constater que chaque science y occupe, suivant le principe de toute classification bien faite, la place correspondante à son degré de généralité, d'abstraction, de simplicité, d'indépendance relative et de perfection. On y trouve en même temps un programme logique d'éducation. Sans nous arrêter en ce moment sur ces divers caractères concomitants, remarquons seulement que des deux sciences qui forment les termes extrêmes de la série, l'astronomie est la plus ancienne, la plus simple et la plus parfaite, tandis que la sociologie, la plus compliquée et la plus difficile, est à peine constituée.

§ 23. — Notre série, cependant, n'est point complète : une lacune y saute aux yeux; une science y manque, et la science par excellence, d'après son étymologie même, la mathématique, ou, suivant l'expression usuelle, les mathématiques, qui ont pour objet les trois concepts les plus vastes et les plus abstraits de l'intelligence : la grandeur ou quantité exprimée par le nombre, l'espace et le temps combinés dans la notion de mouvement. Rappelons, d'ailleurs, qu'il ne s'agit point ici de cet espace infini ni de cette éternité dans la contemplation desquels vient s'abîmer l'esprit humain, mais de l'étendue et de la durée limitées qui constituent le milieu et la condition des phénomènes observables.

Considérées ainsi dans leur ensemble, les mathématiques se divisent en trois parties : la mathématique pure, la géométrie générale, et la mécanique rationnelle, qui se rapportent, dans l'ordre énoncé, au nombre ou au calcul, à l'espace et au mouvement.

Les mathématiques sont à la fois une méthode scientifique, c'est-à-dire un moyen logique de découverte et d'exposition, et une science, c'est-à-dire un ensemble de théories et de vérités, les plus générales et les plus sublimes auxquelles l'esprit humain puisse parvenir. Je ne sais rien de plus beau, en effet, que certains théorèmes de mécanique concernant les vitesses virtuelles, les aires, le plan invariable, etc.

La généralité, la simplicité, la perfection relative des conceptions mathématiques, leur assignent donc le premier rang parmi les sciences positives, dont elles forment la base indispensable.

De même que les mathématiques, les autres sciences se subdivisent en autant de chapitres que le comportent la nature distincte des phénomènes et les aspects principaux sous lesquels ceux-ci peuvent être étudiés, sauf, plus tard, si le progrès de la connaissance le permet, à s'unifier et à se fondre dans une théorie qui les comprenne toutes, et d'où elles dérivent comme des conséquences d'un principe universel.

Les termes de la série encyclopédique peuvent aussi être groupés de manière à faire ressortir les grandes divisions entre lesquelles se partagent toutes les conceptions humaines.

Les mathématiques avec leurs annexes immédiates, la géométrie et la mécanique, constituent un groupe indépendant qui a pour objet les lois les plus générales et les plus abstraites de l'existence.

Dans le second groupe se rangent, sous le nom de cosmologie, l'astronomie, la physique, la chimie et la biologie, qui étudient les existences concrètes, inorganiques, puis organiques.

La sociologie, enfin, forme un troisième groupe dont l'objet est l'étude de l'homme dans ses rapports avec ses semblables, des sociétés humaines, des phénomènes que H. Spencer nomme super-organiques.

On peut encore, suivant le point de vue où l'on se place, former d'autres combinaisons : composer, par exemple, un sous-groupe spécial des sciences physico-chimiques; détacher de la biologie l'étude des facultés cérébrales pour la réunir à la sociologie; rattacher les mathématiques, sous le nom de cosmologie abstraite, à la cosmologie générale, et n'avoir plus, par suite, que deux grandes divisions que nous avons adoptées avec

A. Comte dans le tableau suivant : l'ordre extérieur et l'ordre humain.

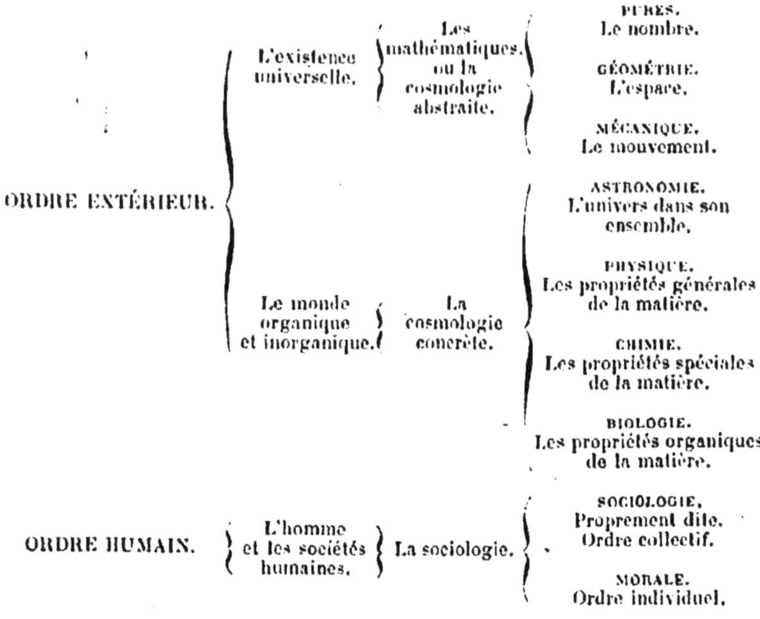

ORDRE EXTÉRIEUR.	L'existence universelle.	Les mathématiques, ou la cosmologie abstraite.	PURES. Le nombre.
			GÉOMÉTRIE. L'espace.
			MÉCANIQUE. Le mouvement.
	Le monde organique et inorganique.	La cosmologie concrète.	ASTRONOMIE. L'univers dans son ensemble.
			PHYSIQUE. Les propriétés générales de la matière.
			CHIMIE. Les propriétés spéciales de la matière.
			BIOLOGIE. Les propriétés organiques de la matière.
ORDRE HUMAIN.	L'homme et les sociétés humaines.	La sociologie.	SOCIOLOGIE. Proprement dite. Ordre collectif.
			MORALE. Ordre individuel.

§ 24. — On remarquera que la première des sciences en date et en dignité n'est ni classée dans ce tableau, ni même nommée dans les considérations précédentes. Cette lacune, toutefois, n'est qu'apparente : la philosophie n'est point un terme de la série scientifique; elle est répandue, elle est infuse dans tous ses termes; elle est, pour ainsi dire, la série elle-même. Chaque science a sa philosophie propre qui établit la liaison de ses diverses parties; qui en détermine le but, le caractère, l'influence intellectuelle; qui en fixe les relations avec les autres termes de la série. L'ensemble de ces considérations philosophiques, joint à l'ensemble des sciences elles-mêmes, constitue la véritable philosophie, celle que A. Comte a nommée philosophie positive.

Cependant, suivant H. Spencer, la philosophie de chaque science est une philosophie spéciale; et il existe une philosophie générale qui a pour objet l'unification totale de la connaissance, qu'il définit ainsi : « C'est le produit final de l'opération qui commence par un simple recueil d'observations sèches, qui se continue par l'élaboration de propositions plus larges et plus dégagées des cas particuliers, et aboutit à des propositions universelles. Pour donner à sa définition sa forme la plus simple et la plus claire, nous dirons : la connaissance de l'espèce la plus humble est le savoir non unifié; la science, le savoir partiellement unifié; la philosophie, le savoir complètement unifié. » (H. Spencer, *les Premiers principes.*)

Il est impossible, en effet, d'être plus clair et de mieux dire. Il reste à savoir si l'unité de la connaissance peut être réalisée; si cette unité n'est point une conception métaphysique qu'il faut porter au compte de l'inconnaissable, et, provisoirement au moins, rejeter de la série positive.

La classification que je viens d'exposer soulève d'autres objections qui peuvent être ainsi résumées : Les connaissances humaines ne sont pas susceptibles d'être disposées suivant une série linéaire, pas plus d'ailleurs que toute autre série naturelle, telle que la série biologique; elles sont comme les branches d'un tronc commun, ou plutôt encore comme un réseau où les canaux de circulation s'anastomosent en donnant lieu à des communications nombreuses, à des retours constants de l'un à l'autre. La série, d'ailleurs, n'est pas homogène, et ne satisfait point à la condition d'aller de l'abstrait au concret. Ainsi, l'astronomie est certainement une science concrète, un cas particulier de la physique générale. Enfin, l'ordre de la classification n'est point celui du développement effectif de la connaissance. L'analyse mathématique, par exemple, qui est placée en tête de la série, est postérieure à la géométrie et à la mécanique.

Ces objections sont sérieuses; mais elles prouvent seulement, à mon avis, que cette classification n'est point parfaite, et qu'il est difficile d'en trouver une meilleure, construite sur un principe unique tel que le degré d'abstraction, ou de généralité, ou d'indépendance des phénomènes, ou l'ordre du développement historique, ou celui de l'enseignement. Si l'on fait concourir à propos ces divers caractères, on trouve, ce me semble, qu'il y a peu d'incertitude sur la position que chaque science doit occuper dans la série. Ainsi, bien que l'astronomie soit, si l'on veut, une science concrète, les phénomènes qu'elle étudie sont tellement généraux, indépendants de tous les autres, tout en restant soumis aux lois mathématiques ; ils exercent une telle influence sur la vie organique, que le rang qui lui est assigné me paraît complètement justifié. Sous un autre point de vue, la classification de A. Comte constitue, comme nous l'avons dit, un programme rationnel d'enseignement. Quant à cette objection, que les sciences ne sauraient être disposées suivant l'ordre sériaire, il ne faut point oublier qu'une classification est une opération purement subjective, qui n'a point pour but de reproduire exactement l'arrangement effectif des choses, mais de créer un ordre artificiel qui en facilite l'étude et en résume la connaissance. Or, il est de toute évidence que l'ordre sériaire s'impose à notre esprit, qui ne peut ni tout voir, ni tout exposer à la fois. Par ces diverses considérations, nous nous en tiendrons à la série encyclopédique de Comte, sans en faire, du reste, un article de foi.

LA MÉTHODE.

§ 25. — La série scientifique que nous venons d'établir doit être considérée comme homogène, c'est-à-dire composée de termes de même nature, qui ne diffèrent entre eux que par des degrés. Je veux dire qu'il n'y a pas plusieurs espèces de vérités, l'une mathématique, une autre philosophique, une troisième religieuse. Il n'y a qu'une manière d'être vrai, qui comporte d'ailleurs plus ou moins de précision et de prévision, suivant la complication des phénomènes et la difficulté des problèmes.

Il règne aujourd'hui, à ce sujet, une confusion d'idées que la différence des éducations tend à entretenir, non seulement d'une classe ou d'un parti à l'autre, mais d'un âge à l'autre, dans le même esprit. Le catéchisme, la philosophie universitaire, les cours scientifiques, se succèdent et soumettent l'intelligence à un travail souvent contradictoire d'où elle sort sans unité et sans cohésion. Et, pour le dire en passant, cet état intellectuel est l'une des causes principales de la situation révolutionnaire où s'agitent les sociétés modernes depuis le déclin du catholicisme. La nature du mal indique le remède, qui ne se trouvera que dans la réforme de l'éducation librement entreprise et exécutée sous l'influence de l'esprit positif.

De même qu'il n'y a qu'une seule espèce de vérités avec des degrés divers de précision, et une seule science composée de parties subordonnées les unes aux autres, suivant notre échelle encyclopédique, il n'y a qu'une méthode qui se modifie, ou plutôt se complète, se fortifie, à mesure qu'elle s'applique à l'étude de phénomènes de plus en plus compliqués.

Cette méthode se compose du raisonnement, de l'observation et de l'expérience.

Suivons-en les développements dans les sciences, dont nous aurons ainsi l'occasion de déterminer l'objet et le caractère.

§ 26. — L'objet des mathématiques est la mesure des grandeurs. Mais cette mesure présente, dans la plupart des cas, des difficultés pratiquement insolubles. Comment, par exemple, mesurer la longueur d'une ligne droite que l'on ne peut parcourir, telle que la hauteur au-dessus du sol d'un point inaccessible, la longueur d'une ligne courbe, avec une unité rectiligne telle que le mètre? Comment trouver combien de fois un cube pris pour unité est contenu de fois dans une sphère ou même dans un autre cube? Ces questions et beaucoup d'autres semblables ne peuvent pas être résolues directement. La mesure des grandeurs doit être alors rattachée à celle d'autres grandeurs susceptibles d'évaluation immédiate et pratique, au moyen de relations organisées entre les quantités qui dépendent, qui sont fonctions les unes des autres.

La méthode, l'esprit mathématiques, consistent donc à regarder comme liées entre elles toutes les quantités d'un phénomène, afin de les déduire les unes des autres. De là résultent l'étendue indéfinie et l'universalité logique de la science mathématique; car il n'est point de catégories de phénomènes où l'on ne conçoive des liaisons de cette nature. Nous allons voir que la complication des faits et la faiblesse de notre esprit en restreint beaucoup l'efficacité.

Deux points de vue généraux sont à distinguer dans les mathématiques :

L'établissement des relations qui existent entre les grandeurs d'un phénomène, ce que l'on appelle la mise en équation;

La détermination des quantités inconnues au moyen de ces relations et des quantités connues, c'est-à-dire la résolution des équations.

La première partie du problème est concrète, variable avec

la nature des phénomènes entre les éléments desquels il s'agit d'établir des relations; elle exige, dans chaque cas, une étude spéciale, une observation directe.

La seconde partie est générale, abstraite, de simple raisonnement appuyé sur quelques axiomes, attendu que les mêmes relations mathématiques peuvent exister entre les éléments de phénomènes très-divers.

D'après les définitions précédentes, on pourrait supposer qu'il y a autant de branches concrètes dans les mathématiques qu'il y a d'ordres principaux de phénomènes naturels; qu'il y a, par conséquent, une mathématique concrète, astronomique, physique, chimique, biologique et sociologique. Dans l'état actuel de nos connaissances, des difficultés insurmontables s'y opposent. Non seulement il est impossible, dans beaucoup de cas, d'établir des relations précises entre les diverses grandeurs des phénomènes, mais on ne conçoit même pas comment on pourrait évaluer, mesurer ces grandeurs. On comprend certainement les expressions : progrès, mouvement social; mais quelle sera l'unité de vitesse dans cette sorte de mouvement?... Mesurera-t-on, comme on l'a quelquefois indiqué, la civilisation d'un pays par la quantité de charbon ou d'acide sulfurique qui y est consommée?... Or, pas d'évaluations précises et numériques, pas d'équations.

D'ailleurs, parvînt-on à les poser, et la partie concrète du problème fût-elle ainsi résolue, il arriverait le plus souvent que ces relations présenteraient une complication telle, que la solution abstraite, la résolution, en serait impraticable. Il suffit de rappeler à ce sujet que l'on n'est point encore parvenu à résoudre d'une manière générale les équations à une seule inconnue d'un degré supérieur au quatrième.

En fait, il n'existe que deux classes de phénomènes dont les équations sont posées pour tous les cas; ce sont les phénomènes géométriques et mécaniques; et il n'y a qu'une division à faire dans les mathématiques concrètes : la géométrie et la mécanique. La physique est loin de réaliser les conditions nécessaires pour que toutes les questions dont elle s'occupe puissent être traitées mathématiquement. Il suffit, à ce sujet, de mentionner le problème météorologique. La chimie, la physiologie et la sociologie s'y soustraient, la première presque entièrement, et les deux autres sciences d'une manière absolue.

Il faut remarquer cependant que l'étude d'un fait quelconque se rapporte nécessairement au double aspect statique et dynamique, ou, ce qui revient au même, géométrique et mécanique, sous lequel l'existence en général peut être envisagée. Ce double aspect correspond aux deux concepts d'espace et de temps, de coexistence et de séquence. Il se reproduit dans l'étude des organismes vivants, où il devient l'anatomie et la physiologie; dans le corps social enfin, qui est le plus grand et le plus compliqué des organismes connus, où il répond aux notions d'ordre et de progrès. Cette observation confirme ce qui a été dit précédemment de l'universalité logique des mathématiques, sans méconnaître les limites étroites qui s'imposent à leur application.

Quoi qu'il en soit, cette belle science reste la plus simple dans son objet et dans sa méthode, et la plus parfaite dans ses résultats.

La perfection d'une science, avons-nous dit, se mesure par le degré de prévision qu'elle comporte. Dans les mathématiques, il n'y a pas d'événements, et par suite il n'y a pas lieu à prévision. Celle-ci y est remplacée par quelque chose de supérieur, par l'invariabilité, on pourrait presque dire par l'éternité des déterminations. Nous verrons bientôt que les phénomènes, à mesure que l'on avance dans la série encyclopédique, deviennent de plus en plus modifiables par l'intervention humaine, en même temps que leur complication augmente. Les faits mathématiques sont d'une rigidité, d'une fixité absolue; ils dominent la raison et n'en dépendent point; ils représentent une sorte de *Fatum* scientifique, auquel tout est soumis.

§ 27. — Nous dépasserions le but en pénétrant plus avant

dans le domaine de la science mathématique; nous devons cependant insister encore un instant sur sa méthode.

Celle-ci, avons-nous dit, n'est autre que le raisonnement qui, dans les mathématiques pures et géométriques, tire toutes ses déductions de quelques axiomes et de quelques définitions, auxquelles s'ajoutent, par la mécanique, un très petit nombre d'observations élémentaires.

Le raisonnement est assisté dans les mathématiques de deux auxiliaires puissants : l'algèbre, qui n'est autre chose qu'une prolongation du langage ordinaire, merveilleusement propre à l'expression et à la combinaison des grandeurs abstraites; et surtout l'analyse infinitésimale, qui constitue à elle seule une méthode, la plus puissante que l'esprit humain puisse employer à la découverte des lois naturelles. Cette méthode consiste essentiellement à substituer, dans les relations à établir entre les éléments des phénomènes, aux quantités finies des quantités infiniment petites qui sont finalement éliminées : c'est ainsi que l'on considère une courbe comme un polygone formé d'une infinité de côtés rectilignes; un mouvement varié comme un mouvement composé d'une succession de mouvements uniformes d'une durée infiniment courte. On comprend quelle facilité cette substitution d'éléments simples, élémentaires, à des éléments compliqués, parfois insaisissables, apporte à la mise en équation des problèmes. Quand il s'agit de méthode, un pareil procédé, auquel Leibniz, Newton, Lagrange, ont attaché leurs noms, ne peut être passé sous silence. Mais il faut se garder d'affecter à ces éléments infiniment petits un caractère mystérieux, métaphysique : nous ne pouvons concevoir l'infiniment petit, pas plus que l'infiniment grand. Les quantités infinitésimales dont se sert l'analyse mathématique, doivent être considérées logiquement comme indéfiniment décroissantes, pouvant devenir plus petites que toute quantité donnée, et non comme des quantités nulles, des néants où toute existence, et par suite toute propriété, disparaît.

Telle est dans son ensemble la méthode mathématique. Elle

présente l'application la plus étendue du raisonnement, en même temps qu'elle réalise le type le plus complet de certitude.

La sagesse vulgaire proclame que c'est en forgeant que l'on devient forgeron. Il n'est pas moins certain que c'est en raisonnant qu'il faut apprendre à raisonner. A ce point de vue, les mathématiques, dont les théorèmes géométriques et mécaniques forment déjà la base de toute science, doivent être le commencement de toute éducation scientifique.

ASTRONOMIE.

§ 28. — Les astres qui peuplent les cieux sont et resteront toujours, sans doute, inaccessibles à l'homme, et la distance qui nous sépare de ceux qui sont le plus rapprochés de la terre est trop grande pour que nous puissions jamais devenir spectateurs des événements dont leur surface est le théâtre. Nos connaissances astronomiques sont donc nécessairement limitées : elles sont assez vastes toutefois et assez précises pour que l'astronomie puisse être considérée comme la plus belle et, après les mathématiques, la plus parfaite des sciences.

Les corps célestes se manifestent à nous par leur lumière, leur chaleur, leurs attractions réciproques. Nous pouvons observer leurs positions relatives, leurs formes, leurs grandeurs, leurs mouvements apparents ou réels ; en un mot, tous les phénomènes géométriques, mécaniques, lumineux et caloriques qui s'y développent.

Il faut cependant distinguer ici entre le monde solaire dont la terre fait partie, et l'univers comprenant l'infinité des astres. En dehors du système planétaire dont le soleil est le centre, l'éloignement des étoiles nous soustrait à toute influence calorifique de leur part ; et leur fixité relative, sauf quelques observations sur le mouvement des étoiles doubles, nous interdit jusqu'à présent toute considération mécanique à leur égard. L'astronomie sidérale se trouvait ainsi réduite à la description des apparences célestes, au recensement des étoiles visibles, et à l'extension conjecturale des lois découvertes dans l'astronomie solaire. Il semblait d'ailleurs que, dans celle-ci même, toute connaissance sur la nature de la matière cosmique, sur la composition chimique des astres autres que celui que nous habitons, dût échapper à la curiosité et à l'intelligence humaines.

Mais un admirable procédé nouveau, l'analyse spectrale, est venu étendre le champ des recherches astronomiques, et nous révéler des faits du plus grand intérêt et de la plus haute portée philosophique sur la composition non seulement du monde solaire, mais des astres les plus éloignés, et, il est permis de le dire, de l'univers entier.

Il est vrai toutefois que nos connaissances sont encore à ce sujet peu étendues, peu précises, et surtout relatives à des faits qui n'exercent pas sur notre monde solaire une influence appréciable. C'est dans les limites étroites de ce monde, et en s'appliquant à l'étude de ses phénomènes géométriques et mécaniques, que l'astronomie a atteint le degré de perfection et de prévision qui la caractérise.

Il est hors de doute que les corps célestes sans exception sont absolument indépendants de toute action humaine, et soustraits par là à toute expérience scientifique. Notre existence est dominée par eux, tandis que nous ne pouvons que les contempler. La méthode positive se réduit donc ici à l'observation directe, aidée il est vrai par les appareils les plus ingénieux et les plus puissants, et prolongée par l'application la plus étendue des mathématiques. Compter des temps et mesurer des angles, telle est en deux mots la méthode astronomique, qui a suffi à la découverte des plus admirables lois naturelles. Mais l'observation entièrement appliquée à des faits aussi simples est parvenue à mesurer les angles et les durées avec une extrême précision; puis, s'emparant de ces données élémentaires, et n'ayant à considérer que des phénomènes géométriques ou mécaniques, le raisonnement y a pu prendre plus facilement que dans toute autre science la forme mathématique.

§ 29. — Le problème astronomique, dans sa plus grande généralité, peut se poser ainsi : Étant donnée à un instant déterminé la position de tous les astres connus du monde solaire, prévoir quelle sera la nouvelle position de chacun d'eux après un temps quelconque écoulé. Le degré de précision obtenu dans la solution de ce problème, si clairement manifesté par la prédiction des éclipses de lune et de soleil, des passages de Vénus et de Mercure sur le disque de cet astre, etc., mesure la perfection où la science est parvenue.

Indépendamment de ce haut degré de prévision qui caractérise l'astronomie, cette science satisfait encore mieux que toute autre à l'explication des faits, qui est l'un des besoins fondamentaux de l'intelligence. Expliquer, avons-nous dit, c'est rattacher les faits particuliers aux faits généraux par la découverte des relations qui les unissent. L'explication est d'autant plus complète qu'il reste moins de faits généraux isolés sans relations entre eux; elle est parfaite si l'on est parvenu à les ramener à un fait unique dont tous les autres soient la conséquence. Cette perfection, l'astronomie l'a atteinte, du moins dans les limites du monde solaire, en démontrant que tous les mouvements célestes sont le résultat de la gravitation, et en étendant celle-ci à l'univers entier par une analogie justifiée, aujourd'hui surtout, par l'analyse spectrale qui permet d'affirmer que la matière cosmique est de même nature dans tous les astres.

§ 30. — Si nous considérons enfin l'influence que les connaissances astronomiques ont exercée sur l'esprit humain, nous reconnaîtrons que cette influence a été décisive, irrésistible.

Pendant longtemps, l'homme a cru la terre au centre du monde, dans une majestueuse immobilité. Le soleil, les planètes, tous les astres, l'univers entier, lui semblaient créés pour son usage personnel et pour lui donner le spectacle de leur magnificence. Il se posait comme le but unique, supérieur, de la création; le témoignage de ses sens, ses sentiments intimes, ses aspirations, le confirmaient dans l'orgueil de cette croyance sur laquelle se coordonnaient la philosophie et la religion, qui, au fond, ne sont que l'expression la plus élevée des rapports que l'homme conçoit, à une époque donnée, entre lui et l'univers.

L'astronomie est venue dissiper ses illusions et ébranler tout le système philosophique et religieux de ses croyances.

Cette terre, sa demeure, son domaine, son royaume, car il se croyait roi, n'est plus le centre immobile de tous les mouvements célestes. C'est un point dans l'espace, une molécule obscure, reléguée au second plan dans le cortége des étoiles; circulant modestement autour de l'une d'elles, le soleil, dont elle n'est probablement qu'un petit fragment laissé en passant, et pour ainsi dire oublié dans les cieux. Et le soleil lui-même n'est autre chose que l'un de ces points lumineux répandus comme une poussière d'or dans les espaces infinis!

Qu'est donc l'homme maintenant, à ses propres regards, lorsque, saisi de vertige et écrasé sous la contemplation de l'immensité qui l'entoure, il les ramène sur lui-même?... Un être faible, petit, nécessiteux, périssable dans son individualité, il est vrai, mais ayant conscience de soi, capable de se poser les plus hauts problèmes, sinon de les résoudre; aspirant aux vérités éternelles et aux progrès continus dans l'humanité. C'est par là qu'il se relève et qu'il reprend courage. Son orgueil disparaît, pour faire place à une résignation noble et ferme, au sentiment de sa vraie situation, qui éveille dans son âme le sentiment du devoir.

§ 31. — Ayant perdu ses illusions, et replacé au rang qu'il occupe effectivement dans le monde, l'homme a cherché une sorte de compensation à sa propre grandeur dans la grandeur et dans l'harmonie de l'univers.

Quant à l'espace, pleine satisfaction lui a été donnée. L'astronomie lui a fourni de nouvelles unités pour mesurer les profondeurs des cieux. A des distances énormes, elle lui a montré les dernières planètes de notre monde, et bien au delà les premières étoiles, soleils d'autres mondes, comme des jalons posés sur la route de l'infini. En présence des intervalles stellaires et des dimensions des corps célestes, il a compris que la grandeur n'a pas de sens absolu, et il a pu se consoler de sa petitesse.

Mais l'étude de l'ordre universel devait lui causer des mécomptes. Pas plus au point de vue statique (distances, grandeurs, figures, etc.) que sous le rapport dynamique (rotations, translation, etc., des astres), on n'y découvre la régularité, le dessin d'un plan coordonné qui satisfasse l'esprit.

Il n'y a aucune loi sérielle dans les distances des planètes au soleil, aucune relation entre leurs grandeurs et le rang qu'elles occupent autour de l'astre central. Mars, plus éloigné du soleil que Vénus et la Terre, est plus petit que ces planètes. Saturne, placé entre Jupiter et Uranus, est moindre que le premier et plus gros que le second. Aux planètes télescopiques succède Jupiter, la plus grande de toutes.

Les densités paraissent décroissantes à partir du soleil; cependant Uranus et Mars sont respectivement plus denses que Saturne et la Terre.

Les planètes sont des ellipsoïdes de révolution; mais la régularité de cette figure géométrique y est troublée par des boursouflements, des refroidissements inégaux... La surface des astres n'a pas été soumise à des efforts intérieurs proportionnels à leurs dimensions; les montagnes de Vénus, de Mercure, de la lune surtout, sont relativement beaucoup plus hautes que les montagnes terrestres.

Le nombre des satellites de chaque planète paraît tout à fait arbitraire. Ceux d'Uranus se meuvent de l'est à l'ouest, en sens contraire de leur planète et de tout le système solaire.

La durée des rotations diminue en général quand la distance augmente; cependant elle est plus grande pour Mars et pour Saturne que pour la Terre et Jupiter. L'aplatissement aux pôles et la vitesse des rotations varient dans le même sens, mais dans un rapport inégal : l'aplatissement de Mars surpasse beaucoup celui de la Terre, bien qu'il n'y ait pas une grande différence entre les durées de leurs rotations.

Les grandes lois de Képler réalisent-elles enfin cet ordre, cette harmonie des sphères, que désire et recherche l'imagination? Pas le moins du monde. Les astres ne parcourent précisément ni des cercles ni des ellipses; le soleil n'en occupe pas mathématiquement le centre ou le foyer. Il n'y a rien de constan dans les vitesses ni dans les aires décrites. Tout varie, tou oscille, et les axes de rotations, et les grands axes des orbites, et l'inclinaison de leurs plans sur l'équateur solaire.

Voici venir maintenant le défilé irrégulier des comètes, qui se jettent dans le ciel au travers des lois de Képler; l'essaim innombrable des astéroïdes; puis la matière cosmique répandue sous les formes les plus variées, les plus bizarres même, dans les étoiles de toute espèce, les amas d'étoiles, les nébuleuses!

Il faut donc conclure avec Humboldt: « Que le monde des formations célestes doit être accepté comme un fait, comme une donnée naturelle, qui se dérobe aux spéculations de l'esprit par l'absence de tout enchaînement visible de cause à effet. »

Sans doute tout cela subsiste et continue de subsister; tous les éléments essentiels des orbites planétaires repassent par des positions moyennes de part et d'autre desquelles les écarts sont peu étendus, ceux du moins des planètes du monde solaire; et la stabilité y est suffisante pour y réaliser les conditions de la vie; autrement, nous n'existerions pas pour en discourir. Mais il y a loin de là à l'ordre et à l'harmonie de l'univers rêvée par les poètes et les philosophes. Peut-être la loi même de la gravitation universelle, telle qu'elle est énoncée actuellement, n'est-elle pas absolument exacte, et la force effective qui produit les mouvements célestes doit-elle s'exprimer par une série rapidement décroissante dont le premier terme, proportionnel aux masses, et en raison inverse du carré des distances, fournit une approximation suffisante aux calculs des mouvements du monde solaire. Il semble, en tout cas, que, pareille en cela à beaucoup de lois physiques, elle ne reste vraie que dans certaines limites, et qu'elle n'est point applicable lorsque les distances moléculaires deviennent excessivement petites.

Il est pourtant nécessaire de distinguer entre l'irrégularité et l'indétermination. La complication des phénomènes naturels résulte, non pas de l'absence de toute loi, mais de la multiplicité des actions diverses auxquelles ils sont soumis. Le problème astronomique, très simple dans son énoncé et dans son principe, se complique extrêmement quand on y considère plusieurs corps dont la figure n'est point absolument sphérique; mais les mouvements célestes n'en restent pas moins déterminés, et l'astronomie les fait concevoir comme soustraits à toute intervention arbitraire et surnaturelle. C'est là le grand service que cette science a rendu à l'esprit humain, et c'est pourquoi elle a soulevé, à l'époque de ses premières découvertes fondamentales, l'opposition très perspicace de l'autorité théologique. La découverte du mouvement de rotation de la terre sur elle-même et autour du soleil, a été certainement le coup le plus dangereux porté aux dogmes catholiques. Je suis convaincu que le dogme de la rédemption, par exemple, n'aurait jamais été accepté ou proposé si les véritables conditions sidérales du globe terrestre avaient été connues.

Ainsi, au point de vue de la généralité et de la grandeur des phénomènes qui en sont l'objet, de sa méthode, de sa perfection relative, de l'importance de ses découvertes, de son influence philosophique, l'astronomie est la première des sciences, la base de toute connaissance positive, et par suite de toute éducation rationnelle.

§ 32. — Réunies sous une définition commune, la physique et la chimie ont pour objet les lois générales des corps inorganiques, dont il faut cependant excepter la gravitation universelle spécialement étudiée dans l'astronomie.

Malgré cette communauté d'objet, malgré les points de contact nombreux qui existent entre les deux sciences, les phénomènes physiques se distinguent facilement des phénomènes chimiques.

Les propriétés physiques des corps sont vraiment générales; sauf quelques exceptions plus apparentes que réelles, tous les corps sont plus ou moins sonores, caloriques, électriques, etc. Il n'y a entre eux, sous ce rapport, que des différences de degrés. Les faits chimiques, au contraire, sont spécifiques, variables, différents d'un corps à l'autre, non seulement d'intensité, mais de nature; dans le développement des premiers phénomènes, il n'y a jamais que des changements d'état du solide au liquide, et du liquide au gazeux; dans les seconds, il y a changement de nature, de composition.

A cette distinction fondamentale, on peut ajouter que les actions chimiques exigent la fluidité (liquide ou gazeuse), ou du moins l'extrême division de l'un des corps entre lesquels elles doivent s'exercer; tandis que cette condition est plutôt défavorable à la manifestation des propriétés physiques.

Le problème physique, dans toute sa généralité, peut être ainsi posé : Prévoir tous les phénomènes que manifestera un corps placé dans des circonstances données, excepté celles d'où pourrait résulter sa décomposition.

Le problème chimique diffère du précédent, mais le complète; il consiste à prévoir, étant données les propriétés de plusieurs corps simples, quelles sont les propriétés du corps composé résultant de leurs combinaisons, et à effectuer celles-ci; ou réciproquement, étant données les propriétés d'un corps composé, déterminer et séparer les corps simples dont il est formé.

Dans l'état actuel de la science, ces problèmes sont loin d'être complètement résolus. L'étude des propriétés générales des corps qui affectent tous nos sens, souvent simultanément, et en se compliquant les unes par les autres, présente, en effet, des difficultés bien supérieures à celles de l'astronomie, où l'on ne considère que des faits géométriques et mécaniques, c'est-à-dire les plus élémentaires manifestations de la matière.

Heureusement, par une compensation du reste nécessaire, l'accroissement des ressources de la méthode vient en aide à la complication des recherches. Appliquée aux phénomènes célestes, l'observation se trouvait réduite à peu près exclusivement au sens de la vue; ici, tous nos sens sont mis en jeu, et l'observation les fait tous concourir à l'étude des phénomènes qui les affectent.

L'observation directe, toutefois, ne suffit plus. La complication des faits et des impressions, leur simultanéité, nécessitent un nouveau progrès de la méthode positive. Il faut modifier, simplifier les circonstances dans lesquelles un phénomène se produit, l'isoler par des procédés artificiels afin de le considérer exclusivement, abstraction faite des autres phénomènes qui l'accompagnent; il faut expérimenter, en un mot. L'expérimentation a pour condition naturelle et nécessaire de ne point détruire ou altérer le fait, l'objet qui y est soumis. Cette condition, déjà moins facile à remplir pour la chimie, devient plus difficile encore dans l'étude des corps organisés. C'est pourquoi la physique reste le type des sciences expérimentales.

Lorsque l'observation et l'expérience ont conduit, dans une question de physique, à la découverte de quelques relations numériques, géométriques ou mécaniques, comme il est arrivé dans les théories de la chaleur, de la réflexion et de la réfrac-

que l'action modificative compense la prévision, philosophiquement aussi bien que pratiquement. Le paratonnerre de Franklin n'a pas porté aux explications théologiques un coup moins dangereux que le «*E pur si muove*» attribué à Galilée.

La chimie a enfin rectifié, à un point de vue capital, les idées métaphysiques sur la création et la destruction de la matière. Lorsque les corps invisibles, tels que les gaz et les vapeurs, se dérobaient à la connaissance de l'homme, celui-ci ne pouvait avoir aucune idée exacte de la croissance et de la destruction des corps organisés; il attribuait nécessairement quelque pouvoir mystérieux de création à la force vitale.

Il reconnait aujourd'hui que tout est transformation, que rien ne se fait de rien. La chimie a établi la grande démonstration de la permanence, de l'indestructibilité de la matière.

BIOLOGIE.

§ 35. — L'objet de la biologie est l'étude des phénomènes vitaux, des manifestations et des conditions de la vie dans les végétaux aussi bien que chez les animaux et dans l'homme.

L'origine et la nature intime de la vie nous échappent. Au point de vue où nous sommes placés, la vie n'est qu'une nouvelle propriété de la matière, une modalité des phénomènes généraux de la nature. Il n'y a pas plus de force vitale dans les êtres vivants, a dit Cl. Bernard, que de force minérale dans les corps bruts. L'idée de force est une abstraction; il n'y a, pour les sciences expérimentales, que des phénomènes et des mouvements. Les phénomènes de création organique sont le propre des êtres vivants; ils ne sont ni plus ni moins mystérieux que les autres. Il n'y a pas incompatibilité entre la vie et les actions physico-chimiques, pas de lutte entre deux principes opposés, comme l'écrivait Bichat; il n'y a pas deux ordres de forces séparées, les unes créant, les autres détruisant. Les manifestations des organismes vivants rentrent toutes dans les lois physico-chimiques générales. Il n'y a qu'une chimie et qu'une physique, comme il n'y a qu'une mécanique.

Considéré dans sa manifestation la plus générale, le phénomène vital consiste dans la propriété que possèdent certains agrégats matériels de durer pendant un temps et sous une forme déterminée, en attirant sans cesse dans leur composition une partie des substances environnantes, et en rendant au milieu ambiant une partie de leur propre substance.

Ainsi, l'idée de vie implique celle d'organisme, c'est-à-dire des tissus, des organes, des appareils dont se compose l'être vivant; celle du milieu dans lequel il naît et se développe; celle enfin des relations entre l'organisme et le milieu, des fonctions et des résultats.

L'étude du milieu est l'objet des sciences physico-chimiques; celle de l'organisation correspond au point de vue statique ou anatomique; et celle de la fonction au point de vue dynamique ou physiologique.

Ramené à son énoncé le plus simple, le problème biologique, toujours caractérisé par la prévision, peut se poser ainsi: Étant donné l'organe ou la modification organique, trouver la fonction ou le résultat, et réciproquement. Il est inutile de dire que, malgré tous les récents progrès de la biologie, le problème est loin d'être résolu pour tous les cas et dans tous les organismes. La difficulté croissante du sujet ne trouve non plus ici une suffisante compensation dans les ressources de la méthode.

§ 36. — La série encyclopédique, avons-nous dit, doit être considérée comme homogène: les phénomènes vitaux sont le prolongement des phénomènes physico-chimiques; le monde inorganique domine le monde organique. Tous les corps vivants sont plus ou moins pesants, caloriques, électriques, soumis aux lois de la composition chimique. Tous les procédés de la méthode positive, tous les organes de la sensation secondés par les appareils artificiels les plus ingénieux, dus aux applications des sciences précédentes, concourent aux recherches de la biologie.

L'expérimentation y présente, il est vrai, des difficultés spéciales; car elle a pour condition de ne point altérer le fait qui est l'objet de l'expérience; et les relations intimes, les réactions des parties, des fonctions de l'organisme, sont telles qu'il est presque impossible d'apporter à l'une d'elles une perturbation qui ne se fasse sentir dans toutes les autres, et par conséquent de n'altérer que le fait dont on veut déterminer les variations. L'habileté des physiologistes triomphe cependant de ces obstacles. L'expérience artificielle y est d'ailleurs secondée par une sorte d'expérience naturelle, qui consiste dans l'observation des maladies au point de vue non pas seulement médical, mais scientifique. Une maladie n'est, en effet, qu'une altération naturelle de l'organisme, de même que l'expérience physiologique en est une altération artificielle. Sous ce rapport, la pathologie prend le caractère et possède l'utilité d'un procédé de la méthode expérimentale.

Ainsi, la biologie complète l'observation, varie l'expérience, mais surtout développe la comparaison, dont la condition essentielle est que l'unité du sujet exploré persiste dans la variété de ses nombreuses manifestations individuelles. Cette condition est éminemment réalisée dans l'étude des corps vivants, où l'on trouve toujours, sous le double aspect anatomique et physiologique, un fonds commun de structure et de vitalité qui, depuis le végétal jusqu'à l'homme, se développe avec les modifications les plus diverses, se différencie, s'accroît, à chaque degré, de tissus, d'organes, d'appareils, de fonctions, plus compliqués et plus parfaits. L'immense variété des êtres organisés, qui semble, à première vue, constituer la principale difficulté de la biologie, est précisément la cause de ses progrès; car c'est à cette variété qu'est due la méthode comparative. Pour donner une idée de l'étendue de cette méthode, il suffit d'indiquer que la comparaison s'exerce entre les diverses parties de chaque organisme déterminé, entre les sexes d'une même espèce, entre les phases successives du développement de l'individu, entre les différentes races ou variétés de chaque espèce, entre tous les organismes de la série biologique, entre les états normaux et pathologiques, sur les caractères géométriques, physiques et chimiques de l'organisation.

A la comparaison vient s'ajouter, comme conséquence et complément, la théorie générale des classifications, qui trouve dans la biologie son extension la plus grande et la mieux justifiée. L'art de classer est intimement lié à la méthode comparative; car le principe d'une classification rationnelle consiste en ce que cette classification devienne l'expression résumée du fait le plus général, du caractère le plus saillant constaté par la comparaison des objets qu'elle embrasse. Plus que toute autre science, la biologie était tenue d'introduire l'ordre et la hiérarchie dans les détails de son immense domaine. C'est là que les savants doivent étudier l'art de comparer et de classer, de même que les biologistes doivent se former, par les sciences précédentes, à l'observation, à l'expérience, à la rigueur des saines méthodes.

Malgré la continuité de la série biologique, il faut cependant y distinguer trois degrés principaux : la vie végétale, la vie animale, la vie affective et intellectuelle.

Quoique les animaux supérieurs participent certainement à cette dernière, surtout par le côté affectif, cependant ce troisième et suprême degré de l'organisation n'atteint son développement complet que dans le cerveau humain. L'étude des fonctions sensibles et intelligentes me semble sous ce rapport, du moins dans leurs résultats, pouvoir se placer à la fin de la biologie, ou au commencement de la sociologie pour y servir d'introduction.

Quoi qu'il en soit de ce détail, constatons ici le résultat principal de toutes les spéculations biologiques : c'est d'abord la subordination de la vie, en général, à toutes les lois cosmiques de la matière ; puis la subordination de la vie affective et intellectuelle aux conditions de la vie animale, et de celle-ci à la vie végétale. Ajoutons de suite, en passant, que le but de tout progrès, de toute civilisation, est d'intervertir autant que possible cette subordination et d'assurer une prédominance croissante aux fonctions les plus élevées de l'animalité.

§ 37. — L'influence philosophique de la biologie, au point où elle est arrivée, n'est pas moins profonde que celle de l'astronomie. Tout système philosophique est caractérisé, constitué par deux idées principales : celle que l'homme se fait de l'univers, et celle de la place qu'il y occupe. L'astronomie a résolu la première question, la biologie répond à la seconde ; et toutes deux, par des moyens différents, concourent au même résultat. Les phénomènes célestes sont beaucoup plus susceptibles de prévision que les phénomènes vitaux ; mais, par contre, ceux-ci sont beaucoup plus modifiables que ceux-là. Les faits intellectuels et moraux sont dans une étroite dépendance des milieux intérieurs et extérieurs où ils se développent; on peut, par de simples modifications matérielles de ces milieux, les troubler, les suspendre et même les détruire. A. Comte dit à ce propos: « Le psychologue le plus obstiné ne saurait, sans doute, persister à soutenir la souveraine indépendance de ses entités intellectuelles, si seulement il daignait réfléchir, par exemple, que la simple inversion momentanée de sa station verticale ordinaire suffit pour opposer aussitôt un insurmontable obstacle au cours de ses propres spéculations. » En voyant la sensibilité, l'intelligence, la volonté, naître et cesser, croître et décroître avec le système nerveux, les altérations de ce dernier se répéter nécessairement dans les facultés de l'animal, on sent que l'organisation matérielle est prépondérante, qu'il est inutile de poser la question à jamais insoluble de la nature intime du principe actif et pensant, et qu'il faut savoir se borner à en étudier les manifestations, les lois, les conditions d'existence.

Les conditions d'existence! c'est là le dernier mot de la biologie. Chacune des grandes divisions de la science apporte à l'ensemble de notre élaboration philosophique sa part de méthode, de découvertes, de principes fondamentaux : L'astronomie montre l'ordre et la stabilité du monde résultant de l'action mutuelle des masses planétaires substituée à une action providentielle permanente. La physique et la chimie ont remplacé l'idée primitive de la création et de la destruction de la matière par celle de sa perpétuité dans ses transformations. La biologie inaugure le principe des conditions d'existence à la place de celui des causes finales. On sait que ce dernier principe, appliqué à l'ensemble du monde organique, consiste à considérer chaque être vivant, chaque organe, comme créé conformément à un plan rationnel où règne une harmonie générale, où chaque chose se trouve à la meilleure place qu'elle puisse occuper dans le meilleur des mondes, le meilleur du moins pour un but déterminé, tel que la glorification du créateur ou l'accomplissement de la destinée humaine.

Ce n'est point là, je crois, l'impression que produisent dans un esprit non prévenu les études biologiques et géologiques. Entre l'époque actuelle et celle où la vie a commencé sur la terre, il s'est écoulé des millions d'années. Pendant cette longue durée, on voit apparaître et disparaître un nombre infini d'animaux bizarres, quelques-uns horribles, à nos yeux du moins, qui semblent n'avoir d'autre destinée ou d'autre utilité que de se manger les uns les autres. L'organisation de la matière se développe lentement, péniblement, à travers les convulsions géologiques. On dirait qu'une force organique immense se prodigue, sans calculer, dans des créations éphémères, dans des essais hasardés dont les résultats deviennent le jouet des forces inorganiques qui gouvernent et oppriment le monde. Parmi ces tentatives d'organisation, les unes avortent, les autres réussissent lorsqu'elles trouvent dans le milieu correspondant des conditions suffisantes d'existence et de reproduction. Il n'y a rien là d'admirable en soi. L'existence organique présente, sous ce rapport, beaucoup d'analogie avec l'existence cosmique. La répartition et le développement de la vie dans l'univers ne paraissent pas soumis à des combinaisons supérieures, en ordre et en harmonie préconçue, à la formation et à la distribution des masses planétaires.

SOCIOLOGIE.

§ 38. — Il n'est pas nécessaire d'insister beaucoup sur la différence entre le socialisme et la sociologie.

Le socialisme est un assemblage de théories, de systèmes, d'aspirations surtout, qui ont pour objet l'amélioration du sort des travailleurs par l'association des efforts, et une répartition plus égalitaire du produit du travail. C'est donc une façon d'économie politique dont le but n'est pas en soi condamnable. Quant à savoir si les aspirations des socialistes sont plus ou moins exagérées, si leurs systèmes s'appuient sur des observations plus ou moins exactes, et dans quelle mesure leurs théories sont en contradiction avec les lois de la nature humaine, ce sont là des questions sur lesquelles nous aurons l'occasion de revenir.

La sociologie est, au contraire, une science parfaitement définie dans sa méthode et dans son objet, qui est, comme nous l'avons vu déjà, le développement des sociétés humaines.

L'étude de l'homme considéré comme le type le plus élevé de la série organique appartient incontestablement à la biologie générale. Il est soumis aux mêmes lois que l'ensemble des êtres vivants; il n'en diffère dans son organisation et dans ses fonctions, même cérébrales, que par des degrés, par des perfectionnements qui se sont accomplis non seulement d'une espèce à l'autre dans la série animale, mais qui s'accomplissent encore chaque jour dans le même individu suivant les progrès de l'âge, dans les générations successives suivant les progrès du temps.

Cependant, nous l'avons déjà fait remarquer, ce n'est que dans l'homme que les facultés supérieures de l'animalité, les fonctions cérébrales, et surtout l'intelligence et la conscience, ont atteint tout leur développement et produit tous leurs résultats.

Ce développement, ces résultats, qui ne sont autre chose que la science elle-même, y compris la morale, ont une telle importance et des liens si intimes avec les faits sociaux en général, qu'ils constituent la base nécessaire de la sociologie.

L'homme ne se distingue pas seulement du reste de la création par la supériorité de son intelligence, il jouit en outre exclusivement de la faculté de former des sociétés, et d'avoir une histoire. Les animaux les plus élevés au-dessous de lui forment des troupeaux quand ils se réunissent passagèrement, mais non des sociétés véritables; et si quelques insectes, tels que les abeilles et les fourmis, constituent des associations intéressantes qui ont, statiquement, quelques rapports avec les sociétés humaines, il leur manque cependant le caractère essentiel de celles-ci, c'est-à-dire le changement, le mouvement, le progrès.

Ainsi, l'homme individu doit être l'objet d'une étude spéciale que l'on appellera, si l'on veut, psychologique; et l'homme associé, d'une autre étude à laquelle conviendrait le nom d'histoire, si cette expression n'était pas déjà employée dans un sens déterminé et plus restreint.

Nous n'entendons point, toutefois, par psychologie l'étude abstraite des facultés humaines, fondée sur une sorte d'observation interne, qui consiste à s'isoler le plus possible du monde extérieur, et presque à supprimer les phénomènes qu'il s'agit d'observer. Cette psychologie a produit plus de discussions ingénieuses que de résultats positifs. Les études psychologiques ne doivent jamais être séparées des considérations biologiques et sociologiques, c'est-à-dire de l'étude de l'organe cérébral, de ses fonctions et de ses résultats, qui sont, nous venons de le dire, les connaissances acquises dans tous les ordres de spéculations humaines.

§ 39. — L'objet de la sociologie étant ainsi défini, voyons quelle est sa méthode.

Il faut avant tout y considérer les phénomènes sociaux comme soustraits à l'intervention arbitraire des influences surnaturelles, et soumis à des lois déterminées, ainsi que tous les autres phénomènes observables. C'est là le dernier effort que l'esprit humain doit faire pour arriver à la positivité complète et à l'homogénéité de ses conceptions. Si cette condition n'est pas remplie, il n'y a plus de méthode sociologique, plus de sociologie : il ne reste qu'une accumulation de faits toujours grossissante, et une immense statistique.

Sans aucun doute, les faits sociaux sont de tous les plus compliqués, les plus modifiables, et par suite les plus difficiles à coordonner, à prévoir surtout. Leur complication, la difficulté d'en saisir les lois, sont de moins en moins compensées dans leur étude par l'accroissement des moyens d'investigation, suivant une observation répétée à chaque degré ascendant de l'échelle encyclopédique.

Les phénomènes sociologiques sont subordonnés à tous ceux qui les précèdent dans la classification positive. Si l'inclinaison de l'axe de la terre sur l'écliptique, ou sa vitesse de rotation, ou la durée de sa révolution annuelle autour du soleil, venaient à varier sensiblement ; si le milieu physico-chimique, dans lequel l'humanité vit, subissait une grave altération ; si l'atmosphère, par exemple, recevait une forte augmentation d'oxygène ; si la durée de la vie humaine était plus grande, ou que les diverses parties de l'organe cérébral qui président aux manifestations de l'intelligence et du sentiment fussent autrement proportionnées, le développement social serait évidemment tout autre, ou plus rapide, ou plus lent, ou deviendrait même impossible.

De cette dépendance résulte, pour les faits sociaux, la complication d'une part, mais aussi la propriété d'être plus facilement modifiés par l'intervention humaine.

Les phénomènes astronomiques sont absolument soustraits à celle-ci ; mais déjà elle se fait sentir dans les faits physico-chimiques ; elle se développe dans la biologie, et atteint tout son développement dans la sociologie, principalement dans la morale, qui en forme la conclusion.

Il n'est pas nécessaire d'insister beaucoup sur ce dernier point.

Les réformateurs et les législateurs de notre époque sont plus disposés à exagérer qu'à méconnaître leur action sur le développement social. Leur prétention n'est malheureusement point justifiée, en général, par une suffisante préparation logique et scientifique.

§ 40. — La complexité et la dépendance des phénomènes sociaux comportent et exigent l'emploi de tous les procédés de la méthode positive :

L'*observation* appliquée aux races, aux langues, aux monuments, aux coutumes, etc.

L'*expérience*, non pas l'expérience directe, dont nous avons trop d'exemples dans notre histoire, qui consiste à apporter aux lois et aux constitutions des changements dont on attend d'immenses résultats, et qui ne produisent que de graves perturbations sociales ; mais cette sorte d'expérience indirecte qui se livre à l'analyse des faits pathologiques considérés comme des expériences naturelles, et qui s'applique, sous ce point de vue, au corps social, comme à tout autre organisme vivant.

La *méthode comparative* enfin, créée par l'étude des corps organisés, trouve un emploi naturel et étendu dans celle des faits sociaux. La comparaison, toutefois, ne s'étend point ici, comme en biologie, à tous les termes de la série, attendu que les indications fournies par les sociétés animales d'un ordre inférieur, sans être négligeables, sont cependant très bornées. La comparaison sociologique n'acquiert toute sa valeur que dans l'étude des sociétés humaines, soit qu'elle considère et rapproche les états coexistants chez tous les peuples indépendants, soit qu'elle suive la succession de ces états dans l'humanité. C'est sous ce dernier aspect que la comparaison prend le caractère d'une véritable méthode sociologique. L'histoire, la *méthode historique*, nous apparaît ainsi comme le complément de tous les moyens de découvrir créés et employés par le génie humain.

La sociologie, subordonnée logiquement et scientifiquement à la cosmologie, exerce sur celle-ci une réaction considérable.

Pour le bien comprendre, il faut revenir un instant sur la coordination des sciences positives.

La série encyclopédique qui va des mathématiques à la morale suivant la généralité décroissante, et la dépendance ou la complication croissante des phénomènes, peut être envisagée objectivement ou subjectivement.

Au point de vue objectif, qui a servi à sa construction, elle exprime le mode général de relation, de dépendance des phénomènes, et par suite des êtres, autant qu'il nous est donné de les connaître. Au point de vue subjectif, elle exprime l'ordre correspondant des conceptions, des idées, des sciences en un mot. L'objet de la science est fourni par le monde extérieur, dont l'homme fait d'ailleurs partie; la science elle-même, produit des facultés humaines, n'est en dernière analyse qu'un fait humain, social, soumis dans son développement aux lois sociologiques. C'est par là que s'expliquent ces relations, ces réactions constantes entre toutes les branches de nos connaissances; c'est pourquoi la méthode historique, spécialement créée par la sociologie, vient, par un retour sur elle-même, s'appliquer et apporter de nouvelles ressources de coordination et d'investigation à l'ensemble des sciences positives.

DEUXIÈME PARTIE

COSMOLOGIE

IDÉE GÉNÉRALE DE L'UNIVERS.

§ 41. — De la matière en mouvement dans le temps et dans l'espace infinis; telle est, sous son expression la plus simple, la conception moderne de l'univers. D'après les explications antérieures, l'origine et la nature intime de la matière et des forces qui l'animent, demeurent complètement en dehors de cette conception, due à l'observation seule, développée et complétée par tous les procédés de la méthode positive.

Pour en saisir toute la portée, il faut immédiatement distinguer dans le mécanisme de l'univers les mouvements composés, résultants, qui déplacent les masses, les corps entiers, et les mouvements d'oscillation des particules matérielles autour de leurs situations moyennes, les mouvements vibratoires, en un mot, auxquels la science contemporaine tend à ramener toutes les propriétés de la matière.

Considéré sous ce double point de vue, le mouvement comprend, en effet, tous les phénomènes observables, célestes et terrestres.

Mais avant de nous engager dans l'examen de ces phénomènes, nous devons nous arrêter aux considérations que

H. Spencer a exposées sur la loi générale qui les régit, et que nous résumons sous le nom d'évolution.

§ 42. — Nous avons vu que le philosophe anglais fait dériver les conceptions d'espace, de temps, de matière, de la notion de force, qui nous est donnée par la résistance que la matière offre à nos efforts musculaires. Il y ajoute la loi supérieure de la persistance de la force, et de la persistance de relation entre les forces, qui ne peut être démontrée, qui est au-dessus de toute preuve, et du même ordre que les idées d'infini et d'absolu. Il en déduit ensuite toute la théorie de l'évolution.

Il me paraît regrettable, je l'ai déjà indiqué, d'introduire sans nécessité dans la science une entité incompréhensible, et de substituer la force, que nous ne pouvons imaginer séparée de la matière, à la matière en mouvement dont la notion est claire et positive. Nous considérerons donc la force comme une simple expression destinée à abréger le discours, et remplaçant celle de quantité de mouvement ou de masse multipliée par la vitesse, comme on l'entend en mécanique.

Sous cette réserve, nous admettrons, avec Spencer et avec tous les savants modernes, la persistance de la force au même titre que l'indestructibilité de la matière, ou en d'autres termes l'axiome que rien, matière ou mouvement, ne se fait de rien, et que rien ne périt dans la nature. Cette notion cependant n'est point du même ordre que celle d'infini. Nous ne comprenons, il est vrai, ni la création, ni la destruction de la matière; mais nous voyons qu'elle peut ne pas être et qu'elle n'est point, en effet, une quantité infinie dans l'univers. Il en est de même du mouvement; non seulement nous ne le concevons pas comme infini en quantité, mais longtemps on a cru que des mouvements opposés pouvaient se détruire, par exemple, dans le choc de deux corps, ou même dans l'équilibre des systèmes de forces. On a reconnu depuis que jamais les forces ou les quantités de mouvement ne s'anéantissent, mais qu'elles se transforment les unes dans les autres suivant certaines règles d'équivalence. Dès lors, persistance, transformation et équivalence des forces, sont trois principes qui se soutiennent et s'entraînent.

Ces principes ne soulèvent plus d'objections, en ce qui concerne les mouvements de masse et les mouvements moléculaires que l'on nomme chaleur, lumière, électricité, etc. On commence à les admettre pour les mouvements organiques, musculaires, nerveux. Spencer les étend, sans hésiter, à toutes les forces mentales, et par suite à toutes les forces sociales qui sont les résultantes de toutes les autres.

Voilà donc une loi qui dominerait l'universalité des phénomènes observables, et qui obtiendrait le plus haut degré de généralisation. On peut l'admettre comme vérifiée pour une part, et pour le reste tout au moins comme susceptible de vérification.

Ainsi établis sur le terrain de la démonstration ou de l'hypothèse scientifique, nous pouvons suivre les développements de la loi.

§ 43. — L'interprétation des mouvements célestes a conduit Newton à la conception de la gravitation universelle; de même, l'interprétation des phénomènes en général conduit à concevoir la matière comme animée de forces attractives et répulsives. Les dernières particules matérielles ne se trouvent nulle part, pas même dans les corps les plus denses, en contact immédiat; par conséquent, les forces d'attraction ou de répulsion s'exercent à travers ce que nous appelons le vide, à des distances moléculaires extrêmement petites, ou à des distances sidérales extrêmement grandes. Pour se représenter cette action, on suppose le vide rempli d'une espèce de matière impondérable ou éthérée. Il ne faut pas oublier toutefois que ce ne sont point là des réalités, mais des symboles.

La direction du mouvement en chaque cas est celle de la résultante des forces attractives et répulsives, qui se confond évidemment avec la direction suivant laquelle la résistance est la plus faible ou bien est nulle, si rien n'a été omis dans la composition des forces.

Tout mouvement commencé dans une direction est cause d'un nouveau mouvement dans la même direction, en vertu de la persistance de la force. Mais le mouvement commencé ne se continue pas dans la même direction primitive. Il faudrait, dans le cas contraire, que toutes les forces agissantes fussent distribuées d'une manière symétrique autour de cette direction, ce qui est infiniment peu probable. Ainsi, tous les mouvements naturels sont curvilignes; et tous les efforts de l'art n'ont pour résultat que d'en diminuer la courbure.

De même que la direction des mouvements n'est point rectiligne, le mouvement lui-même n'est point uniforme. Tout déplacement résultant du mouvement même doit modifier la proportion des forces en jeu, soit par accélération, soit par retardation; et comme on ne saurait concevoir que les actions accélératrices ou retardatrices se prolongent durant un temps infini, à travers un espace infini, il en résulte un retour du phénomène sur lui-même, une ondulation, un mouvement rythmique. Le rythme est donc une nouvelle loi du mouvement qui comprend les vibrations moléculaires aussi bien que les révolutions sidérales. Il faut ajouter que, par suite de la complication des forces naturelles, le ryhtme est nécessairement imparfait, et que l'état d'arrivée diffère de l'état de départ lorsque le mouvement périodique est accompli.

Le rythme est le résultat immédiat de la persistance du mouvement et de l'égalité de l'action et de la réaction; c'est, sous un autre nom, le mouvement d'oscillation dont la nature offre tant d'exemples dans le pendule, dans les marées, dans les perturbations planétaires, dans les fonctions organiques, et jusque dans les phénomènes sociaux, à ce point que les termes mécaniques d'action et de réaction sont passés dans le langage politique.

§ 44. — Tout changement dans les choses, tout phénomène,

consiste dans un déplacement de matière ou dans une modification de mouvement, ou dans les deux à la fois ; et comme les choses sont dans un continuel changement, il en résulte une « redistribution continue de la matière et du mouvement. » Le mode suivant lequel s'opère ce changement est la loi même de l'évolution pour chaque existence sensible.

Le caractère le plus général d'une évolution complète, c'est que les composants d'un objet passent de l'état diffus, imperceptible, à l'état concentré, perceptible, pour retourner à l'état diffus. La concentration ou intégration de matière est toujours accompagnée d'une perte de mouvement des parties les unes par rapport aux autres, de mouvement relatif ; la diffusion ou désintégration implique un accroissement de ce mouvement.

Pour faire saisir, par l'exemple d'un phénomène familier, cette haute généralisation, il nous suffira de citer la compression des corps, qui en rapproche les molécules en dégageant ou dissipant de la chaleur, et la dilatation, qui produit les deux effets inverses, c'est-à-dire un écartement des molécules et une absorption de chaleur. Or, on sait aujourd'hui que la chaleur n'est qu'un mouvement moléculaire.

De même qu'un corps peut renfermer plus ou moins de chaleur latente, un agrégat peut contenir plus ou moins de mouvement latent, c'est-à-dire interne ; et plus il renferme de mouvement latent, plus les forces incidentes peuvent y déterminer facilement de nouveaux arrangements moléculaires, des redistributions secondaires de matière. C'est ainsi que, à raison de la plus grande quantité de chaleur latente qu'ils contiennent, les liquides se déforment plus facilement que les solides, et les gaz beaucoup plus aisément encore. C'est ainsi que, parmi les composés chimiques, les plus instables sont les plus complexes, c'est-à-dire ceux où, en se fixant, des composants plus nombreux ont apporté le plus de chaleur latente. C'est surtout ainsi que les composés organiques doivent la facilité d'évolution dont ils jouissent à leur complexité, et à l'énorme quantité de mouvement latent accumulé en eux par leurs éléments constituants.

§ 45. — L'intégration de matière, qui est toujours accompagnée d'une dissipation de mouvement, est encore caractérisée essentiellement par la différenciation des parties, par le passage de l'uniforme au multiforme, de l'homogène à l'hétérogène. C'est dans la série organique que ce caractère de l'évolution a été d'abord constaté et mis en lumière par la biologie moderne. Il n'est pas difficile de le reconnaître dans toutes les existences sidérales et terrestres, depuis les nébuleuses passant à l'état de systèmes solaires, jusqu'aux agrégats sociaux les plus élémentaires se transformant en vastes sociétés civilisées.

Le progrès de l'hétérogène ne suffit pas pour caractériser une évolution normale. Une maladie est, en fait, une différenciation qui détermine dans l'organisme une hétérogénéité plus grande, mais qui sort du cours régulier de l'évolution. Il faut encore, pour celle-ci, qu'il y ait progrès de la confusion à l'ordre, de l'indéfini au défini ; qu'il y ait accroissement de netteté dans la distinction des parties.

Les changements de structure des parties sont accompagnés, dans l'évolution, de changements correspondants dans les mouvements que l'agrégat a conservés. Pendant que les parties passent de l'état diffus à l'état concentré, les mouvements passent de l'état latent à l'état sensible. Ainsi, dans la transformation d'une nébuleuse en système solaire, le mouvement calorique de la matière diffuse se change en mouvement de masse, de rotation et de translation ; ainsi les rayons solaires, c'est-à-dire les mouvements vibratoires du milieu éthéré, produisent les mouvements sensibles de la sève et de la croissance végétales. D'une manière générale, le progrès de la matière vers une distribution plus intégrée, plus hétérogène et plus définie, est accompagné du progrès du mouvement vers une distribution qui posssède les trois mêmes caractères.

De tout ce qu'il développe à ce sujet, H. Spencer conclut à

la définition suivante : « L'évolution est une intégration de matière accompagnée d'une dissipation de mouvement pendant laquelle la matière passe d'une homogénéité indéfinie, incohérente, à une hétérogénéité définie cohérente, et pendant laquelle aussi le mouvement retenu subit une transformation analogue. » (*Premiers principes*, p. 424.)

Après avoir constaté que cette formule s'applique à tous les ordres de phénomènes concrets, H. Spencer va plus loin, et recherche « la raison pour laquelle la transformation se fait ainsi. »

La propriété fondamentale de l'homogène est d'être instable. Elle résulte de ce que les diverses parties d'un agrégat homogène sont nécessairement exposées, à raison de leurs positions différentes par rapport aux sources d'action voisines, à des efforts différents auxquels elles ne peuvent opposer qu'une résistance uniforme, et par suite à des changements différents. De telle sorte que, par sa constitution même, l'homogène tend à devenir hétérogène ; tandis que, dans ce dernier état, on conçoit que les parties différant l'une de l'autre puissent opposer des résistances différentes à des efforts différents, et conserver ainsi plus de stabilité. Il est clair d'ailleurs que les parties homogènes d'un tout déjà devenu hétérogène seront elles-mêmes instables, et que l'hétérogénéité tend toujours à augmenter.

L'instabilité de l'homogène peut se déduire de la persistance de la force. Ce principe primordial se réduit, en effet, à ceci : qu'une force qui n'est point nulle produit toujours un mouvement quelconque, sensible ou insensible. Par conséquent, les efforts différents en direction ou en intensité que des forces incidentes, égales ou inégales d'ailleurs, exercent sur les unités d'un tout homogène, produiront nécessairement des effets, des mouvements différents qui déterminent l'hétérogénéité.

La même chose arrive des forces internes, dont les résultantes varient évidemment en chaque point de l'agrégat.

« Une homogénéité stable, unique, est hypothétiquement possible. Si des centres de force absolument uniformes dans leur puissance sont répandus avec une uniformité absolue dans un espace illimité, ils resteront en équilibre. Pourtant cette supposition, intelligible verbalement, est une de celles qui ne peuvent être représentées dans l'entendement, puisque l'espace illimité est inconcevable. » (Spencer, *les Premiers principes*, p. 459.)

Non seulement dans le passage de l'homogène à l'hétérogène les parties de l'agrégat subissent des changements différents de l'une à l'autre, mais les forces extérieures ou incidentes sont également modifiées par suite de l'égalité entre l'action et la réaction. Une force uniforme devient par là multiforme; les mouvements produits en deviennent plus différents, et l'hétérogénéité augmente. « La multiplication des effets doit aller en progression géométrique; chaque degré de l'évolution doit être le prélude d'un degré plus élevé. »

Les changements subis par les diverses parties d'un agrégat sous l'influence d'une force extérieure, consistent dans des réarrangements chimiques ou dans des transpositions mécaniques, ou dans les deux sortes de déplacements à la fois. La partie de cette force employée aux redistributions physiques produit des mouvements différents dans les parties différentes, et si par suite un agrégat est composé de plusieurs ordres d'unités différentes et mêlées, les unités de chaque ordre seront séparées par le mouvement même. Il y a, à la fois, sélection et séparation dans le mélange, c'est-à-dire ségrégation. La séparation est d'autant plus nette que les différences entre ces parties sont plus tranchées. Exemple : le traitement des minerais que l'on appelle séparation mécanique. Il est évident que des forces dissemblables agissant sur un groupe d'unités semblables, produiront le même résultat. Ajoutons enfin que des forces différentes et mêlées sont également séparées par les réactions d'unités semblables. C'est ainsi que les rayons lumineux qui ont des longueurs d'ondulation différentes, sont séparés par leur réfraction dans un milieu homogène. La ségrégation qui se manifeste clairement dans un grand nombre de phénomènes physiques est élevée à la hauteur d'un principe général applicable aux phénomènes de tous les ordres, biologiques et même sociaux.

§ 46. — Les mouvements se transforment, mais ne s'anéantissent jamais. Toutefois, dans un agrégat en cours d'évolution, il y a déperdition continue de mouvement par suite des résistances du milieu auquel ce mouvement se communique à l'état sensible ou à l'état insensible; de sorte que la limite de toute évolution individuelle est un repos ou un équilibre inévitable. Mais le mouvement d'un agrégat est presque toujours composé, et chacun de ses mouvements composants peut s'équilibrer séparément suivant son intensité primitive et suivant le degré de résistance qu'il rencontre. De là plusieurs espèces d'équilibres successifs, et entre autres l'équilibre mobile, celui de la toupie qui tourne immobile sur son axe lorsque ses mouvements de translation et de nutation sont épuisés. Cet équilibre mobile n'est qu'une phase transitoire qui conduit à l'équilibre définitif. Tous les agrégats, organiques, inorganiques et sociaux, arrivés à leur plein développement, manifestent les propriétés de l'équilibre mobile qui est caractérisé par la permanence d'un état moyen dans lequel les mouvements relatifs se contrebalancent, et l'équilibre des forces s'établit aux extrémités des déplacements rythmiques, comme il arrive dans le système solaire. Considérée dans les espèces vivantes, l'adaptation n'est autre chose que l'établissement d'un nouvel équilibre mobile entre les forces nouvelles introduites dans le système et les forces opposantes provoquées par celles-ci.

L'évolution continue tant qu'il existe un mouvement non équilibré; elle cesse lorsque, par suite de la dispersion du mouvement propre de l'agrégat, l'équilibre y devient complet; la redistribution de matière s'arrête; l'hétérogénéité y atteint sa limite. C'est la mort, s'il s'agit d'un être organisé; c'est l'immobilité relative des parties, la condensation extrême, la congélation; c'est encore la mort, sous une autre forme, s'il s'agit d'agrégats inorganiques. Telle est la fin inévitable de toute évolution, ou du moins de cette première phase de l'évolution totale qui est l'intégration.

Mais à partir du moment où l'équilibre est atteint, l'agrégat reste soumis aux influences prépondérantes du milieu, et pour lui commence la phase de désintégration, la dissolution, qui, suivant le plus ou moins de stabilité de l'équilibre atteint, peut être plus ou moins rapide. La matière revient de l'état concentré à l'état diffus pour recommencer le cycle de ses transformations.

§ 47. — Tels sont, dans un résumé trop court, les *premiers principes* de H. Spencer. Je ne pouvais les passer sous silence dans cette sorte de revue de la connaissance moderne, que j'ai entreprise. Mais l'exposé précédent en est fort incomplet ; il y manque à la fois le réseau serré de la démonstration, et l'application aux principaux ordres de phénomènes, dont je n'ai indiqué en passant quelques exemples que pour faciliter l'intelligence de propositions trop abstraites.

Ces principes, qui s'énoncent ainsi : persistance de la force et des relations entre les forces, indestructibilité de la matière, continuité du mouvement, équivalence des forces transformées, direction du mouvement suivant la ligne de moindre résistance, rythme du mouvement ; ces principes d'où se déduisent les lois de l'évolution, c'est-à-dire la redistribution continue de la matière et de la force, le passage de la diffusion à la concentration accompagné de la dissipation de la force et du progrès de l'homogène vers l'hétérogène, la conversion des mouvements moléculaires en mouvements de masse..., puis l'instabilité de l'homogène, la multiplication des effets, la ségrégation, l'équilibre, et enfin la dissolution ; cet ensemble imposant de principes constitue la plus haute généralisation que la science puisse atteindre, puisqu'ils sont établis abstraction faite d'un ordre quelconque de phénomènes ; c'est la philosophie même de la science du connaissable, si par philosophie on doit entendre avec Spencer l'unification de la connaissance.

Toutefois, il semble que l'intelligence, arrivée à ces sommets ardus et glissants de l'abstraction, court facilement risque de s'égarer, et que de petites déviations peuvent y conduire à de graves erreurs. Je ne veux point dire qu'il en soit ainsi, mais seulement que l'on y éprouve le besoin de respirer, de se recueillir et de se reposer dans des considérations plus concrètes auxquelles nous allons revenir, et où nous ne négligerons pas d'ailleurs de rechercher, autant que possible, la vérification des premiers principes, dont aucun raisonnement ne peut dispenser.

§ 48. — Nous avons dit que tous les faits observables pouvaient être divisés en phénomènes célestes et phénomènes terrestres. Cette ancienne distinction du ciel et de la terre qui s'impose à tout esprit, même le plus superficiellement attentif au spectacle de l'univers, doit être complétée par la notion intermédiaire du monde solaire.

Ainsi, l'ensemble des corps célestes, le soleil avec son cortège de planètes, et la terre avec tous les êtres inorganiques et organiques qu'elle porte, tels sont les trois degrés de nos connaissances universelles, en suivant la marche descendante du général au particulier. Ces connaissances, fort inégales d'ailleurs suivant le terme de la série auquel elles se rapportent, sont intimement liées entre elles, se complètent et s'éclairent l'une par l'autre. Nous ne pouvons nous représenter approximativement l'univers que par des analogies, des comparaisons avec le système solaire et avec notre planète. On n'a, d'autre part, que des idées très erronées concernant la terre, aussi longtemps que les notions cosmologiques sur le monde solaire et sur l'univers en général sont insuffisantes. Aussi est-il presque indifférent de commencer par l'un ou l'autre ordre de faits un exposé astronomique, où rien ne peut dispenser d'un retour fréquent d'un ordre à l'autre.

Logiquement, toutefois, et suivant le principe de notre échelle encyclopédique, nous devons commencer par les phénomènes les plus généraux. Laissant donc un instant de côté notre monde solaire, arrêtons-nous, pour en faire une courte description, devant le spectacle admirable et tant de fois décrit d'une belle nuit étoilée, spectacle le plus propre à éveiller dans notre imagination l'idée de l'univers.

§ 49. — Ce qui frappe tout d'abord l'observateur, c'est une quantité en apparence innombrable d'étoiles d'éclat fort inégal, que l'on nomme étoiles fixes, parce que, jusqu'aux temps modernes, on les considérait comme dépourvues de tout mouvement propre, et conservant invariablement leurs distances angulaires.

Les groupes de figure supposée invariable formés par ces astres ont reçu et conservent encore le nom de constellations, dont l'usage est fréquent dans la description et dans la statistique du ciel; mais les étoiles qui composent chacune de celles-ci n'ont entre elles d'autres relations nécessaires que d'être situées dans la même région de l'espace par rapport à la terre, à des distances l'une de l'autre qui peuvent d'ailleurs être immenses.

La surface totale de la sphère céleste est ainsi décomposée en 109 constellations dont les limites sont aussi irrégulières que celles de nos départements, et qui comprennent environ 6 000 étoiles visibles à l'œil nu. Mais ce chiffre ne donne qu'une idée bien incomplète du nombre infini des astres qui peuplent les cieux. Les catalogues d'étoiles en contiennent une centaine de mille dont les coordonnées sphériques (ascension droite et déclinaison) ont été déterminées par l'observation télescopique; et ce nombre lui-même n'est rien en comparaison des résultats obtenus avec de puissants télescopes. Entre les étoiles β et γ du Cygne, on aperçoit une zone resplendissante qui, sur une largeur de 5 degrés, comprend au moins 330 000 étoiles, et l'on estime à 18 millions celles qui se trouvent dans la seule Voie lactée.

Ces nombres, quelque grands qu'ils soient ou puissent être, n'ont rien d'ailleurs de surprenant. Dans une seule direction, sur une seule ligne droite lancée à travers le ciel, il est possible, il est même probable, d'après la conception que nous avons nécessairement de l'espace, qu'il se rencontre un nombre infini d'étoiles; autrement, il faudrait admettre que, au delà de la dernière étoile rencontrée, il se trouve un espace infini complètement vide, et que la terre se meut dans une région privilégiée du ciel, où la matière cosmique est exceptionnellement condensée.

La classification des étoiles se fait, non d'après la grandeur de leur diamètre, qui échappe à toute constatation, même aux plus puissants télescopes, mais d'après leur éclat. On en compte un nombre de classes ou de grandeurs variable et croissant avec la perfection des moyens d'observation. Ce nombre, qui importe assez peu, s'élève jusqu'à 24 suivant quelques auteurs. Les étoiles des six premières grandeurs seulement sont visibles à l'œil nu; et dans tout le ciel il n'y en a qu'une vingtaine de première grandeur, telles que Sirius, Arcturus, Aldébaran, etc.

Les expériences photométriques et comparatives sur la lumière des étoiles donnent des résultats numériques intéressants. Ainsi, en prenant l'éclat de Wega de la Lyre pour unité, on trouve que l'éclat de Sirius vaut 5.13; Rigel d'Orion, 1.30; Arcturus, 0.84; Aldébaran, 0.36; Pollux, 0.30, etc. Une étoile de sixième grandeur a trente-six fois moins d'éclat que Wega; il en faudrait donc 180 pour équivaloir à Sirius. Suivant la même série, l'éclat de Jupiter est exprimé par 8.5, et celui de Mars par 6.8, aux époques d'opposition.

Le pouvoir éclairant du soleil est 800 000 fois plus grand que celui de la pleine lune, qui est 2 500 fois plus grand que celui de Sirius. Le soleil vaut donc, pour notre éclairage, deux milliards de Sirius. Mais si les deux astres étaient à la même distance (celle de l'étoile calculée d'après sa parallaxe de 0".23), le soleil aurait 63 fois moins d'éclat que celle-ci, et nous paraîtrait comme une étoile de troisième grandeur ([1]).

§ 50. — Nos connaissances sidérales sont loin d'être bornées

([1]) *Lehrbuch der Kosmichen Physik*. Joh. Müller, p. 316. Le P. Secchi a assigné la 6e grandeur au plus au soleil vu à la distance des étoiles les plus rapprochées

à ces données purement statistiques sur la situation, le nombre et l'éclat comparatif des étoiles fixes. Parmi celles-ci, l'étude attentive du ciel et l'observation télescopique de plus en plus perfectionnée ont fait découvrir des étoiles *multiples*, des étoiles *variables*, des étoiles *temporaires*, auxquelles sont venues s'ajouter les diverses formes et désignations de nébuleuses *planétaires, stellaires, non résolubles*.

On appelle multiples des étoiles dont le rapprochement n'est point une simple apparence due au hasard, mais qui forment un système coordonné sur l'une d'elles ou sur leur centre commun de gravité.

On a déjà observé (Struve) 2641 étoiles multiples, parmi lesquelles se trouvent 113 étoiles triples, 9 quadruples et 2 quintuples. Les autres sont des étoiles doubles. Ordinairement, dans les systèmes binaires, l'une des étoiles est beaucoup plus petite que l'autre; par exemple, dans l'étoile polaire, où la plus grosse est de deuxième, et la plus petite de onzième grandeur. Dans d'autres cas, les deux autres sont de même ou de voisine grandeur. Castor est composé d'une étoile de troisième et d'une étoile de quatrième grandeur; γ de la Vierge, de deux étoiles de troisième grandeur.

L'observation des étoiles doubles est d'un intérêt puissant pour la conception de l'univers. On a constaté, en effet, que dans les systèmes binaires, l'un des astres se déplace par rapport à l'autre. Le nombre des étoiles pour lesquelles la loi de ces mouvements a été déterminée s'élève à 16; la trajectoire observée est elliptique; la durée de la révolution varie de 30 ans (ζ d'Hercule) à 608 (σ de la Couronne). L'étoile satellite de Castor a une révolution de 153 ans, et, depuis la première observation, a déjà parcouru plus de 100 degrés sur son orbite apparente.

On conclut de ces données que les étoiles doubles sont soumises aux lois de Képler, et par suite à la loi de la gravitation, qui s'étend aux régions les plus reculées de l'espace, et que l'on peut vraiment dès lors appeler universelle.

Les étoiles variables sont celles dont l'éclat subit des changements réguliers, périodiques, telles que β de Persée (Algol), qui passe en 68 heures de la grandeur 2.4 à la quatrième; *o* de la Baleine (Mira), qui, de son maximum 2.1 diminue en 331 jours jusqu'à disparaître complètement; α de Cassiopée, qui, en 79 jours, descend de la deuxième à la troisième grandeur. Nous reviendrons tout à l'heure, en parlant de l'analyse spectrale, sur les causes de ces changements d'éclat. On connaît environ 24 étoiles variables.

Le 11 mars 1572, Ticho-Brahé observa, dans la constellation de Cassiopée, une étoile nouvelle dont l'éclat, égal d'abord à celui de Sirius, augmenta de manière à dépasser celui de Jupiter et à devenir visible en plein jour; puis, au mois de décembre suivant, commença à décroître et disparut complètement après avoir brillé pendant seize mois. On donne le nom d'étoiles temporaires aux astres qui présentent ces rares phénomènes, dont l'apparition n'a pas eu lieu plus d'une vingtaine de fois en 2000 ans.

Les nébuleuses ont longtemps échappé à l'observation, par suite de la faiblesse de leur éclat. La première a été découverte en 1612, dans la constellation d'Andromède; plus tard, Huyghens en aperçut une nouvelle près du baudrier d'Orion. Halley n'en connaissait que six en 1716. Mais, à l'aide de son puissant télescope, Herschell en découvrit 2500.

Les nébuleuses sont vraisemblablement des agglomérations de matières cosmiques, des systèmes de mondes, c'est-à-dire d'étoiles et de planètes en voie de formation; à ce point de vue, elles sont du plus haut intérêt dans l'étude de la constitution de l'univers. Un grand nombre d'entre elles présentent des figures rondes ou ovales, ou même annulaires, avec des contours assez nets et un éclat uniforme. Elles ont reçu le nom de nébuleuses planétaires. D'autres, de même forme que les premières, en diffèrent seulement par un ou plusieurs points intérieurs brillants semblables à des étoiles; ce qui les a fait nommer nébuleuses stellaires ou étoiles nébuleuses. D'autres enfin, comme celle d'Orion, se présentent sous l'aspect de nuages cosmiques de formes complètement irrégulières. Mais souvent ces nuages ou ces taches n'ont que l'apparence de nébuleuses, et un télescope d'un grossissement convenable les sépare, les résout en un grand nombre d'étoiles distinctes. On les nomme alors nébuleuses résolubles. Ces apparences célestes sont du même ordre que les Pléiades, où une vue imparfaite n'aperçoit qu'une nébuleuse, tandis que de bons yeux y distinguent six ou sept étoiles, et un bon télescope en fait découvrir cinquante à soixante. Certaines nébuleuses, au contraire, sont complètement irrésolubles, du moins avec les appareils dont les observatoires disposent actuellement.

Du diamètre apparent et de la distance minimum des nébuleuses, on conclut que leurs dimensions sont énormes. Ainsi la nébuleuse d'Andromède a environ un demi-degré de longueur, c'est-à-dire la dimension du diamètre de la lune, tandis que le diamètre des plus brillantes étoiles ne peut pas être exprimé, même en centièmes de seconde.

La matière cosmique paraît d'ailleurs fort inégalement distribuée dans l'espace. Ce sont les magnifiques zones du ciel austral, comprises entre les parallèles du 50e et du 80e degré, qui sont les plus riches en nébuleuses. Les deux nuages de Magellan, qui avoisinent le pôle sud, sont formés d'un nombre immense d'amas d'étoiles et de nébuleuses irréductibles.

Mais la plus grande et la plus étonnante des nébuleuses est celle qui est si connue sous le nom de Voie lactée.

La Voie lactée se présente sous la forme d'un anneau de largeur variable, de contours irréguliers, qui partage la voûte céleste en deux parties presque égales. Son aspect est celui d'un nuage blanc, léger, parsemé d'étoiles. Elle se partage en deux branches sur un tiers environ de son étendue, depuis le Cygne jusqu'à la queue du Scorpion.

La Voie lactée est une nébuleuse résoluble, un amas immense d'étoiles, dont notre soleil fait partie; elle forme une couche aplatie, lenticulaire, isolée « comme une île dans l'univers »

(Humboldt). On estime que son grand axe est égal à 700 ou 800 fois la distance de Sirius à la Terre, et son petit axe à 150 de ces énormes unités sidérales. Le système solaire y paraît être situé excentriquement, plus près de Sirius que de l'Aigle, et vers le milieu de la couche, dans le sens de son épaisseur.

Pour compléter cette rapide indication des principales formations de la matière cosmique, nous mentionnerons encore la lumière zodiacale, qui paraît être un anneau de nébuleuses entourant le soleil; et enfin, mais avec beaucoup de réserve, l'existence et la diffusion de cette matière cosmique remplissant tout l'espace dans un état de ténuité extrême, mais plus condensée dans les régions voisines du soleil, et opposant au mouvement des comètes d'Encke (peut-être aussi de Biela et de Faye) une résistance accusée par la diminution de l'excentricité de leur orbite et de la durée de leur révolution.

§ 51. — A part quelques indications sur le mouvement des étoiles doubles, nous n'avons, jusqu'à présent, considéré les étoiles supposées fixes que dans leurs dispositions relatives et dans leurs manifestations lumineuses. Voyons maintenant ce que l'on sait de leurs mouvements et de leurs distances.

Indépendamment de leurs mouvements propres, tous les corps célestes sont animés de mouvements communs d'une amplitude plus ou moins grande. Pour constater leurs mouvements propres et pour évaluer leurs distances, il faut tenir compte de ces mouvements communs, qui sont le résultat de la rotation de la terre autour de son axe; des déplacements de cet axe dans l'espace, c'est-à-dire de la précession des équinoxes et de la nutation; enfin, de la révolution du globe terrestre autour du soleil, qui produit l'aberration de la lumière et la parallaxe annuelle des étoiles.

C'est au moyen de cette parallaxe, c'est-à-dire de l'angle sous lequel le grand axe de l'orbite terrestre serait vu de l'astre correspondant, que l'on évalue la distance de cet astre. L'exiguïté de cet angle, qui est due à l'extrême éloignement des étoiles les plus rapprochées, a été longtemps un obstacle à sa mesure; mais aujourd'hui le perfectionnement des instruments optiques permet d'en déterminer approximativement la valeur, et par suite d'établir l'astronomie sidérale sur la base positive des distances stellaires. Ces distances sont tellement grandes que pour les exprimer on emploie une nouvelle unité, la distance moyenne de la terre au soleil, ou le rayon de l'orbite terrestre, qui est lui-même égal à 24 000 fois le rayon de la terre, dont la longueur est de 6 366 198 mètres. De sorte que l'unité choisie est de 152 788 752 000 mètres. Voici les résultats trouvés pour quelques étoiles. On y joint habituellement le temps que la lumière met pour venir de l'étoile jusqu'à nous, avec sa vitesse connue de 298 000 kilomètres par seconde.

	Parallaxes.	Distances en rayons de l'orbite terrestre.	Durée du trajet de la lumière.
α du Centaure.	0".91	220 000	3ans.5
61e du Cygne .	0 .37	550 000	8 .7
Sirius.	0 .23	890 000	14 .1
α de la Lyre. .	0 .26	970 000	15 .3
Arcturus. . . .	0 .13	1 600 000	24 .3

Quelque grandes que soient ces distances, elles ne sont rien cependant comparativement à celles des dernières nébuleuses, dont la lumière, suivant Herschell, viendrait à nous en deux millions d'années. Nous ne citons ce chiffre qu'avec réserve, non pas qu'il puisse surprendre par le nombre prodigieux de kilomètres qu'il représente, car il faut bien admettre que dans les profondeurs infinies des cieux, il y a sans doute des astres dont la lumière, faute de temps, ne pourra jamais arriver jusqu'à la région de l'espace que la terre occupe actuellement; mais seulement parce que la détermination d'une pareille donnée numérique paraît bien difficile. Quoi qu'il en soit, ce n'est qu'en arrêtant sa pensée sur de pareils nombres que l'homme peut se faire une idée de l'immensité de l'univers, de la petitesse relative du globe terrestre, et de son propre néant.

§ 52. — Après avoir mesuré approximativement la distance des étoiles, on a pu aborder l'étude de leurs mouvements propres. Herschell constata le premier qu'Arcturus s'est éloigné, de deux fois et demie le diamètre de la lune, de la position qu'il occupait du temps d'Hipparque. D'autres déplacements, variant entre 2" et 8" par an, ont été depuis constatés. Dans 3 000 ans, 20 étoiles environ se seront éloignées de plus d'un degré de leur situation actuelle. Dans 12 000 ans, Wega de la Lyre sera devenue l'étoile polaire; mais il faut se garder d'attribuer ce dernier et remarquable changement aux mouvements propres de l'étoile; il est dû à cette perturbation de la rotation de la terre que l'on nomme précession des équinoxes.

Les mouvements des étoiles les unes par rapport aux autres ont lieu dans diverses directions; cependant, parmi celles-ci, il en est une qui paraît dominante, et suivant laquelle la plupart des étoiles fixes se rapprocheraient d'un certain point du ciel. Ce serait donc, vraisemblablement, le résultat d'un nouveau commun déplacement, dont l'apparence serait due à un mouvement en sens contraire de notre soleil. D'après plusieurs observations concordantes, le point de l'espace vers lequel se meut tout le système solaire se trouve dans la constellation d'Hercule. Il n'est pas probable, toutefois, que ce déplacement ait lieu en ligne droite; sa direction actuelle n'est sans doute que celle de la tangente à la courbe décrite par le soleil. Dans cette hypothèse, le centre de rotation se trouverait sur une direction perpendiculaire à cette tangente, et par conséquent près d'Alcyon, dans la constellation des Pléiades. Rien, jusqu'à présent, n'y indique la présence d'un corps central sur lequel le mouvement solaire soit coordonné.

Dans cette complication des mouvements célestes, il est bien difficile de distinguer les mouvements vraiment propres des étoiles. On ne possède sur ce sujet que des données peu nombreuses et peu certaines. Citons seulement, en passant, une indication de Humboldt sur l'attraction que des nœuds brillants de la Voie lactée, situés l'un vers Cassiopée, l'autre vers le Scorpion, paraissent exercer dans les régions voisines du ciel; d'où résulterait dans l'avenir une dislocation de ce grand amas d'étoiles dont le soleil fait partie.

§ 53. — Telles étaient les connaissances acquises sur la constitution de l'univers, dont l'unité apparaissait déjà dans la loi de la gravitation étendue jusqu'aux étoiles, lorsque l'analyse spectrale est venue y ajouter dans ces derniers temps des faits d'un ordre tout nouveau, de la plus haute importance scientifique et philosophique.

Il ne saurait entrer dans le cadre de cet ouvrage d'expliquer les procédés de l'analyse spectrale. Il me suffira de dire que c'est par l'observation des raies obscures ou brillantes dans le spectre de la lumière émanée des corps célestes que l'on peut déterminer la nature chimique de la matière qui les compose, et que cette détermination est fondée sur ce que chaque raie ou groupe de raies, différant par le nombre, la situation, la couleur, dénonce la présence d'une substance particulière dans le corps lumineux. Je vais indiquer les principaux résultats de cette magnifique découverte, en commençant cette fois par les astres de notre système solaire, qu'il importe dans cet exposé de ne point séparer du reste de l'univers.

Le spectre solaire, c'est-à-dire la bande lumineuse, formée des couleurs de l'arc-en-ciel, que l'on obtient en faisant passer la lumière du soleil à travers un prisme, est traversé de raies fines, parallèles, dont M. Jansen a porté le nombre à 3 000 environ. Ces raies obscures sont dues à l'absorption d'une certaine quantité de rayons solaires par l'atmosphère terrestre d'une part, et par l'atmosphère solaire d'autre part. Les premières, dites raies telluriques, dominent dans la zone rouge-orangé-jaune; les secondes, d'origine solaire, dans la zone vert-bleu-violet du spectre.

Les raies telluriques sont produites surtout par la vapeur d'eau contenue dans l'atmosphère terrestre, qui, tout en absorbant une partie des rayons rouges et jaunes, laisse passer la plupart de ces rayons, tandis qu'elle éteint d'une manière générale les rayons bleus et violets. Ces raies telluriques varient naturellement avec l'épaisseur de la couche atmosphérique que la lumière traverse, et avec la quantité de vapeur d'eau qui y est contenue. Les raies solaires sont, au contraire, caractérisées par leur constance, et ce sont les seules qu'il faille consulter dans l'étude de la constitution physico-chimique du soleil.

Il est indispensable de donner ici un rapide aperçu du résultat de ces recherches, successivement étendues à tous les corps célestes lumineux.

Le soleil, formé d'un noyau liquide incandescent, est entouré d'une atmosphère gazeuse enflammée qui contient du fer, du calcium, du magnésium, du sodium, du chrome, du nickel, du cuivre, du zinc, du manganèse, de l'hydrogène. Les protubérances solaires observées d'abord pendant les éclipses sont des masses gazeuses, incandescentes, où l'hydrogène domine. On n'a pas constaté dans l'atmosphère solaire la présence de l'or, de l'argent, du mercure, de l'aluminium, du cadmium, de l'étain, du plomb, etc. Il est clair d'ailleurs que cette nomenclature des corps présents ou absents dans l'atmosphère solaire peut varier avec les procédés d'observation, et que ce n'est point une complète exactitude qui importe à ce sujet.

Le spectre de la lune ne diffère pas du spectre de la lumière venue directement du soleil. On en conclut que notre satellite n'a point d'atmosphère qui puisse exercer une absorption quelconque sur les rayons du soleil qu'il réfléchit, pas plus d'ailleurs que sur les rayons des étoiles qui passent tangentiellement à sa surface.

Les spectres de Vénus, Mars, Jupiter, Saturne, dénoncent des atmosphères qui diffèrent peu de la nôtre. Celle de Jupiter, cependant, renfermerait des gaz ou des vapeurs que ne contient point l'atmosphère terrestre; et, sous ce rapport, il y a des analogies entre Saturne et Jupiter. Le P. Secchi concluait de ses observations, en 1863, que la vapeur d'eau existait probablement dans l'atmosphère des planètes.

Le même observateur, appliquant l'analyse spectrale à plusieurs centaines d'étoiles, a été conduit à les diviser en quatre types principaux :

Premier type. Étoiles blanches ou azurées, telles que Sirius, α de la Lyre, α de l'Aigle, environ la moitié des étoiles visibles : spectre à grosses raies, annonçant la présence de l'hydrogène à une haute température, du sodium, du magnésium. Ce type domine dans les constellations de la Lyre, de la Grande-Ourse, du Taureau, et surtout des Pléiades et des Hyades.

Deuxième type. Étoiles jaunes, telles qu'Arcturus, la Chèvre, Pollux; puis la plupart des étoiles de deuxième grandeur; enfin le soleil : spectre à raies fines, très nettes, correspondant aux corps dont la présence dans le soleil a été signalée plus haut.

Le type solaire est dominant dans la Baleine, dans Céphée, dans le Dragon.

Troisième type. Étoiles rouges, telles que α d'Orion, α du Scorpion, α d'Hercule : spectre divisé en zones claires par de grandes lacunes faibles et nébuleuses, indiquant la présence de corps gazeux à basse température, et celle de la vapeur d'eau comme dans l'atmosphère terrestre. Il n'y a point d'hydrogène, d'azote, de zinc, mais on y trouve du sodium, du magnésium, du calcium, du fer, du bismuth.

Quatrième type. Formé par les étoiles les plus faibles du troisième, dont il diffère par le nombre des zones claires, qui est de six à sept dans le dernier, et de trois seulement dans le quatrième.

Les deux premiers types comprennent à peu près la totalité des étoiles les plus brillantes.

Les étoiles doubles offrent une particularité remarquable : en général, et presque sans exception, les étoiles simples sont blanches, rouges ou jaunes, tandis que l'on rencontre fréquemment dans les groupes binaires la coloration bleue ou verte de l'une des composantes. Ainsi, α d'Hercule, double, est orangé et vert bleuâtre; β du Cygne est jaune et bleu. A cette coloration spéciale correspond une grande différence dans les raies obscures de leurs spectres.

Les étoiles variables ont des spectres du troisième type à zones multiples, comme α d'Orion, α d'Hercule; d'où l'on conclut l'existence de vastes atmosphères absorbantes dont les troubles, les crises, produisent les variations d'éclat observées. On attribue cependant la variabilité de β de Persée (Algol) au passage périodique d'un satellite entre cette étoile et la terre, attendu que son spectre est du premier type.

Les étoiles temporaires ont montré deux sortes de spectres qui se superposent et proviennent de deux sources différentes de lumière. Le premier, analogue à celui du soleil (deuxième type), indique un noyau solide ou liquide, incandescent, enveloppé d'une atmosphère absorbante. Le second spectre, à raies brillantes, signale un gaz lumineux, probablement de l'hydrogène enflammé. Il est vraisemblable que l'apparition subite de l'étoile est due au dégagement et à l'inflammation d'une masse considérable d'hydrogène, et sa disparition à l'extinction de cette sorte d'incendie, qui n'a plus laissé dans l'espace qu'un corps obscur et dévasté.

Les nébuleuses planétaires (petits disques ronds ou légèrement ovales), telles que celle du Dragon, présentent des phénomènes non moins intéressants. D'abord trois raies brillantes, celle de l'azote, celle de l'hydrogène, et au milieu une troisième qui ne correspond précisément à aucun élément terrestre. Puis un spectre continu, excessivement faible, sans largeur, dû à un point lumineux. On conclut donc encore ici à l'existence d'un petit noyau incandescent, solide ou liquide, entouré d'un gaz ardent ou lumineux.

La grande nébuleuse d'Orion présente les mêmes trois raies brillantes que les nébuleuses planétaires; il en est de même de toutes les nébuleuses à spectre gazeux; dans un seul cas, on a vu une quatrième raie. Il faudrait en conclure que ces nébuleuses sont d'un autre ordre cosmique que l'immense groupe auquel appartiennent le soleil et les étoiles fixes.

Les nébuleuses résolubles en étoiles n'ont, comme on pouvait s'y attendre, aucun spectre à raies brillantes.

L'analyse spectrale des comètes a donné lieu à des résultats qui manquent encore de précision, et sont quelquefois contradictoires; ce que l'on en peut actuellement conclure, c'est que leur noyau est lumineux par lui-même, et que « la nature de leur lumière les rapproche soit des nébuleuses, soit plutôt des étoiles faisant partie du troisième type. » (*Annuaire du Bureau des longitudes,* 1869.) Citons seulement la comète de Winnecke, dont le spectre est formé de trois bandes brillantes, verte, jaune et bleue, dont l'ensemble est bien représenté par le gaz oléfiant (C H, carbure d'hydrogène). Le carbone se trouverait donc dans cette comète, mais dans un état de combinaison encore inconnu.

LE MONDE SOLAIRE.

§ 51. — La première conséquence à tirer de ce qui précède, c'est que l'espace infini est rempli de millions et de millions d'étoiles semblables à notre soleil. On le supposait il y a deux cents ans; on peut affirmer aujourd'hui que la preuve en est faite par la gravitation et par la constitution physico-chimique des astres. Il n'est pas prouvé, mais il paraît bien probable, que chacun de ces soleils est entouré de planètes, malheureusement invisibles pour nous, formées de la même matière et soumises aux mêmes lois que notre monde solaire, qui peut dès lors être pris pour unité cosmique, dont la multiplication indéfinie forme l'univers, et dont on peut dire : *Ab uno disce omnes.*

Ici tout devient clair, précis, presque intime. Après une excursion dans l'immensité, nous rentrons dans notre famille, dont il faut commencer par faire le dénombrement.

Autrefois, l'inventaire astronomique du système solaire se composait du soleil lui-même et de sept planètes, parmi lesquelles figuraient la Terre et la Lune. Depuis Herscheil (1781), la variété et la richesse de cet inventaire se sont singulièrement accrues. En remettant la Lune à sa place parmi les satellites, on compte maintenant huit planètes principales, auxquelles viennent s'ajouter (en 1880) 205 planètes télescopiques, circulant toutes entre Mars et Jupiter; 20 satellites, inégalement distribués entre six planètes, depuis la Terre qui en a un, jusqu'à Saturne qui en a huit; des essaims d'astéroïdes connus sous le nom d'étoiles filantes, au nombre de neuf; un nombre indéterminé de comètes dont Képler disait qu'il y en avait autant dans le ciel que de poissons dans l'eau, mais dont, il est vrai, on n'a jusqu'à présent constaté la périodicité, c'est-à-dire la dépendance solaire, que pour dix d'entre elles; enfin, pour ne rien omettre, une nébuleuse que nous avons déjà signalée sous le nom de lumière zodiacale.

Le monde solaire est donc un petit univers, un véritable microcosme (bien plutôt que l'homme), où la matière cosmique se manifeste sous les aspects les plus divers.

Les faits astronomiques de ce monde sont, pour la plupart, devenus vulgaires, et je ne m'y arrêterai que pour ne point interrompre la série logique de cet exposé. La constitution physique du soleil et l'hypothèse cosmique qui s'y rapporte, exigent toutefois une mention particulière.

§ 55. — Le soleil, comme on l'a vu, comparable à une étoile de sixième grandeur, serait à peine visible à l'œil nu à la distance de Sirius, et occupe, par conséquent, une place modeste dans l'univers. Avant de passer à l'état de soleil, il est probable que l'astre central de notre monde était une nébuleuse, c'est-à-dire une agglomération de gaz et de vapeurs métalliques contenus dans le type numéro 2 des étoiles, excessivement chaude, diffuse, animée d'un mouvement de rotation, prenant par suite une forme sphéroïdale, et s'étendant au delà de l'orbite de la planète la plus éloignée. Sous l'action des forces centrifuges nées de la rotation, et des condensations de la masse dues au refroidissement, des lambeaux de nébuleuse (hypothèse de Laplace) se sont détachés de cette masse, dans sa région équatoriale, et ont formé les planètes de toutes dimensions; puis celles-ci leurs satellites, par le même procédé de segmentation, qui n'est point sans analogie avec la genèse des cellules vivantes. Cependant un noyau central se constituait, et la nébuleuse arrivait à la phase solaire, en conservant son mouvement de rotation et un approvisionnement de chaleur encore énorme, malgré la dissipation qui s'en était faite pendant la phase d'intégration.

A l'état de soleil, l'astre qui donne le mouvement, la chaleur, la lumière et la vie au monde planétaire, serait formé (Faye, 1873) d'une masse centrale excessivement chaude, ayant une densité moyenne à peu près égale à celle de l'eau, et entourée d'une photosphère gazeuse dans laquelle le refroidissement superficiel et les réactions chimiques déterminent la formation d'amas innombrables de particules liquides ou solides qui ont l'aspect de petits nuages incandescents, et qui donnent à la photosphère son éclat éblouissant.

La lumière émanée de la photosphère, et en partie absorbée par des couches minces de vapeurs métalliques et de gaz qui baignent les nuages incandescents, produit le spectre solaire tel que l'analyse spectrale le fait connaître.

Au delà se prolonge la masse gazeuse du soleil. Ce prolongement, que l'on nomme chromosphère, ne constitue point une atmosphère analogue à celle de la terre, par couches régulières de densités décroissantes. L'étude spectrale et la mesure des protubérances solaires montrent que ce sont des amas confus de saillies et de flammes d'hydrogène presque pur projetées avec une incroyable vitesse.

La chaleur initiale et les mouvements de rotation de la nébuleuse solaire doivent être acceptés comme des faits primordiaux au delà desquels il est impossible de remonter. Conformément aux principes de la mécanique, les mouvements se conservent à travers toutes les transformations de la masse, s'ils ne sont point altérés par des résistances extérieures, celles du milieu, par exemple, où ils se produisent. Mais on ne saurait concevoir que la chaleur solaire ne diminuât point par l'énorme radiation de l'astre vers tous les points de l'espace. Cette radiation, mesurée normalement à la surface de la terre sur un mètre carré, équivaut à 0.294 calorie par seconde, en tenant compte de l'absorption atmosphérique; rapportée à la surface solaire, elle représente 13578 calories, et, pour cette surface totale, la combustion de plus de 10 millions de millions de tonnes de charbon par seconde. Cette dépense est en partie alimentée par la conversion de force vive en calorique résultant de la concentration progressive de la masse solaire, et probablement par les chutes de matières cosmiques, de météorites, qui ont lieu sur le soleil.

Une longue stabilité est d'ailleurs assurée à la température moyenne de cet astre par la participation de toute sa masse au rayonnement superficiel, établie par les courants qui, déterminés par les combinaisons chimiques et par les solidifications partielles dans la photosphère, vont et viennent sans cesse de celle-ci aux couches profondes. Il paraît, toutefois, inévitable que la chaleur du soleil s'épuise, et qu'il n'arrive à cette phase d'extinction qu'un grand nombre d'étoiles, invisibles dès lors, ont déjà atteinte, et qui se montre dans les planètes de notre système, dans la terre elle-même et dans son satellite.

Mais sortons enfin des hypothèses, pour arriver aux faits et aux lois positives qui régissent le monde planétaire, et pour les indiquer rapidement.

§ 56. — Des observations deKépler et des calculs de Newton, il résulte que les planètes autour du soleil, et les satellites autour des planètes, décrivent des ellipses dont l'astre central occupe l'un des foyers; que la force qui maintient les corps circulants dans cette orbite elliptique passe constamment par l'astre central, varie proportionnellement aux masses et en raison inverse du carré distance. Cette force est la même pour toutes les planètes, et, dans l'intérieur de notre monde, elle mérite le nom si connu d'attraction universelle qui lui a été donné. Notons, toutefois, qu'il ne faut pas prendre ce mot d'attraction dans son sens absolu; que l'on ignore entièrement la nature intime de cette force qui s'exerce entre les corps célestes, et que Newton lui-même la considérait non comme une propriété essentielle de la matière, mais comme l'expression générale des efforts que font les corps pour s'approcher les uns des autres.

Quoi qu'il en soit, les plans des orbites planétaires passent par le soleil, font des angles généralement faibles entre eux et avec l'équateur solaire; les orbites sont peu excentriques; les mouvements de rotation et de translation sont tous dans le même sens et dans le sens de la rotation du soleil. Les planètes ont la forme d'ellipsoïdes de révolution dont le petit axe est celui de la rotation. Ces caractères communs des mouvements planétaires sont une conséquence naturelle de l'hypothèse sur la formation du système.

Voyons maintenant les différences qui existent d'une planète à une autre.

Les distances moyennes des planètes au soleil, celle de la Terre étant prise pour unité, varient de 0.38 minimum (Mercure) à 30 maximum (Neptune). Les planètes télescopiques sont toutes comprises entre Mars et Jupiter, dont les distances sont 1.52 et 5.20.

La durée des révolutions, dont le carré varie proportionnellement au cube du grand axe de l'orbite correspondante, est, en nombre rond, pour la Terre, de 365 jours, comme on sait; de 88 pour Mercure; et de 60 126 jours, ou de 64 ans, pour Neptune.

Le volume de la Terre étant pris pour unité, celui du soleil est exprimé par 1 279 267; celui de la Lune, par 0.20; celui des planètes principales varie de 0.54 minimum (Mercure) à 1 390 maximum (Jupiter). Parmi les planètes télescopiques, il en est dont le diamètre n'est que de 30 kilomètres, et dont, par conséquent, la surface dépasse à peine le tiers de la moyenne de l'un de nos départements.

La densité moyenne de la Terre par rapport à l'ea i est de 5.58; celle de la Lune, 3.35; du Soleil, 1.40. La densité des autres planètes varie de 0.67 minimum (Saturne) à 7.68 maximum (Mercure).

La durée des rotations est de $23^{h}.56$ pour la Terre, à peu près la même que celle de Mars, qui est maximum et s'élève à $24^{h}.37$. Jupiter a des jours de $9^{h}.55$ seulement. Le Soleil tourne sur lui-même en $25^{j}.12$, et la Lune en $27^{j}.7$.

L'inclinaison des orbites des planètes principales sur l'écliptique (plan de l'orbite terrestre) est peu considérable. Elle est de 5 degrés pour la Lune, de 0°.46 pour Saturne, et s'élève à 7 degrés pour Mercure. Cette inclinaison, pour les planètes télescopiques, va de 0°.41 (Massalia) à 34°.41 (Pallas).

L'excentricité des orbites elliptiques, c'est-à-dire le rapport de la distance entre le centre et le foyer à la longueur du demi-grand axe, est en général très faible : la valeur de ce rapport est de 0.006 pour Vénus, de 0.016 pour la Terre, mais s'élève à 0.38 pour une planète télescopique (Æthra).

Parmi les satellites, ceux de Jupiter (la Lune toujours mise à part) sont les mieux connus. La masse du plus petit de ces derniers n'atteint pas deux cent millièmes (elle est de 0.000017, et celle du plus grand de 0.000088).

La distance des satellites à leur planète, le rayon de celle-ci étant pris pour unité, varie de 1.16 minimum (premier satellite de Mars) à 64.36 maximum (huitième satellite de Saturne). Les durées des révolutions correspondantes sont de $0^j.318$ et $79^j.33$.

Outre ses huit satellites, Saturne est entouré d'un anneau bien connu, qui constitue l'une des apparences les plus extraordinaires de notre système planétaire. Ce corps est le seul qui ait conservé la forme annulaire primitive, après s'être séparé de la planète principale, comme pour porter témoignage à l'appui de l'hypothèse cosmogonique de Laplace.

§ 57. — Pendant longtemps, les comètes ont inspiré une crainte superstitieuse, et ont passé pour les avant-coureurs des calamités publiques. Cette superstition a disparu; mais, par leur apparition irrégulière et souvent inattendue, par leur aspect singulier, par la nature de leur trajectoire, ces astres sont restés un objet de légitime curiosité et de haut intérêt scientifique.

Les comètes sont, en général, composées d'un noyau rond et brillant, entouré d'une faible nébulosité, qui se prolonge sous forme de queue ou de chevelure du côté opposé au soleil. Cette queue est tantôt droite comme celle de la comète de 1819, tantôt courbe comme celle de 1811; quelquefois multiple, comme dans la comète de 1744, qui avait six queues, ou dans celle de 1807, qui en avait deux.

La matière dont les comètes sont formées, et qui d'ailleurs ne diffère pas essentiellement, comme nous l'avons vu, de celle des autres corps célestes, est dans un état de ténuité extrême. Elle n'exerce aucune action réfractive sur la lumière des étoiles; celle-ci en traverse la queue et même le noyau, qui du reste manque quelquefois.

La queue, quand elle est courbe, a sa convexité tournée dans le sens du mouvement de la comète, comme si elle était infléchie par la résistance d'un milieu, résistance insensible quand elle agit sur des corps aussi denses que les planètes, mais peut-être du même ordre que la densité cométaire, dont, suivant certains calculs, le rapport à la densité de notre atmosphère est exprimé par une fraction qui a pour numérateur l'unité, et pour dénominateur un nombre composé de 125 chiffres.

L'existence d'un milieu intra-stellaire, dont la constatation serait d'une haute importance scientifique, est également indiquée par les retards que la comète d'Encke éprouve dans ses retours périodiques.

L'origine de la queue des comètes n'est pas expliquée. Il semble que le soleil exerce une action répulsive sur la matière qui les compose, et que, sous son influence, ces astres éprouvent des modifications de forme, qui ont été particulièrement observées dans la comète de Donat (1858). Quoi qu'il en soit, les queues cométaires embrassent parfois un arc de 60 et de 100 degrés, et peuvent atteindre une longueur de plus de 100 millions de kilomètres. La comète de Donat présentait derrière son noyau un espace plus sombre, de sorte que la queue y prenait l'apparence d'un paraboloïde creux de matière nébuleuse.

Les trajectoires des comètes montrent que ces astres sont soumis aux lois de la gravitation. Ces trajectoires sont des sections coniques qui peuvent, comme on le sait, prendre la forme d'ellipses, de paraboles ou d'hyperboles. La nature de ces deux dernières courbes exclut toute périodicité : les comètes dont l'orbite serait parabolique ou hyperbolique ne seraient donc visibles qu'une seule fois, avant et après leur passage au périhélie, et, traversant les régions voisines de la terre, iraient se perdre sans retour dans les profondeurs infinies de l'espace, ou s'annexer à quelque autre monde.

Les comètes à orbites elliptiques ont des retours périodiques et font partie, au contraire, du système solaire. Il n'y en a que dix, jusqu'à présent, dont ces orbites aient été déterminées. Leurs distances au soleil, à l'aphélie, va de 4 minimum (comète d'Encke) à 35 maximum (comète de Halley), celle de la terre étant prise pour unité. L'inclinaison et l'excentricité de leurs orbites sont considérables par rapport à celles des planètes, et marquent la différence qui les sépare de celles-ci : l'inclinaison varie de 9°.46 (comète de Tempel) à 54°.17 (comète de Tuttle); l'excentricité, de 0.46 (comète de Tempel) à 0.96 (comète de Halley). Enfin les durées des révolutions, qui sont dans le rapport connu avec les distances au soleil, sont de 3ans.30 minimum pour la comète d'Encke, et de 76 ans maximum pour celle de Halley.

On voit, par l'excentricité de l'orbite de cette dernière comète, qu'elle décrit une ellipse très allongée, dans laquelle la distance du foyer au centre est presque égale à la longueur du demi-grand axe, et dont la courbure, aux extrémités de cet axe, se rapproche beaucoup de la parabole. On est par là conduit à supposer que les comètes dont le retour n'a point encore été observé décrivent de même des ellipses encore plus allongées, et non des paraboles. Elles y perdraient quelque chose de l'intérêt qui s'attache à ces voyages étranges, d'étoiles en étoiles, à travers les cieux; mais elles rentreraient, d'une manière satisfaisante pour l'esprit, dans l'ordre général de l'univers.

Partant de cette idée, on a calculé les éléments de l'orbite supposée elliptique de certaines comètes. On trouve, approximativement :

Pour la comète II de 1861 : long. du demi-grand axe, 71 ; durée de la révol., 601 ans.
Pour la comète de Donat : — 161 — 2101

D'après les calculs d'Encke, la comète de 1860-1861 aurait

une révolution de 8800 ans; sa distance aphélie serait de 853 (le rayon de l'orbite terrestre étant toujours pris pour unité). Sa vitesse à son périhélie atteindrait 393 kilomètres, et ne serait que de 3 mètres à son aphélie. Les étoiles les plus rapprochées du soleil en sont à une distance de plus de 200000 rayons de l'orbite terrestre. On comprend donc que, sans passer dans la sphère d'attraction d'un autre soleil, une comète à trajectoire elliptique puisse avoir une vitesse presque nulle à son aphélie, et une durée de révolution excessivement longue. Ainsi, d'après la proportion qui existe entre le carré des temps des révolutions et le cube des grands axes, les passages au périhélie d'une comète qui s'éloignerait du soleil jusqu'à 100000 rayons de l'orbite terrestre, c'est-à-dire à moins de moitié de la distance de α du Centaure, seraient séparés par des intervalles de 3500000 ans environ, si l'on prend pour base de la proportion les éléments correspondants de la comète de 1860-1861.

§ 58. — La nouvelle théorie des étoiles filantes les rattache intimement aux comètes, et peut se résumer ainsi :

La fréquence relative des étoiles filantes aux différentes heures d'une même nuit est liée à leur vitesse absolue dans l'espace, et conduit à reconnaître que cette vitesse est à peu près égale à la vitesse de translation de la terre multipliée par $\sqrt{2}$ ou 1.41, c'est-à-dire à la vitesse que posséderait, au voisinage de la terre, un corps qui, partant avec une vitesse à peu près nulle, viendrait à nous des profondeurs de l'espace; c'est ce que l'on appelle la vitesse parabolique ou cométaire.

Conduit par cette remarquable coïncidence, on a pu calculer les trajectoires paraboliques des principaux essaims d'étoiles filantes qui signalent les nuits des mois d'août (les Perséides), de novembre (les Léonides), etc. On a ainsi constaté que l'orbite des Perséides coïncide avec celle de la comète de 1862, les Léonides avec la comète de Tempel, celles du 10 décembre avec la comète de Biela, celles du 20 avril avec la première comète de 1861.

Les étoiles filantes sont donc des corpuscules de matière cosmique de même nature que les comètes, qui ne deviennent visibles à nos yeux qu'en pénétrant dans notre atmosphère. Comme les comètes, du moins comme la partie de celles-ci la moins dense, elles sont à l'état gazeux et n'arrêtent point la lumière des étoiles fixes. Leur hauteur varie de 120 à 80 kilomètres entre leur apparition et leur disparition. Les comètes elles-mêmes sont une concentration locale de la matière des essaims qui suivent la même route qu'elles. Mais comment ces essains sont-ils arrivés à former des courants de corpuscules distribués, allongés sur les courbes elliptiques ou paraboliques dont ils occupent des arcs plus ou moins étendus?

Si l'on imagine l'un de ces essaims ayant une forme primitive globulaire, placé à une distance immense du soleil, avec une vitesse extrêmement petite, cet essaim, en cédant à l'attraction solaire, doit se déformer, s'allonger dans le sens de son orbite, se condenser dans le sens perpendiculaire; le périhélie, qui est à peu près le même pour tous les corpuscules, forme une sorte de défilé où l'essaim se lamine et s'étend. Si, par exemple, l'amas globulaire, animé à son aphélie d'une vitesse de 100 mètres par minute, et éloigné de 20000 rayons de l'orbite terrestre, présentait, sous forme de nuée cosmique, un diamètre apparent égal à celui du soleil, ce qui n'aurait rien d'extraordinaire dans le spectacle de la voûte céleste, on calcule que cet essaim produirait une chaîne parabolique qui emploierait plus de 20000 années à passer par son périhélie, et dont les dimensions transversales seraient cependant assez réduites pour que la terre, la rencontrant, ne mît pas plus de deux jours à la traverser. Ces jours-là, pendant chacune de ces 20000 années, il y aurait pluie d'étoiles filantes.

Telle est, dans ses traits principaux, l'explication de ces phénomènes, qui ont passé longtemps pour être simplement atmosphériques, et qui appartiennent, au contraire, aux manifestations les plus intéressantes de l'existence cosmique.

§ 59. — Les étoiles filantes, petites agglomérations de matière nébuleuse, s'éteignent et disparaissent dans les régions supérieures de l'atmosphère. Les bolides, corps solides, compacts, traversent cette atmosphère, parviennent quelquefois jusqu'à la terre, et font explosion en donnant naissance aux aérolithes et aux chutes de pierre. On a peu de données sur leur vitesse et leur trajectoire. Tandis que les étoiles filantes ne sont visibles qu'à une assez grande hauteur au-dessus de l'horizon, les bolides le sont à toute hauteur; on en voit même descendre au-dessous de l'horizon et se coucher comme de petites planètes.

Tout ce que l'on sait sur les bolides conduit à penser qu'ils font partie du système solaire, qu'ils appartiennent à un banc de très petites planètes qui circule autour du soleil, et dont quelques éléments détachés pénètrent dans l'atmosphère terrestre. Ils viendraient ainsi de moins loin que les étoiles filantes; mais ils nous apportent des données précieuses et positives sur la constitution chimique de l'univers.

Les pierres météoriques se présentent sous la forme de polyèdres grossiers, recouverts d'une croûte mince et noire produite par une fusion superficielle. Cette fusion est due à la haute température déterminée par le frottement et la compression de l'air qu'ils chassent devant eux avec une vitesse planétaire. Ces pierres renferment une quantité variable, mais considérable, de fer. On n'y trouve aucun corps simple nouveau, mais vingt-deux éléments terrestres qui présentent quelques combinaisons spéciales. Leur classification est basée sur la présence du fer, et va du fer météorique presque pur, dont la densité est de 7 à 8, jusqu'aux météorites alumineuses, dont la densité est de 3 à 3.5.

Si l'on compare les roches terrestres, classées par ordre de densité, aux roches météoriques, on voit que la série des premières, qui va du péridot (densité, 3.34) au granit (densité moyenne, 2.70), forme en quelque sorte le prolongement des secondes.

Le péridot, qui est le silicate le plus basique que l'on connaisse, se trouve rarement à la surface de la terre, et seulement dans les roches éruptives, qui annoncent son existence et même sa prédominance à une certaine profondeur; il se rencontre, au contraire, dans toutes les variétés de météorites, et forme comme la transition entre ces dernières et les roches terrestres. Il est, dès lors, naturel de supposer qu'à la couche solide du globe que nous connaissons, et qui est composée de roches dont la densité va du granit au péridot, succèdent des couches profondes dont les roches météoriques sont les échantillons envoyés par des planètes réduites en fragments, et dont la densité va en croissant du péridot au fer pur.

Ces roches météoriques ne renferment aucun des éléments constituants du granit, ni orthose, ni quartz, ni mica, rien qui rappelle les terrains stratifiés, l'action d'un océan, la présence de la vie. Elles viennent donc des parties intérieures de planètes constituées comme le serait notre globe dans l'hypothèse précédente, ou bien de planètes dont la constitution serait différente de celle de la terre, dont l'évolution, en ce qui concerne l'existence organique, serait moins avancée ou avortée. Ce dernier cas paraît le plus probable.

§ 60. — Je me suis arrêté avec quelques détails, et peut-être trop de complaisance, sur un sujet qui, je l'avoue, a toujours eu pour moi un attrait particulier. Ce n'est point toutefois exclusivement pour satisfaire une curiosité scientifique qui, en elle-même, serait déjà légitime; c'est parce que les connaissances astronomiques doivent être la base de toute éducation et de toute philosophie; parce que les spéculations sur la condition humaine sont illusoires si elles n'ont pas pour point de départ les données cosmiques, l'origine et la fin probable du globe que nous habitons.

Cherchons donc à résumer ce que nous avons appris à ce sujet, ainsi que les conséquences positives ou probables que l'on peut en déduire.

La matière cosmique forme, dans le temps et dans l'espace, des agglomérations en nombre infini. Ces agglomérations se présentent sous des aspects variés, et passent par des phases d'évolution qui avortent parfois, et, dans d'autres cas, se poursuivent et s'achèvent suivant un cycle dont nous ne connaissons qu'une partie.

De même qu'une agglomération de cellules vivantes est l'origine de tous les organismes, ainsi la nébuleuse est l'embryon de tous les astres. Il faut admettre l'amas nébuleux avec les mouvements de vibration, de rotation et de translation de ses molécules matérielles, comme une donnée première au delà de laquelle la science ne peut rien constater ni induire.

L'observation des étoiles doubles, l'analyse spectrale, l'analyse chimique des pierres météoriques, conduisent à cette conclusion dominante, que les molécules matérielles dont est formé l'univers sont partout les mêmes dans leurs conditions mécaniques, dans leur constitution physique et chimique.

La nébuleuse solaire s'est fragmentée et concentrée. En se fragmentant, elle a donné naissance aux planètes, aux comètes, aux astéroïdes. Les planètes ont produit de même les satellites. En se concentrant, la masse solaire a acquis une température énorme, est devenue le grand réservoir de chaleur de tout le système, et est restée incandescente, à l'état liquide et gazeux. Les planètes et les satellites ont subi les mêmes transformations; mais leur masse plus petite s'est plus rapidement refroidie. Tantôt, l'intérieur demeurant à l'état de fusion, elles se sont recouvertes, comme la terre, d'une croûte en partie solide et en partie liquide, entourée d'une atmosphère gazeuse et froide. Tantôt, le refroidissement continuant ses progrès, l'astre paraît congelé comme la lune, et se trouve à la fois dépourvu d'eau et d'atmosphère. Dans d'autres cas, les émanations cosmiques du soleil ont été lancées, comme les comètes et les étoiles filantes, dans des trajectoires presque paraboliques, qui les rapprochent et les éloignent extrêmement du soleil, et les soumettent à des températures glacées ou brûlantes dont l'alternative exclut toute évolution régulière. D'autres fois enfin, la matière cosmique s'est dispersée autour du soleil dans une multitude de petites planètes, d'astéroïdes, qui, sans éclat, sans importance, sans destinée saisissable, sont comme la poussière du monde solaire.

Tous ces astres se meuvent-ils dans le vide absolu, ou les espaces intra-stellaires sont-ils remplis de quelque matière éthérée? Cette dernière hypothèse paraît la plus probable, et nous y reviendrons. Quoi qu'il en soit, le milieu universel est loin d'être chaud et resplendissant. Au lieu du spectacle d'un brillant jour d'été, il offre bien plutôt celui d'une nuit glacée d'hiver. La température y dépasse 100 degrés de froid; et quant à la clarté, imaginons la terre placée à égale distance du soleil et de Sirius, elle recevrait environ quatre fois plus de lumière de l'étoile, il est vrai, mais 445000 fois moins du soleil, ce qui la laisserait dans l'obscurité relativement à ces deux astres sans que, évidemment, la lumière des autres étoiles dont elle se serait approchée fît plus que compenser à peu près celle des étoiles dont elle se serait éloignée. Les espaces célestes se trouvent donc, par rapport à l'éclairage, dans la même situation qu'une place immense où de rares flammes de gaz, placées, par exemple, à un kilomètre l'une de l'autre, lutteraient seules contre l'obscurité de la nuit.

Tel est le milieu dans lequel notre globe circule à sa place et à son rang. Ce rang est, à vrai dire, bien humble, bien modeste, par rapport à l'ensemble de l'univers; mais il est sinon des premiers, du moins fort honorable dans le système solaire, où la terre vient cinquième, après le soleil, quant à son volume et à sa masse.

§ 61. — Ce n'est point toutefois sur ses dimensions ou sur son poids que l'on doit mesurer l'importance d'un astre; c'est plutôt sur la nature, la qualité des phénomènes dont il est le théâtre. La terre se trouve dans des conditions astronomiques qui ont permis à sa surface l'organisation de la matière et la vie sur l'échelle la plus étendue, depuis la cellule élémentaire, végétale ou animale, jusqu'à l'homme. Ces conditions sont-elles remplies partout ou dans la plupart des cas; ou bien est-ce un rare privilège du globe que nous habitons? C'est là une question du plus haut intérêt pour la philosophie naturelle. Mais pour voir quelle réponse on peut y faire, il faut admettre d'abord qu'il s'agit de la vie telle que nous pouvons l'observer et la comprendre, et non de conceptions chimériques desquelles il n'y aurait rien à affirmer, rien à contredire.

Des astres qui sont ou peuvent être habités par des êtres organisés, il faut (¹) exclure d'abord tous ceux qui sont visibles et lumineux par eux-mêmes, c'est-à-dire les étoiles, où une température excessive est incompatible avec la vie, et les nébuleuses, où l'analyse spectrale constate l'existence de l'hydrogène et de l'azote incandescents. Les soleils sont, il est vrai, très aptes à distribuer aux planètes qui les entourent la chaleur et la lumière nécessaires à la vie, quoiqu'ils ne puissent point, lorsqu'ils seront eux-mêmes refroidis, recevoir les mêmes services des autres étoiles dont ils sont trop éloignés. Mais pour remplir leur rôle de soleils, il est nécessaire qu'ils satisfassent encore à certaines conditions d'isolement, de constance et d'intensité de radiation. Ces conditions ne sont remplies ni par les étoiles dont l'éclat subit de grandes variations, ni par celles qui sont déjà refroidies ou trop petites pour avoir acquis par leur concentration une température assez élevée, ni par les étoiles condensées dans des espaces trop resserrés qui forment un milieu où règne une chaleur excessive. Une étoile à rotation trop lente n'engendrerait aucune planète; une étoile à rotation trop rapide donnerait lieu à des soleils doubles ou multiples.

Mais ce n'est pas tout: les astres qui circulent autour d'une étoile-soleil doivent aussi remplir certaines conditions particulières, individuelles, pour devenir habitables. Une excentricité d'orbite trop grande, une trop petite inclinaison de l'axe de rotation sur le plan de l'orbite, une rotation trop lente, c'est-à-dire des jours et des nuits trop longs; l'absence d'une atmos-

(¹) Faye, *Annuaire du Bureau des longitudes pour l'année 1874.*

phère formée d'un mélange de gaz permanents et de vapeurs, le défaut de stabilité dans la couche supérieure liquide et solide, l'insuffisance ou l'excès d'oxygène et d'acide carbonique, sont autant d'obstacles à la manifestation et à la conservation de la vie telle que nous pouvons la concevoir. Il ne faudrait point se hâter toutefois de tirer de là des conclusions absolument négatives; on doit tenir compte de certaines dispositions locales, par exemple, des atmosphères denses et remplies de vapeurs qui peuvent servir de régulateurs à la température des planètes trop rapprochées, telles que Mercure, ou très éloignées, comme Neptune. En soumettant à cette sorte d'examen biologique toutes les planètes de notre système, on trouve que Vénus et Mars sont parfaitement habitables, et la dernière surtout d'un séjour agréable, d'une civilisation probablement plus avancée que la nôtre, vu son ancienneté; que la constitution astronomique et physico-chimique de Jupiter et de Saturne n'est point exclusive de l'existence organique, mais que la question est au moins douteuse en ce qui concerne Uranus et Neptune.

Il résulte évidemment de ces considérations que la vie, sans être absolument exceptionnelle sur les agglomérations cosmiques, n'y existe cependant que sur des astres secondaires, dans des cas relativement rares et conditionnels; que l'univers n'a point été créé, en un mot, comme objet, comme milieu et support de la vie, et que celle-ci nous y apparaît comme un accident. Il est vrai que ce cas rare, cette exception, cet accident, peut se répéter une infinité de fois dans le temps et dans l'espace infinis, et que l'homme ne manque pas de compatriotes, si ce mot peut s'appliquer aux cohabitants de l'univers.

§ 62. — Quoi qu'il en soit, là où la vie s'est établie, trouve-t-elle au moins des conditions suffisantes de stabilité et de durée? La réponse, en ce qui concerne le globe terrestre, est cette fois satisfaisante dans des limites très-étendues.

Une explosion intérieure est maintenant peu à craindre; tout l'effet du feu central se borne à des éruptions volcaniques et à des tremblements de terre. Nous ne connaissons pas de corps céleste dont la rencontre avec la terre présente quelques probabilités; rien ne nous garantit, il est vrai, contre le choc d'une comète; mais la ténuité extrême de la matière cométaire le rendrait inoffensif. En dehors de ces événements exceptionnels, les mouvements planétaires sont affectés de nombreuses perturbations dues à la multiplicité et au défaut de sphéricité des corps gravitants; mais l'étude de ces perturbations, qui est l'une des plus élevées et des plus délicates de la mécanique céleste, prouve qu'elles sont, en général, périodiques et contenues dans des limites étroites, ou extrêmement lentes à se produire. Les mouvements de translation nous présentent une invariabilité presque absolue des grands axes des orbites elliptiques et de la durée des révolutions sidérales; la rotation, une constance remarquable dans sa durée, dans ses pôles, et même, quoique à un moindre degré, dans l'inclinaison de son axe sur l'orbite correspondante. Depuis Hipparque, par exemple, c'est-à-dire depuis 2000 ans, la durée du jour n'a pas varié de 1/300e de seconde. Ainsi, les éléments astronomiques de notre planète dont la fixité importe le plus à la conservation de la vie, jouissent d'une stabilité spéciale qui assure à la race humaine une longue durée d'existence et de progrès. L'humanité peut donc se livrer sans inquiétude, sous ce rapport, à ses travaux, aux longues espérances, au perfectionnement indéfini de sa condition morale et matérielle. C'est là une conclusion d'une haute portée philosophique et même pratique.

Pas d'illusion, toutefois : sa fin et celle de la terre, en tant que planète habitable, sont inévitables par deux raisons. La première, c'est que le milieu dans lequel les astres se meuvent, quelque peu dense qu'on l'imagine, ne peut manquer de leur opposer une résistance encore inaperçue dans leurs mouvements propres, mais que les retards périodiques de la comète d'Encke ont déjà constatée. Cette résistance n'est point de nature à changer les plans des orbites; mais, en accumulant ses effets dans la suite indéfinie des siècles, elle en diminuera successivement les dimensions, ainsi que la durée des rotations et des révolutions, de telle sorte que tous les astres de notre monde finiront par se réunir à la masse solaire dont ils sont émanés.

D'autre part, le soleil lui-même rayonne incessamment vers les espaces célestes une quantité de chaleur que l'on peut évaluer, comme nous l'avons déjà indiqué, à la combustion de dix millions de millions de tonnes de charbon par seconde. Pour réparer ces pertes énormes, on n'a imaginé jusqu'à présent que des chutes d'aérolithes et des concentrations croissantes de la masse solaire par lesquelles certaines quantités de force vive seraient transformées en chaleur. Quelle que soit la valeur de ces ressources, il faut bien admettre que le soleil se refroidit, et que sa radiation sera, un jour bien éloigné mais certain, incapable, comme celle de beaucoup d'étoiles éteintes, de distribuer à son cortège de planètes assez de chaleur et de lumière pour y entretenir la vie.

L'observation fera peut-être reconnaître un jour quelle est la moins éloignée de ces deux issues fatales. Il est à remarquer, d'ailleurs, que la diminution de la radiation solaire trouvera une compensation dans le rapprochement entre la planète et l'astre central; que l'extinction du soleil ne sera point subite, et que la fin du monde pour l'humanité ressemblera moins à une catastrophe qu'à un dépérissement progressif. Quoi qu'il en soit, le résultat final ne paraît point douteux. Mais cette fin lugubre d'un monde passera inaperçue dans l'univers. L'énergie totale n'en sera point diminuée. Le soleil éteint continuera sa course dans l'espace, et quelque rencontre céleste, en lui restituant sa chaleur dissipée, le fera peut-être passer de nouveau à l'état de nébuleuse, et rouvrira pour lui le cycle des transformations cosmogoniques, sans intérêt, du reste, pour notre humanité disparue.

LA MATIÈRE INORGANIQUE ET SES PROPRIÉTÉS.

§ 63. — Il nous faut maintenant entrer dans l'examen des propriétés et des mouvements intimes des molécules matérielles, au sujet desquelles nous n'avons précédemment considéré que la gravitation universelle, les mouvements de masse et les grands résultats cosmiques qui en dérivent.

Au-dessus des propriétés spéciales de la matière, et même des lois astronomiques, il est des vérités d'un ordre supérieur, abstrait, qui constituent les lois du nombre, de l'espace et du temps, et que A. Comte a pu nommer avec raison les lois de l'existence universelle; car toutes les conceptions de l'intelligence humaine, aussi bien que toutes les manifestations de la matière, y sont soumises. Elles régissent souverainement le monde organique aussi bien que le monde inorganique.

Je veux parler des vérités mathématiques.

Je ne pourrais, sans dépasser les limites du cadre que je me suis tracé, en aborder l'exposé, même abrégé. Il me paraît toutefois indispensable de signaler au moins les lois fondamentales du mouvement qui se rapportent plus particulièrement à la constitution de l'univers.

La première est la loi d'inertie, expression mal construite qui ne veut point dire que la matière est inerte, mais que tout corps soumis à l'action d'une force unique, instantanée, se meut constamment en ligne droite et avec une vitesse invariable. Cette loi se confond avec le principe de la persistance de la force dans le cas dont il s'agit.

La seconde loi consiste dans le principe connu de l'action égale à la réaction, qui règle la communication du mouvement entre les corps.

La troisième loi réside dans l'indépendance ou la coexistence des mouvements simultanés, ce qui revient à ceci, que les mouvements particuliers des corps ne sont point altérés par les mouvements communs à tout le système dont ils font partie.

Ces règles générales ne sont au fond que le résultat de l'observation. L'intelligence humaine en a déduit des théorèmes célèbres relatifs au mouvement du centre de gravité, aux aires décrites par les rayons vecteurs dans les systèmes de forces centrales, au plan invariable, aux forces vives, etc.

Je ne veux retenir ici de ces grands principes que ce qui touche de plus près et de plus haut à la philosophie naturelle.

§ 61. — Lorsqu'un système de corps est libre de toute action étrangère, et qu'après avoir reçu une impulsion primitive, il demeure exclusivement soumis aux actions mutuelles attractives ou répulsives de ses points matériels, le centre de gravité de ce système se meut uniformément en ligne droite, et il existe dans la variété incessante des mouvements, malgré les perturbations et même les explosions qui peuvent y survenir, un plan unique invariable, celui du couple résultant de tous les couples de rotation du système. (Voir sur ce sujet les admirables mémoires de Poinsot.)

Si l'on admet que le système solaire n'est soumis à aucune action extérieure de la part des autres astres, les corps qui le composent se trouvent dans le cas précédent, et il existe un plan invariable de direction dans l'espace, un équateur immuable, qui jouit de la propriété indiquée, propriété qui peut servir à le déterminer au moyen d'observations suffisantes.

Dans le cas probable où le système solaire n'est point absolument soustrait à des influences extérieures, le plan supposé d'abord invariable ne l'est pas complètement, et ses changements mêmes pourront servir à constater et à mesurer les actions extérieures, pourvu que celles-ci, par leur excessive petitesse, n'échappent point à l'observation.

Quoi qu'il en soit, si du système solaire nous nous élevons à l'ensemble de l'univers conçu comme libre de toute espèce d'action extérieure, puisque, en dehors et par hypothèse, il ne reste plus rien à considérer, on voit que le mouvement du centre de gravité y est nul, ou bien, en vertu d'une impulsion primitive, uniforme et rectiligne, et que la résultante générale de toutes les aires est inaltérable de grandeur et de position dans l'espace. C'est bien alors le plan de cette aire, ou, ce qui est la même chose, du couple résultant de tous les mouvements de rotation de l'univers, qui est le grand équateur du monde.

Il est superflu d'ajouter que la détermination de ce plan nous échappera toujours, puisqu'elle implique la connaissance des densités, des masses et des aires de tous les corps de l'univers. Cette magnifique conception, la plus haute de l'esprit humain dans le domaine scientifique, ne peut « nous conduire à rien qui soit à notre usage; car de ce dernier centre (de gravité) où l'on se placerait un moment par la pensée, on ne verrait plus d'aires décrites dans un sens qui ne fussent détruites et pour ainsi dire effacées par d'autres décrites en sens contraire, de sorte que la considération de toutes les aires du système ne pourrait donner lieu à la détermination d'aucun plan. Ainsi les vérités qu'on veut rendre absolues à force d'abstraire et de généraliser, s'évanouissent en quelque sorte ou deviennent comme des axiomes qui n'apprennent plus rien; dans toutes nos lois les plus générales, il n'y a que celles qui conservent encore quelque chose de relatif qui puissent nous instruire, et partant nous intéresser, etc. » (Poinsot, *Mémoire sur l'équateur du système solaire.*)

§ 65. — La considération des systèmes de corps soumis seulement à leur action réciproque ou à des forces dirigées vers des points fixes, c'est-à-dire à des forces centrales, ce qui est le cas général dans la nature (gravitation, pesanteur, attractions et répulsions électriques, choc des corps complètement élastiques, etc.); cette considération conduit au principe de la conservation des forces vives, lorsque les actions qui s'exercent entre les corps ne dépendent ni de la vitesse, ni du temps, mais seulement de leurs distances entre eux et aux points fixes.

Ce principe consiste en ce que la somme des forces vives de tout le système est la même, chaque fois que les points matériels reviennent dans leurs premières positions relatives, ou dans leurs premières positions relativement aux centres fixes. Ainsi énoncé, il a un caractère abstrait dont on ne saisit pas bien la portée philosophique dans les phénomènes naturels; mais il est susceptible d'une extension et d'une transformation sur laquelle il faut insister. (Roukine, Helmholtz.)

Prenons pour cela l'exemple de la chute d'un corps pesant. Soit P son poids, égal à mg, quand on désigne par m sa masse, et par g l'intensité de la pesanteur. Supposons que ce corps soit suspendu d'abord, immobile au-dessus du sol, à une hauteur h, puis qu'on le laisse tomber. On déduit des premiers principes de la mécanique qu'il arrivera à toucher le sol à la fin de sa chute avec une vitesse v, telle que $\frac{1}{2}mv^2 = Ph$. On appelle force vive la moitié du produit mv^2, de la masse par le carré de la vitesse. Le produit Ph, c'est-à-dire le poids transporté multiplié par la distance du transport, représente le travail exécuté par la pesanteur dans le sens que nous donnons naturellement au mot travail.

Telles sont les circonstances du phénomène exprimées et précisées pour plus de facilité par une notation algébrique très-simple.

A l'origine de sa chute, le corps pesant avait une vitesse nulle, et par conséquent point de force vive; mais il avait évidemment en lui-même la capacité de travail Ph. Au contraire, à la fin de cette chute, au moment où il va toucher le sol, sa capacité de travail est épuisée (relativement aux circonstances où il est placé, savoir : la rencontre du sol), mais il est animé d'une force vive qui est précisément égale au travail développé, et qui pourrait le reproduire, élever, par exemple, un autre poids P à la même hauteur h. Cette capacité de travail a reçu le nom d'*énergie potentielle*, et la force vive acquise à un moment donné, celui d'*énergie actuelle*.

Il est facile de voir, dans l'exemple précédent, que la relation $\frac{1}{2}mv^2 = Ph$ a lieu non seulement aux deux points extrêmes de la chute, mais à une hauteur quelconque entre zéro et h; c'est-à-dire que, à mesure qu'en descendant le poids P perd de son énergie potentielle, il acquiert exactement la quantité correspondante d'énergie actuelle; en un mot, que la somme de ces deux énergies est constante.

Eh bien, cette constance, que l'on appelle conservation ou persistance de la force, se vérifie dans tous les systèmes qui sont assujettis aux conditions définies ci-dessus, et par conséquent dans l'univers pris dans son entier. On peut donc dire de cet univers infini que la somme des forces ou des énergies y est constante; déduction superbe, qui vient prendre rang à côté de l'idée du grand équateur du monde, et que nous ne pouvions passer sous silence pour éviter l'emploi de quelques expressions mathématiques.

Il faut remarquer toutefois que si d'autres actions s'exercent dans le système considéré, telles que des résistances de milieu, des frottements, des chocs entre corps non complètement élastiques, il n'y a plus conservation de la force dans le sens mécanique. Il intervient alors d'autres phénomènes physiques auxquels nous arrivons.

§ 66. — A notre point de vue, il n'y a pas lieu de distinguer entre la matière et la force. Les grands principes mécaniques sont les lois du mouvement inséparable de la matière, et par conséquent les lois de la matière même en mouvement; ce sont ses manifestations, ses propriétés.

Mais qu'est-ce donc que la matière, ce substratum de tous les phénomènes observables, cette cause de toutes nos sensations, cet objet de toutes nos spéculations réelles? La question posée ainsi, d'une manière absolue, n'a pas plus de solution que toutes les questions qui se rapportent à l'origine et à l'essence des choses. Les efforts modernes faits pour y pénétrer consistent dans une série d'hypothèses qui nous semblent d'un caractère métaphysique et suspect. Avant de nous y arrêter, jetons un rapide coup d'œil sur le terrain solide où se sont établies et se développent les sciences physico-chimiques.

La cohésion, l'élasticité, sont des propriétés générales des corps. La matière est sonore, calorique, lumineuse, électrique, magnétique. Elle se manifeste, dans les combinaisons chimiques, par des propriétés plus particulières, électives, soumises toutefois à des lois générales qui prennent rang dans la science à côté des grandes lois physiques.

L'étude et la détermination de ces propriétés, de ces manifestations, de ces lois, n'exigent pas d'hypothèse sur la constitution intime des corps. Si l'on considère cependant les changements de volume et même d'état qu'ils subissent sous l'action de la chaleur, ainsi que des pressions ou tractions extérieures, on est conduit à admettre qu'ils sont composés de parties matérielles non contiguës; que ces particules sont soumises à l'action de forces qui se font équilibre lorsque le corps conserve sa forme; que ces forces enfin, les unes attractives, les autres répulsives, varient avec la distance des particules et avec l'énergie de la chaleur. Ces premières et légitimes inductions jettent un jour précieux sur les propriétés générales de la matière, et donnent lieu à d'importantes conclusions.

Les forces attractives qui s'exercent entre les particules des corps se nomment cohésion ou attraction moléculaire. Peut-être ne sont-elles qu'une variante de la gravitation universelle, ou rentrent-elles avec celle-ci dans une loi plus générale dont ces manifestations ne seraient que des cas particuliers; mais elles diffèrent de la gravitation en ce que leur action n'est sensible qu'à des distances extrêmement petites, et cesse lorsque celles-ci deviennent appréciables.

Ce sont les variations de la cohésion combinées avec celles du calorique qui déterminent l'état d'un corps solide, liquide ou gazeux.

L'état solide est caractérisé par l'équilibre des forces moléculaires entre les particules des corps, et par l'orientation des axes de ces particules, qui paraissent avoir non seulement des positions, mais encore des directions essentielles d'où résultent une cohésion, une stabilité, qui ne peuvent être détruites que par des efforts extérieurs le plus souvent considérables. Lorsque, dans certaines limites, les particules sont écartées de leurs positions d'équilibre stable par une action extérieure, elles y reviennent avec une série d'oscillations isochrones, après que cette action a cessé. Cette propriété dont jouit un corps solide de revenir ainsi à ses dimensions primitives se nomme élasticité, et l'on appelle limite d'élasticité la limite des efforts qu'il peut supporter sans subir une déformation permanente.

Ces données très-simples, développées par l'analyse mathématique, constituent la théorie de l'élasticité, qui renferme des théorèmes intéressants sur l'équilibre et les mouvements intérieurs des particules matérielles dans les corps solides, en particulier sur l'inégalité et la répartition des pressions ou tractions autour d'un même point.

Quand un corps passe de l'état solide à l'état liquide, la quantité de chaleur qu'il contient augmente, et l'influence de l'orientation des particules diminue, de telle sorte que ces particules glissent et se déplacent avec la plus grande facilité les unes par rapport aux autres; ce qui exige, dans le cas d'équilibre, que la résultante des forces moléculaires sur un élément plan du liquide ait une intensité constante autour d'un même point, et une direction normale à ce plan. Comme cas particulier, cette condition renferme la perpendicularité des surfaces liquides à la direction de la pesanteur.

En passant de l'état liquide à l'état gazeux, un corps absorbe de nouveau une quantité considérable de chaleur et augmente de volume dans une grande proportion. La fluidité devient parfaite; il ne peut être maintenu dans un espace limité que par des pressions extérieures. Les pressions intérieures ont la même valeur autour d'un même point, comme dans les liquides ; mais, tandis que ceux-ci sont à peine compressibles, les gaz subissent des diminutions considérables de volume par suite du rapprochement de leurs particules sous l'action des pressions extérieures ou de la diminution de la température, et l'expérience prouve que les variations de volume sont soumises à des lois identiques, dans les mêmes circonstances, pour tous les gaz, quelle que soit leur nature.

§ 67. — La propriété physique des corps de produire et de transmettre des sons est étroitement liée à leur constitution intime, et par suite à la théorie de l'élasticité. Le son résulte, en effet, des oscillations ou vibrations des particules matérielles lorsque ces vibrations ont une durée suffisante et se succèdent régulièrement ; faute de ces deux conditions, il n'y a que du bruit et pas de son.

Les mouvements vibratoires du corps sonore se communiquent aux corps contigus, aux milieux ambiants, et finalement à l'organe de l'ouïe, suivant des lois mathématiques déduites de la constitution et des propriétés des milieux élastiques. Des trois qualités que l'oreille distingue dans le son, l'intensité, la hauteur et le timbre, ces lois rendent exactement compte des deux premières. La troisième, le timbre, est attribué à la production simultanée des sons harmoniques dans les corps vibrants, et à leur addition au son fondamental. On explique de même la formation des voyelles dans la voix humaine, par la combinaison du son fondamental avec les divers sons harmoniques que produisent les modifications de forme de la cavité sonore de la bouche. Sans sortir du domaine de l'observation et de l'expérience, l'acoustique a fait dans ces derniers temps des découvertes curieuses et des progrès auxquels nous ne pouvons nous arrêter ici (résonnateurs, flammes chantantes, etc.).

§ 68. — La chaleur, plus intimement encore que la sonorité,

est liée à la mécanique moléculaire, car elle constitue l'une des forces dont l'antagonisme produit ou l'équilibre, ou le mouvement intérieur des corps. Elle opère le déplacement des particules matérielles jusqu'au point de vaincre et de détruire leur cohésion, et ce déplacement exige un effort, un travail énorme, dont on peut se faire une idée en cherchant à combattre la dilatation par une compression extérieure.

La transformation du mouvement en chaleur par le choc, le frottement, et la transformation inverse de la chaleur en mouvement dans les machines à vapeur, sont des faits trop connus pour qu'il faille y insister; ils dominent d'ailleurs actuellement tout le champ de l'activité humaine.

Pour expliquer cette transformation fondamentale, il n'est vraiment point nécessaire de recourir à une hypothèse quelconque. Il semble que l'on voie clairement dans le frottement la mise en vibration directe des molécules, et dans le choc la conversion instantanée d'un mouvement de masse, en apparence anéanti, en un mouvement moléculaire, comme il arrive du globe d'ivoire qui s'arrête dans sa translation sur un billard et épuise sa force vive par un mouvement de rotation sur place. La transformation réciproque du mouvement et de la chaleur a pris, du reste, un caractère absolu de précision scientifique, quelle qu'en soit la cause, par la détermination de l'équivalent mécanique de la chaleur qui s'exprime ainsi : la quantité de chaleur qui élèverait d'un degré centigrade la température d'un kilogramme d'eau est égale à celle qui serait produite par le poids d'un kilogramme tombé d'une hauteur de 424 mètres, ou de 424 kilogrammes tombés d'une hauteur d'un mètre, travail égal, comme on le sait, à celui représenté par l'élévation de 424 kilogrammes à 1 mètre, que l'on appelle en mécanique, par abréviation, 424 kilogrammes-mètres.

Cette notion de l'équivalence mécanique de la chaleur complète définitivement le grand théorème de la conservation de la force dans l'univers, en faisant voir que tout ce qui semblait détruit sans retour par les frottements et les chocs est simplement converti en chaleur, c'est-à-dire en mouvements vibratoires.

Bien que la chaleur soit une propriété générale de la matière, son action varie non seulement avec la nature des divers corps, mais encore avec l'état de cohésion ou de fluidité de chacun d'eux. La manière dont ils se dilatent, conduisent la chaleur, l'absorbent et la rayonnent, donne lieu à des déterminations numériques et à des recherches spéciales qui conduisent nos spéculations jusque dans l'intimité de la constitution de la matière.

La chaleur rayonnante surtout constitue à elle seule une partie de la physique qui n'a d'égale en importance sous ce rapport que la lumière, et ne peut d'ailleurs presque plus en être séparée dans un exposé théorique. La chaleur rayonnante et la lumière s'accompagnent constamment, émanent des mêmes sources, se réfléchissent et se transmettent suivant les mêmes lois, se propagent probablement de la même façon, et sont dues sans doute à des vibrations moléculaires qui ne diffèrent que par leur intensité et par l'impression qu'elles produisent sur nos organes.

Il est non seulement possible, mais indispensable, de déterminer, par l'observation et l'expérience, les lois positives des phénomènes calorifiques et lumineux. Ces lois, telles que celles de la dilatation, de la conductibilité, de la réflexion, de la réfraction, de la polarisation, des chaleurs spécifiques, des pouvoirs émissifs et absorbants, de la transparence des corps pour la lumière et la chaleur, etc., résultats du travail des grands physiciens de notre époque, resteront toujours comme le fondement solide de la science.

Mais on ne saurait nier que l'esprit humain n'ait une tendance à s'élever au-dessus de ces lois et de ces faits pour tenter des explications plus générales, et pour remonter à la cause, sinon première, ce que l'on sait être impossible, du moins commune et peut-être unique, de tous les phénomènes observables. Au point où en sont les idées modernes, il n'est pas permis de négliger cette tendance, et en particulier de passer sous silence l'hypothèse la plus célèbre et la plus féconde qui semble aujourd'hui envahir tout esprit et toute science, celle de l'éther et de ses mouvements vibratoires. Je me transporterai donc en plein dans cette hypothèse, sauf à l'accompagner des objections et des réserves nécessaires. Elle nous conduira d'ailleurs naturellement sur le terrain des propriétés de la matière que nous n'avons point encore examinées, c'est-à-dire des phénomènes électriques, chimiques et finalement physiologiques.

ÉTHER ET ATOMES.

§ 69. — Les changements de volume que les corps en général, et les gaz surtout, subissent sous l'influence de la chaleur et de la pression, prouvent qu'ils sont formés de particules qui ne se touchent point, mais qui sont au contraire séparées par des intervalles considérables relativement à leurs dimensions. Quels sont ces intervalles, quelles sont les dimensions de ces particules? Les uns et les autres échappent à l'observation microscopique; peut-on les déduire de quelques données scientifiques? On a essayé de le faire dans ces derniers temps; au moyen de certaines hypothèses sur la composition des gaz qui seraient formés de particules animées de mouvements rectilignes très rapides, on est arrivé (Clausius) à établir une relation entre la tension d'un gaz, la vitesse de projection de ses molécules, la masse individuelle de celles-ci, ainsi que leur nombre dans l'unité de volume, et l'on en déduit les résultats approximatifs suivants :

Les molécules d'air se meuvent avec une vitesse moyenne de 485 mètres par seconde, et pour l'hydrogène cette vitesse est de 1844 mètres; les intervalles qui séparent les molécules, variables pour les différents gaz, peuvent être estimés pour l'air à la température zéro et à la pression normale, à 1/10000e de millimètre, distance vingt-cinq fois plus petite que la plus petite grandeur observable au microscope. Le volume d'une molécule d'air ne serait qu'une fraction d'un cube ayant pour côté un millionième de millimètre. Dans un centimètre cube d'air ou de tout autre gaz, en admettant que les gaz renferment tous, dans les mêmes conditions de volume, de pression, etc., le même nombre de molécules, ce qui est probable d'après la manière uniforme dont ils se dilatent ou se contractent, il y aurait vingt et un trillions de molécules.

De pareils nombres, par leur excessive grandeur, cessent de nous donner cette notion claire et précise des choses qui résulte habituellement des expressions numériques. On sent ici approcher le vertige de l'infiniment petit, où l'intelligence, frappée de stupeur aux deux limites opposées de l'espace, s'anéantit non moins que dans l'infiniment grand.

La recherche de ces nombres, et leur détermination que l'on ne doit accueillir toutefois qu'avec beaucoup de réserve, supposent nécessairement que la matière n'est point divisible à l'infini, et que ses dernières particules, au contraire, ont des dimensions et des formes déterminées. Cette supposition est confirmée par les deux grandes lois positives qui régissent les phénomènes chimiques : celle des proportions définies, et celle des proportions multiples, suivant lesquelles les corps se combinent.

On distingue encore aujourd'hui des corps simples et des corps composés. Il est évident que l'indivisibilité de la matière ne peut s'entendre que des premiers, dont les particules reçoivent le nom d'atomes, tandis que l'on appelle molécules les dernières particules des corps composés, nécessairement divisibles en leurs éléments composants. On doit donc dire un atome d'oxygène ou d'hydrogène, et une molécule d'eau.

Il résulte de ce qui précède qu'un corps solide, liquide ou gazeux, mais surtout gazeux, serait quelque chose comme une agglomération cosmique, une sorte de petit monde microscopique dans lequel s'équilibrent ou se meuvent, sous l'action de forces attractives ou répulsives, les éléments matériels situés à des distances relativement considérables les uns des autres, égales, par exemple, pour l'air à l'état normal, à cent fois au moins le diamètre des atomes constituants; rapport comparable à ceux des distances inter-planétaires, puisque la distance de la lune à la terre n'est que trente fois en moyenne le diamètre de celle-ci.

C'est là, à coup sûr, un point de vue nouveau et quelque peu surprenant. Quoi qu'il en soit, le fait des intervalles intra-moléculaires est constant, si leur détermination numérique est encore incertaine. Sans recourir à des théories hasardées, les changements de volume des gaz sous l'action seule de la pression dans les limites de l'expérimentation suffisent pour en constater l'existence et même la valeur dans une certaine mesure. Si, par exemple, un gaz simple passe d'une pression d'un millième d'atmosphère à une pression de 100 atmosphères, ou réciproquement, son volume variera dans la même proportion; en admettant la persistance de la loi de Mariotte, il deviendra donc, dans le second cas (celui de la réciproque), 100 000 fois plus grand; la distance de ses atomes variera proportionnellement à la racine cubique de ce nombre et deviendra environ 47 fois plus grande. Si donc on admet que cette distance, sous la pression de 100 atmosphères, était égale, par exemple, au diamètre d'un atome, elle deviendra égale à 47 fois ce diamètre sous la pression d'un millième d'atmosphère. D'autres hypothèses conduiraient à des rapports de distance beaucoup plus élevés encore, et font voir que la matière ne remplit effectivement qu'une très petite partie de l'espace occupé par les corps; que le rapport du vide au plein, surtout dans l'état gazeux, dépasse extrêmement l'idée que l'on est tenté d'abord de s'en former. Ce rapport du vide au plein, dans la matière dite radiante, dont on a récemment découvert les propriétés, s'accroît en effet singulièrement, si l'on admet que les chemins de libre parcours des molécules, c'est-à-dire leurs distances, peuvent atteindre plusieurs centimètres, lorsque la raréfaction du gaz est amenée à la millionième partie d'une atmosphère. Les distances des molécules deviendraient alors égales à dix millions de fois leurs dimensions, et plus. On comprend difficilement que, dans ce cas, elles forment encore ce que nous entendons par un agrégat. Tout ceci posé, ou plutôt supposé, abordons l'hypothèse principale.

§ 70. — L'espace entier est rempli d'une substance, d'un fluide éminemment élastique auquel on a donné le nom d'éther (du grec αἴθειν, brûler). Ce fluide est impondérable; son élasticité est la même dans tous les sens, et sa densité est constante. Il pénètre dans l'intérieur des corps pondérables où il remplit tous les vides intra-moléculaires; là, sa densité peut être plus grande ou plus petite que dans le vide; et son élasticité suit les mêmes variations que celle des corps pondérables eux-mêmes : elle est constante dans les gaz, les liquides, et les solides homogènes non cristallisés; mais elle varie avec la direction dans les cristaux dont la forme primitive n'est pas un polyèdre régulier. Les corps lumineux vibrent comme les corps sonores. Leurs vibrations se communiquent à l'éther où leurs molécules vibrantes sont plongées, et s'y propagent sous forme d'ondes qui produisent la sensation de la lumière. Tandis que les vibrations qui propagent le son s'exécutent toujours suivant la direction du rayon sonore, les vibrations de l'éther sont perpendiculaires à la direction du rayon lumineux.

De l'action réciproque des molécules pondérables et éthérées, du mode de propagation de leurs vibrations, de la coexistence et de l'indépendance des ondulations, de la superposition et de la rencontre des ondes lumineuses, de leur transmission à travers les corps, dépendent tous les phénomènes si nombreux et si variés de l'optique.

Les variations de l'intensité de la lumière avec la distance, la dispersion des rayons de différentes couleurs, la réflexion et la réfraction, les interférences et les phénomènes de la diffraction, des anneaux colorés, ceux de la polarisation, etc., s'expliquent complètement par l'hypothèse de l'éther, et le raisonnement aidé par le calcul en déduit les lois comme des conséquences naturelles d'un principe unique. L'hypothèse répond si bien à toutes les questions qui lui sont posées, l'accord des déductions rationnelles avec les faits observés est tel, qu'il s'en faut de bien peu que l'existence de l'éther ne soit admise dans la science comme un fait constaté et indiscutable.

Si, d'une part, on explique par l'éther les phénomènes lumineux, de l'autre on détermine par l'observation de ces phénomènes eux-mêmes certaines propriétés de l'éther, dont nous ne retiendrons ici que ce qui est relatif aux longueurs d'ondulation.

§ 71. — On sait que la dispersion de la lumière blanche par un prisme réfringent résulte, dans la théorie des ondulations, de ce que cette lumière est composée de lumières homogènes de diverses couleurs : violet, indigo,... etc., dont les vitesses de vibration, les longueurs d'ondulation, et par suite les routes parcourues dans le milieu réfringent, sont différentes. Les rayons violets, les plus réfractés, ont des longueurs d'ondulation de $0^{mm}.000423$; celles du rouge, qui occupent l'extrémité opposée du spectre, sont de $0^{mm}.000620$, et celles du jaune, vers le milieu, sont de $0^{mm}.000551$. Les ondes sonores les plus courtes que l'oreille humaine puisse percevoir sont de 2 à 3 centimètres, et par conséquent 50 000 fois environ plus longues que les ondes lumineuses. La longueur de celles-ci serait à peu près 5 fois la distance des molécules de l'air estimée à $0^{mm}.0001$, à 0 degré et à 1 atmosphère de pression, comme nous l'avons vu ; ce sont donc des grandeurs de même ordre. L'ébranlement lumineux se propage avec une vitesse de 300000 kilomètres par seconde en nombre rond ; sur cette distance se produisent donc, en un millionième de seconde, quelque chose comme 550 millions d'ondes correspondant à autant de vibrations des molécules de la source lumineuse et des atomes de l'éther. Nous ne pouvons nous faire aucune idée d'une pareille rapidité de mouvement ; il semble que ce ne soit plus d'un déplacement qu'il s'agisse, mais d'une sorte d'*état vibrant* qu'on pourrait aussi bien considérer comme un attribut particulier de la matière.

Quoi qu'il en soit, la théorie des ondulations, qui avait si bien réussi dans l'optique, ne tarda pas à s'emparer du calorique, surtout après que la transformation de la chaleur en mouvement et son équivalence mécanique furent établies. On admet aujourd'hui que la chaleur est due aux vibrations des molécules matérielles, vibrations qui se transmettent à l'éther, et se propagent dans ce fluide de la même façon que la lumière et avec elle. Il est difficile, en effet, de se refuser à cette conclusion, lorsque l'on constate dans le spectre solaire trois parties distinctes et jouissant de propriétés particulières : la partie centrale, visible et composée des couleurs connues ; la partie moins réfractée que le rouge, obscure, mais calorique ; la partie plus réfractée que le violet, qui n'est ni lumineuse, ni calorique, mais chimique. Il faut admettre que les ondulations éthérées, émanées du même corps vibrant, ne produisent d'impression lumineuse sur l'organe visuel que dans certaines limites de longueur et de vitesse correspondant au rouge et au violet extrêmes. Au delà du rouge, les vibrations moins rapides cessent d'être lumineuses, mais produisent encore l'impression de la chaleur, tandis que les ondulations qui dépassent la vitesse de celles du violet, insensibles à tous nos organes, n'exercent plus que des actions chimiques.

La lumière n'est donc que de la chaleur amplifiée. Ces deux manifestations de la matière sont le même mouvement, à des degrés divers d'intensité, transmis par les ondulations de l'éther, perpendiculaires à la direction du rayonnement calorifique et lumineux. [1]

Ce principe fondamental étant admis, les principaux faits y trouvent des explications faciles. Mais c'est surtout dans les gaz qu'il convient de les suivre, là où le mouvement calorique, dégagé des forces attractives de la cohésion, se manifeste avec le plus de liberté.

§ 72. — La chaleur consistant dans l'énergie du mouvement, dans la force vive des atomes vibrants, celle que l'on communique à un corps dont la dilatation est libre se partage en deux parts : l'une s'ajoute à la force vive des molécules et se traduit par une élévation de température, l'autre est employée à augmenter le volume du corps par l'écartement de ces mêmes mo-

[1] Cette affirmation paraîtra sans doute trop absolue, tant que l'on n'aura pas prouvé que de la chaleur ajoutée à de la chaleur peut produire du froid, par un phénomène analogue à l'interférence de la lumière.

lécules. Si ce dernier travail est rendu impossible par la pression extérieure, il faut moins de chaleur pour produire la même élévation de température. Ceci se résume et se précise numériquement ainsi : pour échauffer un gaz du même nombre de degrés, suivant que son volume est constant ou que sa pression est constante, il faut une quantité de calorique représentée par 1 dans le premier cas, et 1.42 dans le second.

Étant admis que des volumes égaux de gaz, par exemple d'oxygène et d'hydrogène, renferment le même nombre d'atomes, comme le volume d'hydrogène pèse 16 fois moins que le volume d'oxygène, il suit que l'atome d'hydrogène est aussi 16 fois moins pesant que celui de l'oxygène. D'autre part, on nomme chaleurs spécifiques des corps les quantités de calorique nécessaires pour élever d'un même nombre de degrés soit des poids égaux, soit des volumes égaux de ces corps, et l'on trouve que si l'on représente par 1 la chaleur spécifique de l'eau, celles de l'oxygène et de l'hydrogène à volumes égaux sont respectivement de 0.240 et 0.236, c'est-à-dire égales entre elles dans les limites d'erreur d'expérience ; d'où l'on conclut que les atomes de ces corps ont aussi des chaleurs spécifiques égales. Cette conclusion est confirmée par les chaleurs spécifiques à poids égaux, qui sont de 0.218 pour l'oxygène, et 3.409 pour l'hydrogène. En effet, à poids égaux, il y a 16 fois plus d'atomes d'hydrogène que d'atomes d'oxygène ; et en admettant que la chaleur spécifique de l'atome soit la même pour les deux gaz, on trouve que celle d'un poids déterminé d'hydrogène doit être 16 fois plus grande que celle du même poids d'oxygène, c'est-à-dire précisément dans le rapport de 3.409 à 0.218 déterminé par l'expérience. C'est ce qui se traduit par cette loi fondamentale, résultat des expériences de Dulong et Petit, que le produit du poids atomique par la chaleur spécifique d'un corps est une quantité constante pour les gaz simples, et pour les gaz composés qui ne résultent pas d'une condensation de volumes des composants. On s'en rend compte dans l'hypothèse des vibrations caloriques, en admettant que les atomes les plus légers compensent par leur vitesse vibratoire ce que leur masse leur fait perdre, de manière que le produit de la masse par le carré de la vitesse, c'est-à-dire la force vive ou l'énergie calorique, reste constante.

§ 73. — L'absorption de la chaleur par les corps, surtout à l'état gazeux, donne lieu à des considérations non moins intéressantes.

Un réseau de cordes vibrantes est tendu sur le trajet d'ondes sonores de diverses longueurs qui se propagent dans l'air sans se confondre. Aussitôt certaines cordes se mettent à vibrer d'accord avec quelques-uns des sons transmis; ces cordes ont choisi, pour ainsi dire, parmi les vibrations communiquées, celles qui leur conviennent, celles qu'elles peuvent produire, d'après leur constitution physique, leur tension, etc. Elles ont ainsi absorbé, transformé une partie des forces vives des molécules de l'air, arrêté certaines vibrations et laissé passer les autres.

Il en est de même des vibrations lumineuses et caloriques. Une lame de verre est rouge par transparence parce qu'elle laisse passer les rayons rouges et absorbe tous les autres, ce qui revient à dire que ses molécules ont résisté aux vibrations des rayons rouges, faute de synchronisme avec celles-ci, et, par la raison contraire, ont absorbé les autres vibrations et arrêté les autres couleurs au passage. Transparence et opacité en optique sont synonymes de désaccord et d'accord en acoustique (Tyndall). Nous en avons déjà cité une application du plus haut intérêt dans l'analyse spectrale, où l'on voit les gaz incandescents absorber les rayons lumineux qu'ils peuvent produire.

L'analogie se continue pour la chaleur, avec toutes sortes de particularités remarquables. L'absorption de la chaleur rayonnante par les gaz dépend naturellement de la pression à laquelle ils sont soumis; mais elle dépend bien plus encore de la nature même de ces gaz. Les variations sous ce dernier rapport sont énormes. Ainsi, à la pression de $2^{cm}.54$ (1 pouce anglais) de mercure, l'absorption de l'air, de l'oxygène, de l'azote, de l'hydrogène, ne présente que des différences insensibles; mais en la prenant pour unité, celle du chlore est représentée par 60, celle du bioxyde d'azote par 1860, celle de l'acide sulfureux par 6.480. Ces nombres sont évidemment l'expression de différences extraordinaires dans la constitution intime des gaz.

Les vapeurs, comme les gaz denses et composés, sont très absorbantes, et par là jouent un rôle important dans l'établissement des climats planétaires. Il suffit d'une mince couche de gaz saturée de vapeurs pour protéger les planètes contre le froid des espaces sidéraux. Une couche d'air de 5 centimètres d'épaisseur saturée d'éther sulfurique n'opposerait presque pas d'obstacle au passage des rayons solaires, et diminuerait de 35 0/0 la radiation terrestre.

Les corps qui rayonnent mal, tels que les métaux, l'or, l'argent, le cuivre, sont aussi ceux qui absorbent faiblement. Tous ces faits s'expliquent, de la même manière, par le plus ou moins de facilité d'échange des mouvements vibratoires entre les atomes éthérés et les molécules pondérables. Tyndall fait à ce sujet une comparaison ingénieuse qu'il est impossible d'oublier, et qui résume pour ainsi dire toute cette partie de la théorie de la chaleur. Les molécules des corps simples (métaux ou métalloïdes) sont, par rapport aux molécules des corps composés, ce qu'est un cylindre uni tournant dans l'eau comparé à une roue à palettes. Les ondes éthérées glissent à travers les premières sans leur communiquer de mouvement, sans en recevoir : il y a peu d'absorption, peu de rayonnement. Au contraire, les molécules de nature composée et d'architecture compliquée sont agitées par les vibrations de l'éther, et le troublent à leur tour dans leur zone d'activité.

§ 74. — Ces analogies, ces comparaisons, ces images, sont, il faut l'avouer, ingénieuses et persuasives. Il n'est pas surprenant que l'esprit engagé dans cette voie, et obéissant à sa tendance naturelle vers l'unité et la généralisation, ait voulu s'avancer plus loin encore, et ramener tous les phénomènes observables aux mouvements vibratoires des matières éthérée et pondérable, toutes les sciences à la mécanique des atomes.

Ces tentatives semblent avoir eu peu de succès jusqu'à présent; beaucoup moins, en tout cas, que la théorie des ondulations calorifiques et lumineuses. Il n'est point permis toutefois de les passer sous silence.

Et d'abord, qu'est-ce donc que l'éther? Si c'est une substance immatérielle, voici que nous retombons en pleine métaphysique; autant vaut dire de suite que l'éther est l'âme de l'univers, et, qui sait? peut-être la substance divine elle-même. Si l'éther est matériel, il y a donc deux espèces de matière; mais cette conception, outre qu'elle détruit l'unité cherchée, répugne singulièrement à l'esprit positif. Voici ce que l'on imagine pour résoudre cette difficulté fondamentale.

L'éther est composé d'atomes animés, de toute éternité, de mouvements de projection et de rotation. Ces atomes sont les dernières et indivisibles parties de la matière; ils sont absolument simples et impénétrables. Ils ne sont point élastiques, car l'élasticité ne se conçoit que de groupes de particules matérielles qui peuvent être écartées de leur position normale et y revenir; mais ils se choquent entre eux, en vertu de leurs rotations, rebondissent comme s'ils étaient doués d'élasticité, et s'échappent latéralement, comme un corps tournant sur son axe quand il reçoit un choc perpendiculaire à cet axe. C'est à ces mouvements de réaction que sont dues les vibrations transversales de l'éther.

Il se forme dans le milieu éthéré un nombre infini de petits tourbillons, distincts de ce milieu et distincts les uns des autres, non par leur substance, mais par leur masse et leurs modes de mouvements. Ces tourbillons sont analogues aux couronnes de fumée et de vapeur que certains fumeurs savent produire ou qui s'élancent parfois de la bouche des canons. M. Helmholtz a analysé les mouvements dans un fluide parfait de ces anneaux-tourbillons limités par un système de lignes tournantes, constamment formés des mêmes molécules, doués d'élasticité, se propageant et même changeant de forme sans jamais se rompre. Ce sont les anneaux-tourbillons indivisibles d'atomes éthérés qui constituent les atomes pondérables des corps simples. L'unité de la matière est ainsi conçue : celle-ci existe sous quatre états (1), éthéré, gazeux, liquide, solide, et il y faut distinguer les atomes d'éther qui sont la substance même de la matière, les atomes simples pondérables composés des premiers et chimiquement indivisibles, les molécules des corps composés formés par la combinaison des seconds, et physiquement insécables.

Telle est l'hypothèse générale. Voyons rapidement quelles explications on veut en tirer.

§ 75. — Il est inutile de revenir sur les phénomènes calorifiques et lumineux, dont l'explication n'est point modifiée par l'hypothèse précédente relative à la nature et à la formation des atomes de diverses catégories. Mais nous n'avons rien dit, jusqu'à présent, de l'électricité et du magnétisme qui s'y ramène.

L'électricité produit de la chaleur et du mouvement; la chaleur et le mouvement produisent de l'électricité. Les corps sont à la fois bons ou mauvais conducteurs de l'électricité et de la chaleur. Il y a donc lieu d'admettre que l'électricité, comme la chaleur, est un mode de mouvement; mais lequel? est-ce un mouvement de vibration ou de transport des atomes?

La quantité d'électricité qui parcourt un conducteur à section variable réunissant les deux pôles d'une pile, ce que l'on pourrait appeler le débit d'électricité, est la même dans toutes les parties de ce conducteur. Quand le courant rencontre sur sa route des obstacles dus à des rétrécissements de section ou à l'interposition de corps mauvais conducteurs, le platine, par exemple, il semble que ce courant se précipite contre les obstacles ou dans les défilés qui lui sont opposés, de telle sorte que sa vitesse augmente, et avec celle-ci son action calorifique, au

(1) Si l'on adopte la proposition de M. Crookes, il y aurait un cinquième état, intermédiaire entre l'état éthéré et l'état gazeux : celui de la matière radiante.

point de faire rougir et fondre le platine interposé. La propagation de la chaleur se fait dans des conditions toutes différentes, car la température d'une barre conductrice échauffée à sections inégales ne varie pas dans ces diverses sections par suite de leur inégalité.

« Ce fait seul (E. Saigey) exclut l'idée que l'électricité puisse être due à de simples vibrations; il ne se présente, en effet, dans aucun des mouvements vibratoires que nous connaissons, qu'ils soient longitudinaux comme ceux du son ou transversaux comme ceux de la lumière. Lorsque ces divers mouvements rencontrent un obstacle qui rétrécit le milieu où ils se produisent, ils se réfléchissent dans la masse du milieu, mais ils ne se pressent pas dans le pertuis ouvert devant eux : ce sont les fluides animés d'un mouvement de transport qui se précipitent ainsi dans les passages étroits. »

Le courant électrique serait donc un mouvement de transport, mais non d'une matière pondérable; attendu que le passage d'un courant dans un fil n'en augmente pas le poids; attendu qu'en passant d'un fil de cuivre dans un fil de fer, ce courant ne laisse aucune trace de cuivre dans le fer. Le fluide transporté dans le conducteur ne peut donc être que l'éther lui-même, et le transport n'a lieu que dans un seul sens, du pôle positif au pôle négatif, ainsi que le fait voir le spectre de l'étincelle électrique, qui ne dépend que de la nature du métal formant le pôle positif.

Telle est l'explication proposée pour l'électricité dans l'hypothèse de l'éther. Soit; mais il serait plus intéressant de fixer l'unité électrique, l'électric, comme on l'a fait pour la caloric, et d'en déterminer la valeur mécanique. Il est certain qu'un courant électrique possède une énergie capable des actions les plus diverses : il peut décomposer de l'eau, élever un poids, échauffer un conducteur. Ces actions se transforment l'une dans l'autre : on constate, par exemple, que la chaleur développée dans un conducteur décroît en proportion du travail mécanique produit par le courant. Si l'on pouvait déterminer exactement quel est le nombre de kilogrammètres produits, ou de calories développées par la quantité d'électricité nécessaire pour décomposer un kilogramme d'eau prise pour unité, on aurait trouvé l'équivalent mécanique ou calorique, ce qui revient au même, de l'électricité, et résolu la question qui se pose nécessairement aujourd'hui dans l'étude de tous ces grands phénomènes naturels.

Mais poursuivons rapidement.

§ 76. — Les molécules pondérables (anneaux-tourbillons) entraînent avec elles dans leurs mouvements de rotation un certain nombre d'atomes éthérés, qui leur forment une sorte d'atmosphère d'épaisseur variable. Ce que Clausius appelle la sphère d'action de la molécule est limitée par cette atmosphère. Il admet que cette molécule n'occupe, dans un centimètre cube d'air par exemple, qu'un tiers de millimètre cube, c'est-à-dire la 3000e partie du volume, tandis que la sphère d'action serait environ huit fois plus étendue. Dans l'état gazeux, les atmosphères moléculaires ne se touchent pas; dans l'état liquide, elles entrent en contact, elles glissent les unes sur les autres; les forces attractives, la cohésion, entrent en jeu. Enfin, lorsque les atmosphères se pénètrent, se gênent dans leurs mouvements, tendent à orienter parallèlement leurs axes de rotation, l'état solide est déterminé.

Qu'arrive-t-il si deux corps hétérogènes, composés de molécules pondérables différant par leurs masses, leurs atmosphères, leurs mouvements propres, sont chauffés en contact, comme dans la pile thermo-électrique? L'équilibre des atmosphères éthérées est troublé, modifié : cette rupture d'équilibre dégage, rend libres, un certain nombre d'atomes, qui se précipitent dans les conducteurs et produisent le courant électrique. Il en est de même, avec plus d'intensité, lorsque deux corps se combinent chimiquement : les atmosphères moléculaires sont violemment ébranlées; il se fait une nouvelle distribution des atomes éthérés autour des molécules composées, et une partie de l'éther est chassée dans le circuit voltaïque. Ainsi s'explique la naissance des courants dans les piles thermo-électriques et électro-chimiques.

Les phénomènes électriques, intimement liés aux phénomènes chimiques, conduisent naturellement à l'affinité, cette force attractive, ou cette disposition, cette propriété de la matière qui en règle les diverses combinaisons. Dans l'hypothèse générale du mécanisme atomique, il ne peut convenir de considérer la matière comme douée d'affections, de sympathie ou d'antipathie chimique, en vertu de quoi tel corps repousserait un autre corps, ou choisirait tel autre pour s'allier à lui et former des unions plus ou moins stables. Il s'agit, dans cette hypothèse, d'expliquer l'affinité par les mouvements atomiques; et cette explication n'est qu'une extension de celle donnée pour la cohésion. Tandis que celle-ci se produit entre molécules entourées d'atmosphères éthérées semblables, l'affinité résulte de la variété des atmosphères, qui peuvent différer par leurs volumes, par leurs mouvements, et donner lieu à une grande variété de combinaisons. Affinité équivaut à inégalité d'atmosphères; et la chaleur, qui est en connexion intime avec les mouvements moléculaires et atomiques, agit nécessairement sur l'affinité. Elle peut la créer ou la détruire.

§ 77. — On appelle d'un nom nouveau, *atomicité*, cette propriété qu'ont les corps simples de former des combinaisons plus ou moins complexes avec un autre corps simple, d'exiger un nombre plus ou moins considérable d'atomes de ce dernier pour épuiser leur capacité de combinaison, pour être, comme on dit, saturés. On lui donne aussi le nom de valeur de combinaison, ou de valeur des atomes. Ainsi, les atomes de carbone peuvent fixer quatre atomes d'hydrogène, tandis que les atomes d'azote n'en peuvent fixer que trois. Ceux-ci sont dits trivalents, et les premiers sont quadrivalents. Tant que le carbone n'a point annexé ses quatre atomes d'hydrogène, sa capacité de combinaison n'est pas satisfaite : autant il lui manquera de ces atomes, autant il pourra s'associer d'atomes d'un autre corps. Ainsi, on aura les combinaisons : CH^4, connu sous le nom de gaz des marais; CH^3Cl, qui est le chlorure de méthyle; $CHCl^3$, qui est le chloroforme. Un fait important, c'est que les atomes d'un même corps peuvent s'unir les uns aux autres, et épuiser ainsi une partie de leur *valence*. Par exemple, 2 atomes de carbone se combineront avec 6 atomes d'hydrogène pour produire le composé défini C^2H^6, ou éthone, dans lequel chaque atome de carbone est saturé par l'autre atome et par trois atomes d'hydrogène.

On comprend quel rôle prépondérant l'atomicité joue dans les combinaisons et dans les substitutions. C'est elle qui règle la forme de ces combinaisons, comme l'affinité en détermine la nature et l'énergie. L'une et l'autre constituent la base, non hypothétique, mais positive, de la chimie. Pas plus que l'affinité, l'atomicité ne tire beaucoup de jour de l'hypothèse des atmosphères ni des mouvements moléculaires. Tout ce qu'il convient de dire, à ce point de vue, c'est que les groupements atomiques qui constituent les molécules composées peuvent être conçus comme des systèmes dont l'équilibre est d'autant moins stable qu'un plus grand nombre d'atomes, différents par leurs atmosphères éthérées et par leurs modes de mouvement, concourent à les former. On comprendrait aussi à peu près comment la combinaison, la fusion de plusieurs atmosphères moléculaires en une seule, dégagerait une partie d'éther qui donnerait lieu au flux électrique dont les actions chimiques sont ordinairement accompagnées. Mais tout cela est vague et hypothétique.

§ 78. — La chaleur, considérée comme mode de mouvement, convient très bien, au contraire, à l'explication des phénomènes chimiques. Le plus important et le type de ces phénomènes, la combustion, résulte du conflit des atomes entraînés les uns contre les autres par leur attraction mutuelle. Les atomes de l'oxygène se précipitent sur les atomes du carbone, par exemple; leurs mouvements sont anéantis par le choc, ou plutôt ils prennent cette autre forme de mouvement que l'on appelle chaleur, et dont l'intensité arrive jusqu'à l'incandescence. L'affinité, avons-nous dit, est mesurée par l'énergie des combinaisons. Celle-ci, à son tour, trouve sa mesure dans la quantité de chaleur, et finalement de travail mécanique, développée dans l'acte de la combinaison. Un kilogramme d'hydrogène, en se combinant, pour former de l'eau, avec huit kilogrammes d'oxygène, produit une quantité de chaleur capable d'élever d'un degré centigrade 34 000 kilogrammes d'eau, ou 34 000 calories, c'est-à-dire le travail représenté par l'élévation de 14416000 kilogrammes à un mètre de hauteur. Si l'on suppose que les 9 kilogrammes d'eau ainsi formée se réduisent successivement de l'état de vapeur à l'état liquide, puis à l'état solide ou glacé, on trouve que ce travail successif des atomes équivaut à 2049 192 kilogrammètres dans la première condensation, et à 303 000 dans la seconde. Ainsi, ces 9 kilogrammes d'eau, dans leur origine et leur évolution, tombent successivement dans trois grands précipices (Tyndall), et cette chute totale est équivalente à celle d'une tonne d'eau dans un abîme de 16 768 mètres de profondeur, ou, si l'on veut, à l'élévation d'un poids d'une tonne à une hauteur double de celle du mont Blanc. Ces nombres donnent une idée de l'incroyable énergie des forces moléculaires.

Les considérations de cette nature, étendues à l'ensemble des phénomènes chimiques, constituent cette partie de la science que l'on appelle thermo-chimie, et qui comprend un grand nombre de théorèmes et de résultats numériques (Berthelot). Je ne veux en énoncer qu'un principe, dont l'exemple de la combustion de l'hydrogène n'est que l'application : « La quantité de chaleur dégagée dans une réaction quelconque mesure la somme des travaux chimiques et physiques accomplis dans cette réaction. »

La netteté de ces principes et de leurs conséquences numériques, contrôlées toujours par l'expérience, doit, ce me semble, donner une satisfaction vive et saine à l'esprit au sortir des nuages de l'hypothèse. Il faut toutefois nous y arrêter encore un instant au sujet de la gravité.

§ 79. — On sait que Newton en a déterminé la loi, sans chercher à en pénétrer la cause. On l'a considérée depuis comme une propriété inhérente aux dernières particules de la matière, comme l'affinité, comme la cohésion. Sans doute, il n'est pas possible de concevoir comment deux molécules matérielles pourraient s'attirer à des distances énormes, à travers le vide, sans aucun intermédiaire. Mais cette question n'a point été posée, ou bien, demeurée sans réponse, elle n'a point empêché les immenses progrès et les grandes découvertes de l'astronomie. Ce n'est que de nos jours, après avoir imaginé l'éther, et expliqué par ses vibrations la plupart des phénomènes physiques, que l'on y a également cherché l'explication de la gravitation universelle et des mouvements des corps célestes.

On suppose qu'une molécule pondérable, devenant dans le milieu éthéré, dont tous les atomes sont en mouvement incessant de projection et de rotation, un centre d'ébranlement, le mouvement va se propager en tout sens dans ce milieu, en refoulant les atomes les plus voisins, et en produisant autour de ce centre des couches concentriques dont les plus rapprochées seront les moins denses, et qui iront en croissant indéfiniment de densité. La différence de densité d'une couche à l'autre est précisément inversement proportionnelle aux surfaces des sphères concentriques, c'est-à-dire aux carrés de leur rayon. Lorsqu'une deuxième molécule se trouve dans la zone d'action de l'ébranlement, elle est inégalement choquée par l'éther, qui est moins dense du côté de la première molécule que du côté opposé. Elle tendra donc à se rapprocher de celle-ci. (E. Saigey.)

Il est inutile, je crois, de faire ressortir le vague et l'insuffisance de cette explication. J'ai voulu aller, toutefois, jusqu'au bout de l'hypothèse au moyen de laquelle on cherche à déduire tous les phénomènes et toutes les propriétés de la matière d'un principe unique, du mouvement des atomes éthérés. Il résulte de ce qui précède que cette conception est vraiment satisfaisante et même féconde dans le domaine de la chaleur, de la lumière; mais qu'elle devient obscure et forcée dès qu'il s'agit des forces moléculaires attractives, et surtout de la gravitation.

Faut-il pour cela la proscrire et condamner toute tentative de ramener à l'unité les phénomènes naturels? Ce serait d'une rigueur exagérée; mais point d'illusion : une hypothèse, pour être admissible, doit toujours conserver son caractère scientifique positif, et satisfaire à la condition de convenir à tous les faits déjà constatés et à tous ceux que l'observation et l'expérience révèlent successivement. Elle ne doit point, d'ailleurs, se proposer de remonter aux causes premières et de pénétrer la nature intime des choses. Il n'est que trop facile de se convaincre de l'impuissance radicale de pareilles entreprises. En admettant que l'existence de l'éther et de ses atomes vibrants soit absolument démontrée, que saura-t-on de la nature de ces atomes eux-mêmes, de leur origine et de leur moteur? Le voile qui nous cache le grand mystère, le grand inconnu, ne sera pas même soulevé.

Il faut le remarquer enfin : ce n'est point du tout chose certaine qu'il y ait un principe unique des phénomènes naturels; que ceux-ci soient réductibles les uns aux autres et tous à un seul. C'est là, au fond, le grand débat de la science moderne: il n'est pas près d'être épuisé, et nous allons le trouver tout entier dans l'étude de la matière organisée ou vivante.

LA MATIÈRE ORGANISÉE ET LA SÉRIE BIOLOGIQUE.

§ 80. — Quelle que soit la variété des phénomènes physico-chimiques, nous avons vu qu'ils pouvaient être conçus comme réductibles à de simples mouvements ou des masses, ou des dernières particules de la matière. Cette réduction présente peut-être des obstacles insurmontables; mais elle n'implique rien qui soit contraire à la méthode et à l'esprit positifs. La mécanique des atomes et la mécanique céleste ne diffèrent point essentiellement par la nature de leur objet, bien qu'elles soient fort différentes par la complication d'un côté et la simplicité de l'autre, par les difficultés et par les résultats.

En est-il de même des phénomènes vitaux? Cette question capitale domine et divise toute la science moderne. Elle a, du reste, été posée de tout temps entre les spiritualistes et les matérialistes : seulement, ces derniers ont fait place aux mécanistes, qui expliquent par les mouvements moléculaires toutes les propriétés de la matière, même celles de la matière organisée et vivante.

Les manifestations de la vie, quoique réduites pour l'homme à l'étroite surface du globe qu'il habite, sont si nombreuses et si variées qu'il n'est point possible, bien moins encore que pour les faits inorganiques, d'en faire un résumé complet ou d'entreprendre ici la moindre esquisse de biologie. Le dénombrement seul des branches de cette science ferait ressortir la difficulté d'une pareille tâche. Nous devons donc, plus strictement encore, nous borner, sur ce sujet, aux considérations les plus générales, et aux conclusions que l'on peut tirer des connaissances biologiques actuelles relativement à l'espèce humaine.

Il faut constater d'abord que la vie, en général, est subordonnée à l'existence inorganique, qui en est la base nécessaire; que les corps organisés sont fatalement soumis à toutes les lois dynamiques et physico-chimiques de la matière brute. Un homme tombera dans le vide, comme tout autre corps pesant, avec une vitesse proportionnelle à la durée de la chute. Les efforts d'autant d'hommes que l'on voudra, agissant simultanément sur un point, se composeront, quelle que soit l'unité ou la diversité de leurs volontés, conformément à la règle du parallélogramme des forces. Les organes auditifs et visuels perçoivent les sons et les couleurs suivant les lois de l'acoustique et de l'optique. Tout cela est aujourd'hui hors de doute et de contestation.

D'autres phénomènes d'une nature plus intime conduisent aux mêmes conclusions d'une manière encore plus saisissante.

Les êtres vivants, depuis le plus humble végétal, depuis l'animal le plus élémentaire, jusqu'aux animaux supérieurs et à l'homme lui-même, sont composés des mêmes éléments matériels. Parmi ces derniers dominent quatre d'entre eux : l'hydrogène, l'oxygène, le carbone, et l'azote; mais le corps humain, le plus complexe de tous, en renferme encore dix autres : le soufre, le phosphore; plusieurs métaux, tels que le fer, le silicium, etc.; en tout, quatorze.

En dehors de ces éléments il n'y a rien, absolument rien, dans les corps vivants, pas plus dans le cerveau d'un homme de génie que dans les organes féminins les plus délicats et les plus charmants. La vie puise ses aliments dans le milieu universel; il n'y a pas deux espèces de matériaux, les uns organiques et les autres inorganiques.

Il n'y a qu'une matière; mais celle-ci revêt, dans les êtres vivants, de nouvelles propriétés résultant de la forme des combinaisons qui s'y produisent beaucoup plus que de la nature des composants. Ce qui caractérise ces combinaisons, c'est la complication, et par suite l'instabilité.

§ 81. — La complexité des corps va croissant depuis l'unité

cosmique, quelle qu'elle soit, jusqu'aux règnes végétal et animal. Les formules chimiques des corps composés, où les corps simples composants sont désignés par des lettres, et le nombre de leurs atomes par des chiffres, sont la représentation fidèle de cette complexité. Les corps élémentaires se trouvent rarement dans la nature; ils y sont presque constamment engagés dans des combinaisons d'abord fort simples, telles que des sulfures ou des oxydes; par exemple : l'eau, HO; la silice, SiO; l'oxyde de fer, FeO^3 (fer oligiste); puis, dans des sels plus compliqués, par exemple : le carbonate de chaux, $CaOCO^2$; le chlorhydrate de soude (sel marin), $NaOClH$; les nombreux silicates : $CaOMgOFeOSiO^2$ (variété de pyroxène); $Fe^6OAl^2O^3Si^6O^2$ (variété du grenat). Dans ces exemples, pris un peu au hasard, on voit le nombre des composants s'élever de 2 à 3, puis à 4 et à 5, et le nombre des atomes de 2 à 4, 5, 9, et jusqu'à 20.

Dans les corps vivants, la complication résulte plutôt du nombre croissant des atomes que de la variété des composants élémentaires. Ceux-ci ne doivent point être considérés comme entrant isolément, et en quelque sorte pour leur propre compte, dans la substance vivante : ils forment d'abord des combinaisons que l'on nomme principes immédiats, qui sont à la composition des organes ce que les oxydes et les sels sont à la composition des roches terrestres.

On distingue plusieurs espèces de principes immédiats. Les uns sont empruntés et rendus au milieu inorganique, sans modification (eau, certains sels). Les autres sont formés dans l'organisme même, et en sont excrétés, tels que les acides lactique, urique...; des corps gras ou résineux; des sucres de foie, de raisin, etc. Les troisièmes, enfin, sont les substances organiques proprement dites, telles que la fibrine, l'albumine, la cellulose, l'amidon, la gomme, etc. Elles prennent naissance dans l'organisme, y subissent de nombreuses transformations, et, après y avoir rempli leur rôle dans la nutrition, se transforment en principes de la deuxième catégorie.

La fixité des combinaisons minérales a déjà fait place dans

ceux-ci à l'instabilité propre aux composés organiques dont les formules chimiques ne sont point encore, par cette raison même, incontestablement établies. Selon M. Wurtz, la cellulose aurait pour formule $C^6H^{10}O^6$, l'amidon $C^6H^{10}O^5$, la gomme $C^{12}H^{22}O^{11}$. Quoique ces principes végétaux soient simplement ternaires, le nombre des atomes est déjà de 45 dans le dernier. Dans le groupe des albuminoïdes, qui tiennent le premier rang dans les composés organiques, la formule du gluten serait $10(C^{40}H^{31}O^{12}Az^5)+S$, qui comprend près de 900 atomes.

On conçoit que les atomes simples ne soient retenus que par des liens assez faibles dans ces associations nombreuses et compliquées; qu'ils y forment des groupes différents, d'où résultent des propriétés différentes, c'est-à-dire de nouveaux composés ayant les mêmes atomes en même nombre (isomérie); que quelques-uns s'en détachent et soient remplacés par d'autres (substitution) suivant les lois de l'atomicité; ce qui produit encore de nouvelles variantes des composés primitifs. Ce sont précisément ces transformations, ces faciles changements, cette instabilité, en un mot, due à la complexité des matériaux organiques, qui rendent ceux-ci propres à entrer dans le double mouvement de composition et de décomposition continuelles qui constituent l'état vital.

Ainsi, depuis la composition de l'eau ou des oxydes métalliques jusqu'à celle des substances albumineuses, on voit croître la complication, la différenciation, et l'on trouve à la base même de l'existence organique ces deux caractères qui vont se développant dans la série biologique tout entière, où ils correspondent constamment au perfectionnement de l'organisme.

§ 82. — Les réactions chimiques dans les êtres vivants suivent exactement les mêmes lois que dans les laboratoires. Elles y sont particulièrement une source permanente de chaleur. Parmi ces réactions, c'est l'oxydation, la combustion, qui dominent. Tous les animaux absorbent de l'oxygène par des appareils respiratoires plus ou moins perfectionnés, et réduits parfois à la simple enveloppe extérieure. Ce gaz est l'agent principal des transformations chimiques qui sont le résultat et la cause de la nutrition. Tout corps organisé est un foyer où brûlent lentement les substances vivantes; et tout organe s'échauffe en accomplissant sa fonction spéciale. On a constaté que l'activité de la pensée elle-même, c'est-à-dire de la fonction cérébrale, déterminait une suroxydation de la substance nerveuse, et par suite une surélévation de température dans le sang veineux qui sort du cerveau.

Ainsi, tous les éléments histologiques (anatomiques), tous les tissus, tous les organes, concourent à la production de la température, à peu près constante, indépendante, dans certaines limites, du milieu extérieur, qui caractérise les degrés supérieurs de l'animalité. Chez l'homme, cette température est de 36°.50 à 37°.50.

La chaleur produite dans l'organisme se divise généralement en deux parties : l'une est employée à maintenir la température au degré convenable en réparant les pertes incessantes dues à la conductibiltté, au rayonnement, à l'évaporation. L'autre est transformée en travail; et, remarque importante, cette transformation a lieu suivant la loi d'équivalence mécanique de la chaleur déjà constatée dans les substances inorganiques.

La chaleur animale est due presque entièrement aux combustions de l'hydrogène et du carbone, et par conséquent à la fonction respiratoire. L'analyse des gaz respirés et des gaz expirés montre que l'organisme humain produit en moyenne cent vingt calories par heure, pouvant varier de quarante unités en plus ou en moins. Dans l'homme au repos, cette production est entièrement absorbée par les pertes dues au milieu ambiant.

Il n'en est plus de même dans l'organisme agissant, travaillant. A l'état de repos, un gramme d'oxygène absorbé produit 5 calories. Ce résultat n'est point modifié par la marche horizontale. Maïs si un homme pesant 75 kilogrammes gravit une hauteur de 424 mètres, c'est-à-dire exécute un travail mécanique équivalent à 75 calories, on trouve que les combustions organiques dues à chaque gramme d'oxygène ont développé moins de chaleur sensible, parce que ces 75 calories disparaissent dans le travail exécuté. Le phénomène inverse se produit à la descente (expériences de M. Hirn). Si toutefois on s'échauffe en montant, c'est que l'ascension stimule l'activité de la respiration et de la circulation, et laisse encore de la chaleur en excès, malgré la consommation qui en est faite par le travail mécanique. Ainsi, une ascension de 450 mètres par heure porte les aspirations de 18 à 30, les battements du cœur de 80 à 120 par minute, la quantité d'air respiré de 900 à 2 300 litres, et celle d'oxygène consommé de 30 à 132 grammes par heure.

§ 83. — Ce qui vient d'être dit de la respiration et de la combustion organiques se rapporte à la vie animale. L'action réciproque de la plante et du milieu est en grande partie inverse. Les animaux absorbent de l'oxygène et rendent au milieu de l'acide carbonique, tandis que les végétaux en tirent de l'acide carbonique qu'ils décomposent, et dont ils restituent l'oxygène à l'atmosphère, en fixant le carbone dans leurs tissus. L'action réductrice, en général, est caractéristique de la vie végétale; elle va jusqu'à agir sur les minéraux eux-mêmes contenus dans le sol ou pénètrent les racines. L'agent le plus actif de cette réduction chimique est la cellule de la matière verte des feuilles, la chlorophylle, dont la formation et l'évolution entière dépendent de la lumière solaire. Dans l'obscurité, la chlorophylle cesse d'agir, et la plante n'exhale plus que de l'acide carbonique. Sans la lumière solaire, la flore terrestre se réduirait aux seuls champignons. L'action photographique ne se fait plus sentir dans la mer à une profondeur de 100 mètres environ. Au-dessous de 200 mètres, le règne végétal a disparu; tandis que l'on trouve encore des êtres organisés à 1 500 mètres au fond de l'océan. La lumière est donc la condition de la végétalité; ses vibrations y sont aussi nécessaires que les vibrations calorifiques à l'animalité.

Il n'y a donc pas de solidarité absolue entre les deux règnes.

Les animaux marins inférieurs peuvent vivre sans le secours des végétaux, et servir à l'alimentation d'animaux d'un ordre plus élevé. Mais la solidarité se retrouve et se resserre dans la vie atmosphérique. D'une part les végétaux y entretiennent la proportion d'oxygène qui constitue l'air respirable, et de l'autre ils soumettent à une première préparation les matériaux inorganiques qui, après une suite de transformations variées, servent à la nutrition des organismes animaux.

§ 84. — L'influence des courants électriques sur les corps organisés n'est pas douteuse, quoique incomplètement connue et définie. Les muscles se contractent sous leur action directe, et paraissent fonctionner eux-mêmes comme une pile électrique quand on réunit par un arc métallique un point de la surface externe d'un muscle sectionné avec un point de la surface de la section. Mais c'est principalement sur les nerfs moteurs que cette action s'exerce avec énergie. Lorsque l'on fait agir une pile sur un muscle par l'intermédiaire d'un nerf, on a évalué que la contraction musculaire résultante représente un travail mécanique 27000 fois plus grand que le travail chimique de la pile. Je remarque, toutefois, avec une certaine défiance, que la substance nerveuse doit y mettre beaucoup du sien.

On sait que des filets nerveux continus s'étendent, chez les animaux supérieurs, de tous les points de réception des impressions extérieures aux centres nerveux de perception, puis de ceux-ci aux centres nerveux de volition; de ces derniers, enfin, aux organes ou appareils d'exécution. Les nerfs sensitifs, la moelle épinière et le grand sympathique, le cervelet, le cerveau, les nerfs moteurs, sont comme une sorte de réseau télégraphique avec ses postes, ses appareils de réception, de translation, etc. Il serait scientifiquement agréable de croire que tout le système nerveux n'est qu'un système ou réseau électrique. Mais une analogie n'est pas une preuve; et jusqu'à nouvel ordre il convient de considérer l'innervation comme une propriété vitale *sui generis*.

§ 85. — Il résulte de ce qui précède et il est admis par tous les physiologistes que les manifestations vitales sont soumises nécessairement aux conditions physico-chimiques des milieux externe et interne où elles se produisent. Mais ces manifestations sont-elles réductibles aux simples mouvements vibratoires auxquels on s'efforce de ramener tous les phénomènes du monde inorganique? La vie ne contient-elle pas quelque chose de plus : propriété spéciale, mode de mouvement, énergie particulière, quelque chose enfin qui vienne s'ajouter aux vibrations caloriques, lumineuses, chimiques, etc., des dernières particules matérielles?

L'idée de vie éveille immédiatement celle d'individu doué d'une existence propre, séparée de celle d'autres individus de même espèce ou d'espèce différente, occupant un espace limité, ayant une certaine durée et une fin i évitable en tant qu'être vivant. La vie est caractérisée dans les organismes supérieurs par une extrême complication et par un accord, un *consensus* de toutes les parties constituantes réunies par un lien d'une nature particulière dont la dissolution est la mort. Le monde inorganique ne présente rien de comparable, la mort n'y a aucun sens; les corps n'y sont point modifiés quand on les fragmente ou qu'on les augmente, si ce n'est dans leur forme géométrique et dans leur masse. La cristallisation présente quelques rapports, il est vrai, avec la végétation, mais aussi des différences profondes avec la vie proprement dite.

Cherchons donc, je ne dis point à pénétrer le mystère de la vie, mais du moins à nous rapprocher autant que possible de son origine et de ses premiers développements.

Les fonctions vitales par excellence sont la génération et la nutrition. Claude Bernard a dit : Vivre et se nourrir sont deux expressions synonymes, et la nutrition n'est que la génération prolongée. C'est donc la génération et la nutrition qu'il faut poursuivre dans l'étude de la vie à travers tous les degrés de l'organisation.

L'anatomie, soit générale, soit spéciale, décompose les corps vivants d'ordre supérieur en appareils (de nutrition, de sensation...) qui sont formés d'organes (muscles, nerfs, vaisseaux...). Ces organes eux-mêmes se décomposent en tissus (médullaire, cellulaire, fibreux...) ou en humeurs (liquides vivants, tels que le sang, le chyle...), puis en éléments constituants (fibres, cellules...); enfin, en principes immédiats, dont nous avons déjà parlé, tels que la fibrine, l'albumine. Ces derniers sont des combinaisons d'atomes fort compliquées, comme il a été dit, mais purement chimiques. La vie, c'est-à-dire la nutrition, caractérisée par le double mouvement continu d'assimilation et de désassimilation, commence à l'élément, à la cellule, ou à la fibre, que l'on peut considérer comme dérivée de la cellule.

D'autre part, si l'observation se fixe sur la fonction génératrice; si l'on remonte, en suivant ses développements successifs, à l'origine de l'embryon, on constate que toujours, chez tous les animaux, cette origine se trouve dans l'œuf, qui n'est qu'une simple cellule.

Enfin, lorsque l'on descend les degrés de l'échelle biologique, on rencontre comme dernier terme de l'immense série des êtres vivants, le plus simple de tous, composé d'une seule cellule ou de quelques cellules identiques juxtaposées.

Ainsi, tous les moyens d'exploration au concours desquels l'étude de la vie doit tant de récents progrès, l'anatomie, l'embryogénie, la biotaxie, ramènent au même point de départ, la cellule, dont la composition est à peu près identique dans l'amibe, le plus infime des animaux, dans l'ovule et dans la cellule proprement dite. On y trouve, dans une position concentrique et avec des dimensions microscopiques, une enveloppe qui, durcie, constitue la membrane cellulaire, un milieu liquide, protoplasmique, et un noyau renfermant un nucléole.

§ 86. — C'est au noyau de la cellule que se rapporte la nutrition; c'est de là que part la génération.

L'organisation très-simple de la cellule est aussi très propre aux phénomènes de diffusion et d'osmose qui produisent le double courant du dehors en dedans et du dedans en dehors, c'est-à-dire d'assimilation et de désassimilation, dans lequel consiste la nutrition.

La génération, qui résulte de la nutrition prolongée, d'un excès, pour ainsi dire, de nutrition, procède de la cellule suivant des procédés divers, mais en somme peu différents. Tantôt, dans les organismes situés au degré le plus bas de la hiérarchie animale, dans l'amibe, par exemple, la génération s'opère par la simple division progressive de la cellule primitive en deux cellules, c'est-à-dire en deux animaux semblables et indépendants. Tantôt, comme chez les mammifères, la segmentation de l'œuf fécondé en deux cellules, puis en quatre, en huit, etc., produit un amas sphérique de cellules nouvelles qui forment une membrane nommée blastoderme. Cette membrane se divise, particulièrement au point où se dessine l'embryon, en deux membranes superposées, dont l'une, externe, va constituer les appareils de la vie animale, et l'autre, intérieure, les appareils nutritifs de l'organisme le plus compliqué.

Nous voici bien en présence des manifestations primordiales de la vie dont la cellule est le point de départ. Mais cette cellule elle-même, d'où vient-elle, où va-t-elle? Son évolution organique suffit-elle à produire et à expliquer les phénomènes les plus élevés de la vie animale, la sensibilité consciente, la pensée, la volonté?

Ces questions ne sont autres que les questions, actuellement si controversées, de la génération spontanée, de l'origine, de la permanence ou de l'évolution des espèces, etc. Il ne faut point s'attendre à les voir facilement tranchées. Nous savons ce que l'on doit penser de ces problèmes sur l'origine et la nature intime des choses. On croit en apercevoir une solution, on la poursuit, on s'en approche, et à sa place on trouve un abîme devant lequel l'intelligence recule interdite.

Il faut, quoi qu'il en soit, s'avancer jusqu'au bord de cet abîme;

c'est la tendance invincible de l'esprit humain et de la science moderne.

§ 87. — Suivant les plus avancés des évolutionistes (Hæckel), la cellule n'est pas le plus simple des organismes. Au-dessous d'elle, dans l'échelle biologique, se trouvent les monères, qui ne sont que de petites masses d'albumine semi-liquides et semi-solides, sans aucune division de fonctions ni d'organes, qui vivent les unes dans l'eau douce, les autres dans la mer, et celles-ci à des profondeurs de 4 000 à 7 000 mètres. Hæckel admet, sans hésiter, qu'elles sont le produit d'une génération spontanée. Elles peuvent d'ailleurs se multiplier par simple segmentation; et lorsque la matière albumineuse, par suite d'une condensation locale, y forme un noyau, la monère devient cellule. On y rencontre donc à la fois la génération spontanée, c'est-à-dire l'origine même de la vie; le premier exemple de génération dérivée; et le premier degré d'évolution organique.

Il y aurait d'ailleurs des monères végétales et des monères animales, d'où sortiraient les deux règnes, et des monères neutres, d'où les protistes, sorte de règne intermédiaire avorté.

Que faut-il penser de cette petite masse gélatineuse, informe, aussi homogène, mais moins brillante assurément, et en apparence moins intéressante qu'un cristal inorganique? Est-ce un animal ou un végétal? Est-elle douée de cette propriété merveilleuse que l'on appelle la vie? Il faut bien l'admettre, si tout ce qui se nourrit et se reproduit est vivant. Mais, réduite à ces proportions élémentaires, la nutrition est bien près de n'être qu'une simple combinaison chimique, et la génération une simple division mécanique; de sorte que l'on ne trouve pas de difficulté insurmontable à admettre que dans des circonstances favorables, un mode particulier de mouvement se produisant dans le mouvement universel, la monère naisse spontanément.

Il faut cependant y regarder de près; car une fois la génération spontanée admise, le règne animal, depuis la monère ou l'amibe jusqu'à l'homme, saisi par l'engrenage de l'évolution, y passe tout entier. Aussi la génération spontanée rencontre-t-elle des adversaires aussi obstinés que savants et mêmes illustres. Parmi ces derniers, Claude Bernard, chez lequel on ne saurait méconnaître la hauteur, la pénétration et l'indépendance des vues; qui professe qu'il n'existe pas deux espèces de matières, l'une minérale et l'autre organisée; que toutes les manifestations vitales rentrent dans les lois de la physico-chimie générale; que la vie n'est qu'une modalité des phénomènes généraux de la nature; qu'il n'y a pas plus de force vitale dans les êtres vivants que de force minérale dans les corps bruts; qui va jusqu'à admettre que, en modifiant la nutrition, en opérant sur la matière organisée à l'état naissant, on arrivera à changer plus ou moins la durée, l'intensité et même la nature de ses propriétés vitales, c'est-à-dire à créer des organismes nouveaux, Claude Bernard n'admet pas que l'évolution de l'œuf puisse ne pas être le résultat d'une ou plusieurs évolutions successives, qu'un être vivant n'ait point d'ancêtres.

M. Pasteur a multiplié les expériences pour démontrer que partout où l'on tue les germes on supprime toute génération. Mais les expériences négatives sont difficilement concluantes; elles prouvent seulement pour les cas où l'on a opéré. On lui oppose d'autres faits, d'autres expériences. On peut objecter qu'en détruisant les germes, on détruit les conditions du milieu nécessaires à l'apparition spontanée de la vie.

Cette question d'origine n'est donc point résolue; fort intéressante sans doute au point de vue physiologique, elle n'a pas d'ailleurs toute l'importance philosophique qu'on lui attribue. On peut supposer que l'organisation de la matière résulte, à un moment donné, du jeu naturel des forces initiales que le Créateur y a déposées; ou bien que la vie est produite en chaque cas par une volonté surnaturelle : l'une et l'autre hypothèse satisfont également bien à la conception théologique de la création. D'un autre côté, il ne serait pas antiscientifique d'admettre, jusqu'à preuve contraire bien établie, l'existence primordiale de germes vivants, au même titre que celle d'atomes pondérables, éthérés, etc., et par suite une succession indéfinie de générations non spontanées. On abandonnerait ainsi l'idée de l'unité de l'univers matériel, si vivement recherchée par la science moderne. Mais cette unité n'est-elle point elle-même une conception purement métaphysique, illusoire? On peut donc prendre parti pour ou contre la génération spontanée, sans cesser d'être pour cela théologiste ou évolutioniste.

Quoi qu'il en soit, la théorie de l'évolution, une fois en possession de la cellule, en fait naturellement sortir toute la série biologique; et il faut reconnaître qu'elle y est aidée d'une manière bien remarquable par l'embryologie.

§ 88. — Nous avons vu que la naissance de l'embryon est due à un certain épaississement local des cellules formées par les segmentations successives de la cellule mère. Tous ses développements, et finalement les organismes les plus compliqués, résultent de segmentations répétées, de la division du travail ou de la différenciation des nouvelles cellules ainsi produites, de la combinaison, enfin, de ces cellules différemment développées pour constituer des tissus et des organes. Multiplication, différenciation, coopération des éléments cellulaires, telles sont les conditions du développement, du perfectionnement et de l'unité des organismes dans la phase embryonnaire.

Cette phase, d'une infiniment petite durée comparativement à celle de l'évolution générale des espèces, suffit cependant pour que l'œuf d'un mammifère, l'œuf humain, par exemple, y passe de l'état de cellule ayant au plus un quart de millimètre de diamètre, à l'état d'homme physiologiquement complet. Non seulement cette transformation surprenante s'accomplit avec une extrême rapidité, mais elle se présente encore avec ce caractère important, presque décisif, dans la théorie évolutive, qu'elle reproduit tous les degrés successifs de la série zoologique, depuis le poisson jusqu'à l'homme, et que l'on trouve dans cette succession le même ordre que la paléontologie montre dans la progression des formes animales aux différentes époques géologiques. A l'âge de six semaines, les fœtus de tortue, de poulet, de chien et d'homme ne présentent pas de différences appréciables; ces deux derniers, à quatre mois, sont encore à peu près identiques. Tel est le fait dans sa brutale simplicité; nous avons tous été pendant quelque temps quadrupède, oiseau, poisson, et même beaucoup moins que cela. Le développement de l'individu pendant les premiers mois de son existence est donc la reproduction sommaire du développement des espèces dans la série des âges. Il est vrai que les transformations de l'embryon s'opèrent dans des conditions spéciales et nécessaires de parenté, de fécondation et de milieu. Rien ne prouve, toutefois, que sous l'influence d'une énergie évolutive, analogue, persistante, mais moins active, appartenant en propre aux organismes les plus élémentaires, ceux-ci ne puissent pas accomplir peu à peu, par degrés successifs presque insensibles, pendant une durée suffisamment longue, toutes les transformations embryonnaires.

C'est ce que soutient la théorie de l'évolution; conçue de la manière la plus générale, elle me paraît consister en ceci : que l'évolution organique se divise en deux périodes, l'une embryonnaire, toujours très-courte relativement, et aboutissant à un produit déterminé qui atteint du premier coup le degré de perfection de ses parents; l'autre qui ne s'arrête point à la naissance, qui est le prolongement de la première, et qui pourrait amener un individu quelconque, dans ses descendants bien entendu, au degré le plus élevé de la série biologique actuellement connu ou inconnu. En un mot, un être vivant quelconque à tout moment donné contient potentiellement en soi toute la série organique; il a passé déjà par toutes les phases inférieures à son état actuel; et s'il n'était point arrêté dans son évolution par quelque cause extérieure, il pourrait parcourir toutes les phases supérieures.

Je ne voudrais point forcer les rapprochements; mais on peut, il me semble, résumer ainsi ce qui précède : dans un être organisé quelconque, la somme des énergies évolutives, actuelle et potentielle, est constante ; ce qui constitue un principe analogue à celui de la conservation de l'énergie mécanique.

Voyons maintenant quelles sont les lois et les procédés de l'évolution.

§ 89. — La première est *la lutte pour l'existence*. Cette loi, la plus dure de celles qui s'imposent fatalement aux êtres vivants, a un sens profond et une portée qui dépasse le domaine biologique pour s'étendre jusqu'aux sociétés humaines. Limitée au premier ordre de faits, elle consiste en ce que chaque organisme, dès sa naissance, se trouve en lutte non seulement avec celles des influences du milieu extérieur qui lui sont nuisibles, mais encore avec d'autres organismes différents auxquels il sert de pâture, et surtout avec d'autres organismes semblables qui lui disputent ses moyens d'existence, ses aliments, sa place au soleil.

Suivant les premières observations de Malthus, le nombre des individus engendrés dans une espèce inférieure est toujours beaucoup plus grand que le nombre des individus de cette espèce vivant à un moment donné. Les avortements et les morts prématurées, qui détruisent l'excédant des générations, résultent de l'action défavorable du milieu et de l'insuffisance des moyens d'existence. La quantité de subsistances, pour chaque espèce, n'est pas indéfinie, ou du moins n'augmente pas dans la même mesure que les êtres appelés à en prendre leur part. La population humaine, par exemple, tend à croître en progression géométrique, tandis que les subsistances croissent au plus en progression arithmétique.

Il faut donc qu'une partie des individus en excès disparaissent ; et ce sont nécessairement les plus faibles, les moins bien armés pour se défendre contre ceux qui veulent s'emparer de leur part ou les dévorer eux-mêmes. Ce sont encore ceux dont la constitution n'oppose point une résistance suffisante aux changements plus ou moins brusques des milieux, par exemple, de la température.

Donc, ce sont les forts qui résistent et continuent l'espèce. La lutte pour l'existence produit ainsi une *sélection naturelle* dont les résultats sont semblables à ceux de la *sélection artificielle* que l'éleveur emploie pour conserver ou améliorer une espèce, ou pour y fixer une qualité, un caractère déterminés.

La lutte est d'autant plus vive entre les individus qui se disputent les mêmes subsistances ou les mêmes habitats, qu'ils appartiennent à des espèces voisines; elle a donc pour résultat nécessaire de faire disparaître les états intermédiaires en laissant subsister seulement les extrêmes. La sélection naturelle tend ainsi à différencier les êtres vivants, à créer des espèces distinctes et à dissimuler la continuité de la série biologique.

La lutte pour l'amour ou pour la reproduction se présente à son tour comme un nouveau procédé de sélection naturelle. Chez les femelles, les avantages de la forme, de l'éclat extérieur, de la voix ou du chant, détermineront la préférence des mâles, et parmi ces derniers, les plus forts et les plus beaux l'emporteront, qu'il s'agisse de séduire l'autre sexe ou d'écarter des rivaux. La beauté et la force deviennent donc des éléments de sélection dans la reproduction naturelle, aussi bien que dans la pratique de l'élevage.

Ainsi, tandis que, dans chaque espèce, les plus faibles, ne pouvant résister à la concurrence vitale ou aux modifications survenues dans les milieux, tendent à disparaître, les plus forts, non seulement vivent et se reproduisent, mais peuvent s'adapter à de nouvelles conditions cosmiques.

L'adaptation, qui est une loi principale de la théorie de l'évolution, ne s'exerce pas seulement chez les êtres vivants, dans les circonstances décisives où, par suite de révolutions terrestres, il s'agirait pour eux de se transformer ou de périr. Elle y agit d'une manière permanente : tous changent à chaque instant sous l'influence des causes extérieures, et particulièrement de la nutrition. En vertu de ces causes extérieures et de la force évolutive qui est immanente dans tout être organisé, au même titre que la force de gravitation dans tout corps pesant, les corps vivants se transforment lentement, certains organes s'y atrophient, d'autres s'y développent dans certaines directions. L'hérédité s'empare de ces variations pour les fixer dans les générations successives, et créer par là de nouvelles espèces.

L'hérédité complète le procédé évolutif. Pour comprendre son influence, il suffit de se reporter aux différents modes de génération. En dehors de la génération achigonique (spontanée) qui n'a rien à faire avec l'hérédité, il y a deux espèces de reproduction tocogonique (par des parents) : la génération asexuelle, qui opère par segmentation, gemmation, etc. ; et la génération sexuelle, qui exige, comme son nom l'indique suffisamment, le concours de deux sexes. Or, tous ces procédés de génération comportent essentiellement le détachement d'une certaine partie, quelque minime qu'elle soit, de l'organisme ou des organismes générateurs, et le développement de cette partie, sous certaines conditions, pour former un nouvel individu. Il est donc facile de comprendre, il paraît même nécessaire que le mouvement vital des parents suive dans leur descendant la partie détachée d'eux-mêmes pour le constituer ; et que ce mouvement initial détermine et dirige toute l'évolution du nouvel être organisé. De là la ressemblance et la transmission dans les familles des formes et des caractères en général ; de là, en un mot, l'hérédité.

La série évolutive se présente donc dans un ordre logique fortement établi. La lutte pour l'existence et les modifications cosmiques tendent à éliminer les espèces inférieures, et dans chaque espèce, les individus les plus faibles, les moins bien préparés au combat.

Les plus forts résistent, continuent de vivre, s'adaptent, au besoin, aux nouvelles conditions du milieu, et se reproduisent. L'adaptation, en se combinant avec l'hérédité, crée des organismes de plus en plus différenciés et perfectionnés, c'est-à-dire de nouvelles espèces de plus en plus élevées dans la hiérarchie organique. Dans cette œuvre commune, l'adaptation représente l'élément progressif, et l'hérédité l'élément conservateur.

L'immense série biologique, construite par l'anatomie comparée de tous les êtres vivants à un moment donné, et par la paléontologie, c'est-à-dire par l'étude de tous les organismes fossiles distribués dans la suite des âges et des formations géologiques, est à la fois le résultat et la preuve de l'évolution vitale.

La double étude des terrains dont se compose la croûte terrestre, et des êtres vivants à sa surface, aux époques successives de formation de ces terrains, constitue la véritable histoire de notre planète, à laquelle il faut nous arrêter un instant.

§ 90. — Nous avons vu que la terre, émanée du soleil comme tous les astres de notre système planétaire, suivant une grande hypothèse cosmique, réalisait, par suite d'heureuses circonstances astronomiques, les conditions nécessaires au développement de la vie.

A partir du moment où le globe terrestre, par suite de son refroidissement progressif, s'est couvert d'une croûte solide à la base de laquelle se trouvent les terrains primitifs, son histoire géologique se divise ordinairement en quatre grandes époques dites : de transition, secondaire, tertiaire et quaternaire. Celles-ci se divisent, à leur tour, en formations ou terrains, puis en couches ou étages.

Les divisions géologiques, cela s'entend, n'ont point dans la nature cette netteté de séparation qu'on leur attribue dans l'œuvre artificielle des classifications et des tableaux. Elles sont toutefois caractérisées par la nature et la distribution des roches qui les composent, et par les organismes fossiles que l'on y trouve. Les diverses couches de terrain formées par les précipitations atmosphériques et comprenant, sans ordre apparent, des schistes, des grés, des calcaires, des sables, graviers, poudingues, etc., avec des amas de charbon, de minerais..., se sont déposées sous les eaux qui, à chaque époque, recouvraient la plus grande partie de la terre, puis ont été soulevées et souvent laissées à sec par les grands mouvements, ou violents et rapides, ou lents et continus, qui ont agité et déformé l'écorce terrestre. Ces couches ont été aussi parfois ravinées, transportées, noyées par les courants, les débordements et les déluges dus aux soulèvements du sol et aux violences météoriques.

Au milieu de cette lutte entre les feux souterrains et les vapeurs atmosphériques, l'existence a été rude pour les organismes primitifs, quelle qu'en ait été l'origine, qui avaient fait leur apparition dès le commencement de l'époque de transition; et ils ont souvent succombé sans pouvoir se reproduire. Cependant ils n'étaient ni bien compliqués, ni bien exigeants; et quelques-uns, parmi les mieux constitués, se faisant à propos, de marins, terrestres, ou réciproquement, s'adaptant aux modifications du milieu, parvenaient à traverser la crise, et transportaient à l'époque suivante la vie et le progrès organique. Les morts sont restés dans les couches de terrains comme les témoins de la vie contemporaine; les vivants, transformés suivant la loi de l'évolution, constituent par leurs descendants la population actuelle du globe.

Cette genèse est résumée dans le tableau ci-joint :

ÉPOQUES.	TERRAINS.	FORMES ORGANIQUES.
De transition.	Laurentien, Cambrien.	Eozoon canadense, premier organisme découvert. Fucus colossaux, algues, crustacés. Vertébrés sans tête.
	Silurien.	Quelques poissons.
	Dévonien.	Poissons non osseux. Fougères.
	Carbonifère.	Premières traces d'animaux terrestres : amphibies. Insectes.
	Permien.	Reptiles.
Secondaire.	Trias. Jura.	Premiers oiseaux et mammifères. Poissons osseux. Reptiles, crocodiles, ptérosauriens. Lézards, tortues. Végétaux gymnospermes, conifères, cycadées.
	Craie.	Arbres feuillus, monocotylédones et dicotylédones.
Tertiaire.	Éocène. Miocène. Pliocène.	Nombreuses espèces de mammifères et de végétaux angiospermes. L'homme apparaît à la fin de l'époque tertiaire ou au commencement de l'époque quaternaire.
Quaternaire.	Diluvien. Alluvien.	Développement de l'espèce humaine, plantes cultivées, langage. Age préhistorique.

§ 91. — En laissant de côté le règne végétal, qui se rapporte moins directement à l'espèce humaine, on sait que la classification des animaux comprend quatre embranchements : les zoophytes, les mollusques, les annelés et les vertébrés ; que ce dernier embranchement se divise en poissons, reptiles, oiseaux et mammifères, et que finalement l'homme appartient à la classe des mammifères.

Hœckel, poursuivant les conséquences des idées de Darwin et du transformisme (évolution), a, dans ces derniers temps, beaucoup étendu et précisé la classification du règne animal et la généalogie humaine. Voici le tableau complet qu'il donne de nos ancêtres, et dont l'explication doit être réservée aux livres spéciaux, mais que je ne résiste pas à reproduire ici :

1er *degré*. Monères, petites masses de protoplasma, sans organes, sans nucléus.

2e — Amœbes, monères pourvues de nucléus, semblables aux œufs des animaux.

3e — Synamœbes, amœbes agglomérées, œufs des animaux après la fécondation.

4e — Planœades, synamœbes munies d'appendices ou cils moteurs.

5e — Gastrœades, planœades munies d'une cavité qui est la première ébauche de l'estomac.

6e — Turbellariés, vers formés des gastrœades. Premières traces de système nerveux, d'organes de la vue, et de reproduction hermaphrodite.

7e — Scolécides, forme hypothétique, intermédiaire entre les turbellariés et les tuniciers.

8e — Himatègues (tuniciers). Ébauche de moelle épinière et de *chorda dorsalis*.

9e — Acraniens, développement des organes précédents ; division symétrique ; séparation des sexes.

10e — Crâniotes monorrhines (lamproies). Cerveau et crâne.

11e — Sélaciens (poissons). Division du nez en deux parties semblables. Apparition du système nerveux symétrique. Vessie natatoire ; deux paires de membres. (Époque silurienne.)

12e — Dipneustes. Adaptation à la vie terrestre. Transformation de la vessie natatoire en poumon, et de la cavité nasale en conduit aérien. (Époque dévonienne.)

13e — Amphibiens sozobranchiens (protée, axolotl). Cinq doigts à chaque membre; perfectionnement de la colonne vertébrale. (Époque houillère.)

14e — Trodèles (salamandres et tritons). Succession des poumons aux branchies. (Époque permienne.)

15e — Protamniotes, forme hypothétique pour expliquer les caractères communs des reptiles, des oiseaux et des mammifères.

16e — Promammaliens, formation des glandes mammaires; transformation des écailles en poils. (Époque triasique.)

17e — Marsupiaux. Séparation du rectum et du canal génito-urinaire, du sternum et des clavicules. (Époque triasique.)

18e — Prosimiens. Formation d'un placenta. Perte de la poche marsupiale, etc. (Commencement de l'âge tertiaire.)

19e — Catarrhins. Système dentaire particulier. Ongles au lieu de griffes. (Époque tertiaire.)

20e — Singes anthropoïdes : orang, gibbon, gorille, chimpanzé. Perte de la queue et d'une partie des poils. Développement de la partie antérieure du cerveau. (Époque miocène.)

21e — Hommes-singes. Attitude et marche debout. Les membres antérieurs deviennent des mains, les membres postérieurs des pieds.

22e — Hommes. Langage articulé. Perfectionnement du larynx et du cerveau. (Entre l'époque pliocène et le diluvium.)

Ainsi, dans cette classification hardie, on compte 22 divisions en remontant de l'homme à la monère, et l'espèce humaine a pour aïeule au 21e degré cette petite masse albumineuse qui constitue le premier être vivant. Qu'est-ce, auprès de cela, que l'origine simienne de l'homme, au sujet de laquelle on fait tant de bruit, et qui est la cause d'un si grand scandale théologique et religieux?

Je ne veux point dire que cette conséquence extrême de la théorie du transformisme soit incontestablement établie; mais c'est tout au moins une sérieuse hypothèse scientifique. Il faut choisir, en effet : ou bien, à chaque époque géologique, de nouvelles espèces sont arrivées à la vie, soit par génération spontanée, soit par une intervention créatrice ; ou bien, un premier organisme étant né spontanément, ou ayant été créé, tous les autres en sont sortis suivant une loi évolutive que l'observation a découverte. Cette dernière conception, qui n'a, du reste, rien d'irréligieux, est à coup sûr la plus satisfaisante. Elle est à chaque instant vérifiée par l'évolution embryogénique où, dans l'espace de neuf mois, par exemple, une simple cellule devient le plus perfectionné de tous les êtres vivants. Il est vrai que cette transformation rapide s'opère dans un incomparable milieu, dans le sein maternel ; mais les lois fondamentales de l'évolution paléontologique, l'adaptation et l'hérédité, suffisent pour expliquer une transformation semblable, quoique infiniment plus lente, pendant la durée immense des périodes géologiques. Il a dû s'écouler des millions d'années depuis l'apparition de la monère jusqu'à celle de l'homme-singe, c'est-à-dire depuis la formation cambrienne jusqu'à l'époque miocène.

Quoi qu'il en soit, on est d'accord sur les deux points suivants : l'espèce humaine existait dès le commencement de l'époque quaternaire ; l'homme est le premier parmi les mammifères, qui sont les premiers parmi les vertébrés. On peut différer d'avis sur la manière dont il est arrivé à cette haute position biologique ; mais ce n'est point là que se trouve, à mon sens, la plus grande difficulté de sa genèse.

§ 92. — Si l'on considère les propriétés spéciales de la matière organisée, on voit qu'elles ne sont point séparées des propriétés de la matière en général par des différences profondes, ni surtout par des contradictions. On conçoit assez bien la nutrition, et par suite la génération, comme le prolongement des phénomènes physico-chimiques de cristallisation, d'osmose, de combustion, etc. Les mouvements involontaires qui produisent la respiration et la circulation ne sont pas plus extraordinaires que les mouvements attractifs ou répulsifs des particules matérielles; l'irritabilité des tissus n'est pas sans analogie avec la vibratilité des atomes, ni les transmissions nerveuses avec les courants électriques. On peut concevoir encore qu'un organisme élémentaire, une fois créé n'importe comment, puisse se différencier, se perfectionner, acquérir de nouveaux organes, accomplir de nouvelles fonctions, en procédant, suivant la loi d'évolution, par degrés insensibles, comme le montrent l'embryogénie et la paléontologie.

On comprendrait même que la matière et les circonvolutions du cerveau arrivassent à un tel degré de sensibilité matérielle qu'elles pussent recevoir des impressions, des images du monde extérieur, percevoir, en un mot, et presque connaître par intuition.

Mais la conscience, la comparaison des représentations cérébrales ou des idées, le jugement, et surtout le mouvement voulu, la volonté, c'est-à-dire la propriété vitale par excellence, me paraissent complètement inexplicables par une constitution matérielle quelconque.

Quels que soient l'accord des parties d'un organisme, leur réaction intime et rapide, le consensus vital, en un mot, je ne puis comprendre la conscience et la volonté comme des résultantes de mouvements vibratoires. Il y a dans le développement de l'embryon, de l'enfant ou de l'homme (et, à divers degrés, de beaucoup d'autres animaux), un instant où un mouvement volontaire se produit, où le moi se saisit et s'affirme, où il dit ou pense: Je veux. A cet instant, il s'est passé quelque chose de nouveau, d'inexpliqué et d'inexplicable; un nouvel ordre de phénomènes a commencé, qui n'est plus réductible à de simples phénomènes physico-chimiques.

Je n'entends point par là qu'il faille recourir, pour expliquer l'unité vitale, à l'hypothèse d'une substance immatérielle qui est également et absolument incompréhensible, qui n'offre rien de saisissable à l'intelligence, ni dans sa nature, ni dans sa localisation nécessaire sous la voûte du crâne, ni dans les relations qui devraient s'établir alors entre des substances matérielles et spirituelles, relations qui, à elles seules, reproduisent toutes les difficultés de la question.

Il faut simplement reconnaître que l'esprit arrive, une fois encore, devant l'un de ces problèmes insolubles que l'on rencontre dans chaque ordre de spéculations, qu'il s'agisse de la gravitation ou de la pensée, sur le bord de l'un de ces abîmes que nous signalions en commençant, et que l'on ne peut ni combler, ni franchir.

Certaines recherches géométriques ou physiques, telles que la quadrature du cercle, le mouvement perpétuel, la pierre philosophale, ont acquis autrefois quelque célébrité par leur stérilité et leur persistance. L'esprit humain, mieux dirigé, y a renoncé aujourd'hui. Il doit en être de même des spéculations sur l'origine, la fin et la substance des êtres. Il y a sans doute dans cette impuissance quelque chose de triste et d'amer. Il est douloureux de se résigner à ne jamais savoir ce qui nous intéresse à un si haut degré. Mais cette résignation nécessaire est préférable aux tentatives d'explications métaphysiques qui ne produisent que des discussions inutiles, le doute et la confusion des esprits.

Le but de toute science est de satisfaire, dans la mesure du possible, à notre besoin de connaître, de fournir son propre contingent d'applications utiles à l'amélioration de la condition humaine, de préparer enfin l'intelligence à s'élever au degré supérieur de l'échelle encyclopédique. Scientifiquement, il serait fort curieux d'assister à la génération spontanée d'une monère ou d'un autre organisme; mais de quelle immense importance pratique ne serait pas la découverte, qu'il n'est point interdit d'espérer, des moyens de prolonger beaucoup la vie de l'homme, ou de tirer directement du monde minéral les aliments organiques qui lui sont nécessaires!

Quoi qu'il en soit, la biologie et les autres sciences cosmologiques ont assigné à l'espèce humaine sa véritable situation dans la série organique, sa position hiérarchique dans le système solaire, et à ce dernier, son importance relative dans l'univers.

Elles nous ont donc appris sur l'homme et sur le milieu où il est appelé à vivre, sinon tout ce qu'il est désirable de savoir, du moins tout ce qu'il importe de connaître pour arriver d'un pas sûr à l'étude positive des phénomènes sociaux.

Mais avant d'aborder ce dernier ordre de considérations, nous terminerons ce qui est relatif aux propriétés vitales par l'analyse des facultés intellectuelles et morales de l'homme, qui sont les plus élevées de ces propriétés, et qui forment le couronnement de la biologie en même temps que l'introduction nécessaire à la sociologie.

§ 93. — L'étude psychique des animaux supérieurs n'est point sans doute dépourvue d'intérêt ; mais ce n'est que dans l'homme et dans les sociétés humaines que les facultés intellectuelles acquièrent leur importance et leur développement caractéristiques.

Il n'est pas contesté que la masse encéphalique avec ses annexes soit le siège et l'organe indispensable des facultés supérieures de la vie animale. Comme tout autre organe, le cerveau doit être simultanément considéré dans sa constitution anatomique, dans ses fonctions et dans leurs résultats. Conformément à la saine méthode biologique, ces deux points de vue doivent être constamment combinés et rattachés l'un à l'autre dans la théorie positive du cerveau.

Les premières traces du système nerveux dans la série animale se rencontrent déjà chez les méduses, qui appartiennent à l'embranchement des zoophytes. A partir de ce degré inférieur de la série, le système nerveux va se compliquant, se différenciant et se perfectionnant, jusqu'à l'homme. Partout il se compose de cellules grises d'un diamètre variable qui est en moyenne de 2 à 5 centièmes de millimètre, et de fibres blanchâtres en général, qui émanent des cellules et qui les relient. L'accumulation locale des cellules forme des centres nerveux, des ganglions, dont le nombre diminue et la masse augmente d'autant plus que l'animal s'élève dans la hiérarchie organique. La concentration nerveuse et l'intelligence atteignent, comme on le sait, leur maximum dans l'espèce humaine.

L'appareil nerveux, complet chez l'homme, se compose du cerveau ou encéphale, de la moelle épinière, et des cordons nerveux répandus dans toutes les parties de l'organisme.

L'évolution embryologique fait passer le cerveau humain par

des formes intermédiaires qui vont du type acrânien au type crâniote, et sont un instant très-analogues à celles qui demeurent définitives chez les poissons et les reptiles. Le cerveau est formé d'abord de cinq vésicules qui prennent les noms de cerveau antérieur, intermédiaire, moyen, postérieur et terminal, et qui deviennent respectivement : les hémisphères, partie principale qui recouvre toutes les autres; les couches optiques et les corps striés, les tubercules quadrijumeaux, le cervelet et la moelle allongée. La surface des hémisphères se plisse et se contourne en circonvolutions cérébrales qui paraissent jouer le rôle principal dans les phénomènes intellectuels.

La moelle épinière est une colonne de cellules de substance grise d'où émanent trois espèces de fibres : les fibres intermédiaires, qui relient entre elles les cellules de la moelle et celles-ci avec le cerveau; les fibres sensitives, constituant les faisceaux postérieurs irradiés dans tous les organes, et surtout dans la peau; et les fibres motrices, formées en faisceaux antérieurs et aboutissant aux muscles.

Les nerfs des sens spéciaux, de l'odorat, du goût, de la vue, de l'ouïe, émanent directement de la partie de l'encéphale nommée couches optiques. Les autres nerfs ont leur origine dans la moelle épinière.

Un réseau nerveux spécial, nommé grand sympathique, est affecté aux organes de la vie végétative, c'est-à-dire de la nutrition, de la respiration, de la circulation, de la génération. Il est formé de fibres nerveuses d'une nature particulière auxquelles se mêlent des fibres sensitives du système de la vie animale, chargées de recevoir les impressions à la surface des muqueuses.

§ 94. — Malgré les savantes recherches et les précieuses découvertes faites récemment dans le domaine de l'innervation et de la motricité, l'anatomie et la physiologie du cerveau sont encore peu avancées, ce qui s'explique de reste par l'extrême difficulté du sujet. On peut cependant se rendre compte du fonctionnement de l'appareil nerveux d'après les indications suivantes du docteur Luys, qui se rapportent au cas le plus complexe.

Une action extérieure se produit, par exemple, sur un point de la peau. Les molécules des fibres nerveuses en reçoivent un ébranlement qu'elles communiquent aux cellules de la moelle, de là aux couches optiques, et finalement à l'écorce grise des circonvolutions. Par suite de modifications inconnues, de préparations inexpliquées que la vibration nerveuse a reçues dans les centres qu'elle a traversés, elle s'y transforme en phénomène de sensibilité consciente, en sensation. Cependant l'ébranlement continue son chemin en sens inverse; il passe des cellules sensibles à une couche inférieure de cellules un peu plus grosses, qui seraient les cellules pensantes où se forment les idées, les jugements; de là, à la couche corticale la plus profonde, composée de cellules plus volumineuses encore, où se détermine la volonté. Celle-ci traverse les amas de substance grise cellulaire nommés corps striés, revient aux cellules de la moelle pour arriver par les cordons nerveux moteurs aux muscles chargés de l'exécuter, soit pour écarter, soit pour conserver ou modifier l'impression originaire.

Tel est le mécanisme complet; mais le procédé se simplifie souvent, en même temps que le circuit se raccourcit. Il est possible que l'ébranlement nerveux ne remonte pas jusqu'au cerveau, mais soit renvoyé à la périphérie d'où il vient sans que les organes conscients entrent en activité. Il y a dans ce cas action réflexe. Le grand sympathique est l'organe principal des actions de cette nature, qui régissent tous les mouvements de la vie végétative, soustraits heureusement ainsi au fonctionnement intermittent et capricieux de l'encéphale. La moelle épinière elle-même est un centre important d'actes réflexes, par lesquels elle tient sous sa dépendance certains muscles de la vie de relation dont les mouvements ou la tension échappent à la conscience.

On trouve ici, comme dans tout organisme perfectionné, la division du travail, la différenciation des fonctions, et l'on voit que les trois facultés principales, celles que la plus simple analyse psychologique fait immédiatement reconnaître, la sensibilité, la pensée et la volonté, sont localisées dans les couches superposées des différentes espèces de cellules dont est formée la substance grise des circonvolutions.

Ce système de localisation a l'avantage de prendre à la fois pour base la qualité et la situation des parties constituantes du cerveau. A une époque où l'anatomie de cet organe était moins avancée, Gall a institué un autre mode de localisation qui ne reposait que sur la position respective et le volume de ces parties. Quoique cette tentative de théorie cérébrale soit d'une part demeurée inexacte ou incomplète au point de vue psychologique, et d'autre part ait été exagérée anatomiquement sous le nom de phrénologie, l'auteur de la philosophie positive, en la rectifiant et en la complétant, lui a donné une importance que nous devons signaler.

§ 95. — La division des facultés cérébrales en sensibilité (ou affectivité), pensée (ou entendement, intelligence, raison), et volonté (ou activité), est fondamentale, et se trouve nécessairement dans toute psychologie. Ces facultés se subdivisent, comme l'indique le tableau suivant (*Catéchisme positiviste*), qui comprend dix-huit fonctions intérieures du cerveau :

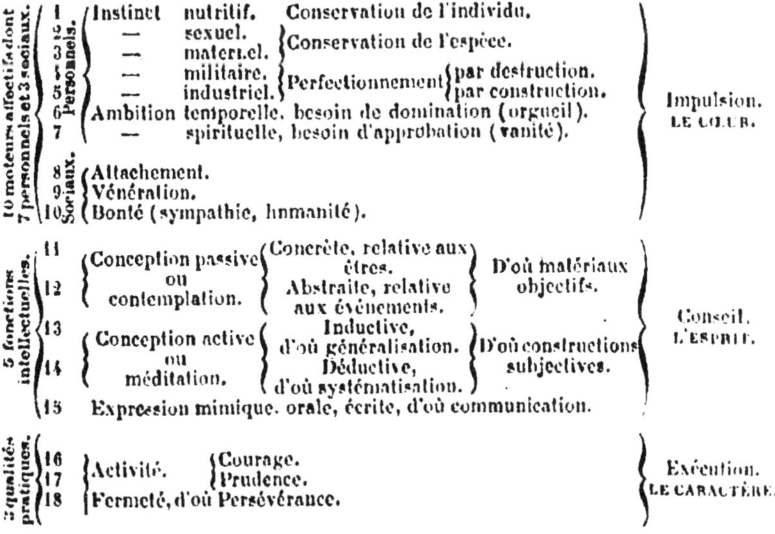

10 moteurs affectifs dont 7 personnels et 3 sociaux.	Personnels.	1	Instinct nutritif.	Conservation de l'individu.		Impulsion. LE CŒUR.
		2	— sexuel.	Conservation de l'espèce.		
		3	— maternel.			
		4	— militaire.	Perfectionnement	par destruction.	
		5	— industriel.		par construction.	
		6	Ambition temporelle, besoin de domination (orgueil).			
		7	— spirituelle, besoin d'approbation (vanité).			
	Sociaux.	8	Attachement.			
		9	Vénération.			
		10	Bonté (sympathie, humanité).			
5 fonctions intellectuelles.		11	Conception passive ou contemplation.	Concrète, relative aux êtres.	D'où matériaux objectifs.	Conseil. L'ESPRIT.
		12		Abstraite, relative aux événements.		
		13	Conception active ou méditation.	Inductive, d'où généralisation.	D'où constructions subjectives.	
		14		Déductive, d'où systématisation.		
		15	Expression mimique, orale, écrite, d'où communication.			
3 qualités pratiques.		16	Activité.	Courage.		Exécution. LE CARACTÈRE.
		17		Prudence.		
		18	Fermeté, d'où Persévérance.			

Cette analyse psychologique paraît aussi complète que pénétrante, surtout quand on considère les rapprochements qu'elle provoque.

Notons d'abord qu'elle est construite suivant le principe de toute classification, celui de la généralité décroissante qui se remarque surtout dans les instincts, et que, sous ce point de vue, elle ne s'applique pas seulement à l'homme, mais à toute la série biologique. Dans les degrés inférieurs de cette série, les instincts se réduisent à l'instinct nutritif, et deviennent, à mesure que l'on s'élève vers l'espèce humaine, plus nobles et moins énergiques. Les vertébrés supérieurs, dont le système nerveux se rapproche beaucoup de celui de l'homme, en ont certainement toutes les facultés avec de simples différences de degrés.

Les dix moteurs qui relèvent de la sensibilité sont successivement des sentiments à l'état passif, et des penchants dans l'état actif. Les sept premiers sont égoïstes, et les trois autres altruistes, mot nouveau un peu dur à l'oreille, qu'il convient cependant d'adopter. Leur ensemble constitue le mobile de la conduite humaine, l'impulsion, ce que dans le langage ordinaire, et sans prétention scientifique, on appelle le cœur.

Les fonctions intellectuelles, ordinairement comprises sous la désignation de l'esprit, ont le conseil pour attributions spéciales, et les facultés actives, chargées de l'exécution, composent le caractère.

On remarquera sans doute que le tableau précédent ne contient explicitement ni la mémoire, ni l'imagination, ni le jugement... Ces facultés ne sont point des fonctions primordiales, irréductibles ; ce sont des résultantes qui exigent pour se produire le concours de plusieurs facultés élémentaires, comme on peut s'en convaincre en analysant les opérations du jugement. Il en est de même des sentiments composés. L'amour, par exemple, est formé d'attachement, de vanité, d'instincts sexuels, etc., combinés en diverses proportions. Trop de vanité en fait de la coquetterie ; et si l'orgueil y domine, il devient de la jalousie.

Les facultés méditatives du cerveau, qui mettent en œuvre les matériaux recueillis par les facultés contemplatives, sont nécessairement subordonnées à celles-ci. Toutes nos constructions subjectives (sciences, arts) ont l'observation pour base et pour condition. Le dehors règle le dedans, a dit A. Comte. Si cette loi n'est point observée, il y a égarement. Lorsque, pendant le sommeil, l'intelligence fonctionne sans être soumise à la discipline du monde extérieur, elle tombe dans le rêve, état passager d'aliénation mentale où dominent les impressions subjectives. La folie s'explique de la même manière; elle résulte d'un excès de subjectivité des fonctions cérébrales. L'idiotisme, au contraire, a pour cause un excès d'objectivité. Le cerveau de l'idiot subit, sans réaction suffisante, le joug du monde extérieur. C'est, sans aucun doute, l'état intellectuel de la presque totalité des animaux.

Loin de nous la pensée d'établir un rapprochement quelconque entre ces dernières remarques et l'organisation cérébrale de la femme, qui est en ce monde le noble type de la beauté et de la bonté! Il faut dire cependant que son cerveau pèse en moyenne un dixième de moins que celui de l'homme, et que cette réduction porte particulièrement sur les fonctions méditatives. Cette infériorité est largement compensée par le développement des penchants affectifs.

Les qualités pratiques ne sont en soi ni bonnes, ni mauvaises. Indifférentes au bien et au mal, elles sont uniquement chargées du pouvoir exécutif. Les facultés intellectuelles elles-mêmes n'ont point de qualité morale. Ce sont les penchants et les sentiments qui déterminent la moralité de la conduite humaine.

Il est évident qu'un homme serait d'autant plus dangereux et détestable que, placé sous l'impulsion de mauvais penchants, il serait doué d'une intelligence plus pénétrante et d'une plus puissante activité. Il ne faudrait point cependant prendre dans un sens absolu cette qualification de mauvais appliquée aux penchants humains. Les sentiments tels que la haine, l'envie..., ne sont point des attributs primordiaux de l'humanité; ils résultent de la prédominance originaire et de la combinaison variée des instincts égoïstes ou personnels.

Telle est la partie psychologique de la théorie positive du cerveau. Nous devons nous borner ici à en donner ce court résumé. Les développements qu'elle comporte nous entraîneraient prématurément dans le domaine de la morale, qui y est contenu comme une conséquence dans son principe.

Cette théorie psychologique me paraît vraiment constituée. On pourra changer quelques désignations, tenter quelque nouveau groupement; mais les termes de la classification qui la résume, et même leur ordre de succession, me semblent définitivement établis.

§ 96. — Il n'en est pas de même de la partie physiologique. Nous avons vu que la biologie a pour objet de résoudre ce double problème : Étant donnée une fonction, déterminer l'organe correspondant, ou réciproquement assigner à un organe donné la fonction qu'il remplit dans l'économie animale. Il s'agirait donc de trouver et de décrire les parties du cerveau qui sont le siège et l'organe des facultés classées et dénommées plus haut; d'en faire voir le fonctionnement et les relations. La science est peu avancée à cet égard, et ne fournit qu'un petit nombre de données générales. En dehors du cerveau, et jusqu'à cet organe, on suit bien les trajets des cordons nerveux de la sensation, des excitations motrices volontaires et involontaires; mais une fois arrivé dans la masse encéphalique (à part les quelques indications du docteur Luys), on ne voit pas bien où ils vont, ce qu'ils y deviennent; où et comment se produisent la sensation consciente, la pensée, la volition. On semble d'accord toutefois pour admettre que la région spéculative du cerveau y occupe la partie antéro-supérieure : c'est là, en effet, que l'on sent incontestablement l'effort de la pensée. Cette région doit être en communication avec le réseau nerveux qui y apporte les impressions du monde extérieur recueillies par les sens, matériaux destinés aux constructions subjectives de l'esprit. La région active est en relation nécessaire avec l'ensemble des nerfs moteurs; la région affective, avec les deux premières et avec les viscères végétatifs sur lesquels les passions exercent tant d'influence. Suivant A. Comte, cette région affective est placée entre les deux autres; c'est sous son impulsion que celles-ci dirigent les relations passives et actives de l'animal avec le milieu; c'est d'elle que dépend l'harmonie vitale.

Toutefois, avant de quitter ce sujet, il convient encore de traiter deux questions dont l'ancienne métaphysique a fait grand bruit : celle des idées innées, et celle du libre arbitre.

§ 97. — La première ne saurait nous arrêter longtemps. Il suffit de se reporter à l'origine embryonnaire de l'homme pour déclarer inintelligible la prétendue innéité des idées. Que l'embryon humain, que l'ovule fécondé soit doué de la faculté originaire, native, innée, d'avoir un jour des idées, toutes les idées qui peuvent se former dans l'entendement, cela va de soi et ne saurait être autrement; mais qu'il possède effectivement des idées avant toute communication avec le monde extérieur, dès les premiers jours, dès le premier instant de son existence, dès le moment de la fécondation, cela ne supporte pas l'examen et la discussion de la science moderne, qui s'en tient à l'ancien aphorisme : *Nihil est in intellectu, quod non fuerit in sensu.*

La seconde question, celle du libre arbitre, est autrement grave et difficile : l'interminable débat entre les spiritualistes et les matérialistes s'y retrouve tout entier. Si les facultés intellectuelles et morales sont réductibles aux vibrations moléculaires de la matière cérébrale, c'est-à-dire à de simples phénomènes mécaniques, la volonté humaine, objectent les spiritualistes, est aussi fatalement déterminée, dans chaque cas, que la direction et l'intensité de la résultante de deux forces qui concourent en un point. Dès lors, plus de liberté, plus de responsabilité, plus de morale. Il n'est pas facile d'échapper à cette objection sans nier le libre arbitre, ou sans retourner aux ténèbres de la métaphysique et de l'ontologie.

La question ainsi posée ne comporte, en effet, aucune solution satisfaisante, pas plus que tous les problèmes touchant l'origine, l'essence des êtres et le vrai absolu. C'est le cas de se placer ici sous l'invocation du simple bon sens, du sens commun, qui depuis longtemps, et partout où l'on rencontre quelque civilisation, a prononcé sur ce sujet. La liberté humaine peut être nulle ou complète : elle varie, pour ainsi dire, suivant une multitude d'influences et de circonstances, de zéro à l'infini. Elle est absente dans l'état d'aliénation mentale, presque nulle dans l'ivresse, fort affaiblie par la colère, par quelques instincts personnels, tels que l'instinct sexuel ou celui de la nutrition. Un homme affamé est-il bien libre de ne point s'emparer d'un morceau de pain? Daphnis et Chloé, dans l'âge heureux des premières amours, dans le ravissant milieu formé par le double printemps de la vie et de l'année, dans la solitude ombreuse des forêts rêvées par Phèdre, sont-ils bien libres de se fuir? L'enfant formé dans sa famille à certaines croyances, à certains préjugés, si l'on veut, est-il libre d'y renoncer pour suivre de nouveaux enseignements? Sera-t-il à jamais damné pour être resté fidèle à la foi de ses pères? L'intolérance catholique seule pourrait le soutenir.

Mais la liberté reparaît, dans la plupart des actes humains, dans les volitions résultées des instincts et des sentiments de toute nature, éclairés et dirigés par l'intelligence; et elle s'affirme d'une manière suffisante pour caractériser la responsabilité et la moralité de la conduite humaine.

Dans certains cas, cette liberté devient complète, lorsque, par exemple, il n'y a aucun motif d'agir dans un sens plutôt que dans un autre. Je lève une main, et je me propose, sans motif particulier, de la porter à droite ou à gauche; je me sens absolument libre de choisir un côté plutôt que l'autre, de la porter deux fois de suite à gauche, puis trois fois à droite, et ainsi de suite, ou de modifier ce programme en cours d'exécution et de lui en substituer un autre. Dira-t-on que pour chaque mouvement il y a quelque chose qui détermine ma volonté sans que je m'en rende compte? Qu'importe? c'est bien là de la liberté; il n'y manque, en tout cas, qu'infiniment peu; et cela suffit à ma thèse.

Sans doute, toutes les volitions ne réalisent pas à ce même degré le libre arbitre; autrement, la volonté humaine s'éteindrait dans l'indifférence. Les actes résultent en général d'une délibération plus ou moins rapide, plus ou moins consciente, les motifs pour ou contre sont appréciés, et la volonté, l'action, se déterminent en conséquence. Il y a souvent opposition entre les penchants personnels et les penchants sociaux, même entre les penchants personnels de diverse nature. Évidemment, il n'y a plus indifférence, et l'homme cesse d'être absolument libre. C'est pourquoi je considère comme un axiome la proposition suivante que j'ai indiquée plus haut : La liberté humaine varie entre zéro et l'infini, et peut s'approcher indéfiniment de l'une ou de l'autre limite.

L'opinion publique, pas plus que la justice, n'hésitent à le reconnaître : la moralité d'une action résulte à la fois et de sa nature et du degré de liberté que l'on y rencontre. Il ne faut point, d'ailleurs, confondre la moralité avec la responsabilité matérielle. Celle-ci demeure entière, même en l'absence de liberté. La société, comme l'individu, a le droit de se défendre contre les animaux malfaisants, hommes ou bêtes, et ce droit de légitime défense suffit rigoureusement à son existence et à son développement.

Ces vues théoriques ont besoin d'être confirmées et développées par l'observation et l'expérience; elles peuvent, avec le tableau systématique des facultés cérébrales, servir de guide et de programme dans le vaste champ de recherches que l'étude du cerveau ouvre à la physiologie.

§ 98. — Bien que cette étude soit encore très incomplète, on peut cependant en tirer une conséquence d'une grande importance philosophique, et sinon certaine, au moins fort probable.

Je me suis attaché, en toute occasion, à faire ressortir l'universalité des phénomènes et des lois cosmologiques. Les propriétés de la matière, telles que la gravitation, la lumière, la chaleur; ses éléments constitutifs que l'on nomme corps simples, tels que l'hydrogène, l'oxygène, et par suite toutes leurs combinaisons, nous apparaissent comme identiques partout où l'observation peut les saisir. Un grand nombre d'astres réalisent les conditions de température, d'atmosphère, de milieu, en un mot, nécessaires pour que la matière s'y organise et que la vie s'y développe comme sur la terre. On ne comprendrait pas qu'une organisation résultant des mêmes éléments soumis aux mêmes lois, aux mêmes influences extérieures, produisît des êtres absolument différents, je ne dis pas dans leurs formes (morphologie) et dans leurs degrés de développement, mais dans leurs propriétés générales et dans leur constitution intime. Ainsi, il semble bien probable que dans les mêmes conditions les éléments constituants des végétaux et des animaux terrestres, l'oxygène, l'hydrogène, le carbone et l'azote, etc., ont formé les mêmes tissus musculaires et nerveux, jouissant des mêmes propriétés et accomplissant les mêmes fonctions; en un mot, qu'il n'y a qu'une biologie dans l'univers, avec une infinie variété, sans doute, de même qu'il n'y a qu'une mécanique et qu'une physico-chimie.

J'ajoute qu'il ne doit y avoir, par suite, qu'une psychologie, qu'un mode d'intelligence et qu'une vérité. Car les mêmes organes puisant leurs matériaux dans le même milieu doivent remplir les mêmes fonctions et produire les mêmes résultats scientifiques. La science, en effet, n'est qu'une série de déductions et d'inductions subjectives construite par le cerveau humain avec les matériaux objectifs fournis par le monde extérieur. La science est exacte, positive, vraie, lorsque la série subjective des inductions ou des déductions marche parallèlement et d'accord avec la série objective des observations. On ne saurait imaginer que deux espèces intelligentes qui méritent ce nom dans leur état normal, et qui vivent n'importe où, aient des représentations du monde extérieur absolument différentes, et construisent des théories constamment opposées avec les mêmes phénomènes régis par les mêmes lois. Ne serait-il pas absurde de supposer que s'il existe, comme il est probable, des habitants de Vénus, leur esprit fonctionne de telle sorte que, pour eux, la somme des carrés construits sur les côtés d'un triangle rectangle soit plus grande que le carré qui a l'hypothénuse pour côté, ou que, dans un mouvement uniformément varié, la vitesse ne soit pas proportionnelle au temps.

L'unité mentale achève donc et complète l'unité universelle, non seulement dans les conceptions mathématiques, mais dans toutes les conceptions de l'esprit, qui ne diffèrent pas des premières par leur nature, mais seulement par leur degré de simplicité et de précision.

§ 99. — Si l'homme était resté isolé par groupes de familles vivant dans les cavernes, comme le montre l'âge préhistorique, ses instincts personnels auraient pu y trouver une satisfaction suffisante, il serait demeuré le premier des animaux; mais il n'y aurait eu ni société humaine, ni histoire, ni sociologie. Son organisation cérébrale en a décidé autrement; ses instincts sociaux, secondés d'ailleurs par ses penchants personnels les plus élevés, par le besoin de domination et d'approbation, l'ont amené à former des groupes de plus en plus étendus, des tribus et des nations. Alors, non seulement des faits nouveaux se sont produits, les phénomènes sociaux ont apparu, mais l'état social, réagissant sur les facultés cérébrales, a créé un milieu dans lequel seul celles-ci peuvent arriver à tout leur développement.

C'est pourquoi ces deux ordres de faits sont liés et se mêlent intimement l'un à l'autre, de telle sorte que l'étude de l'homme intellectuel et moral, qui sert d'abord d'introduction à celle de l'homme social, en forme ensuite le couronnement, ainsi que l'indique le tableau encyclopédique fondamental.

Nous arrivons donc logiquement ici à la sociologie. Mais avant d'aborder cet immense sujet, encore peu exploré, remarquons d'abord qu'il ne faut point confondre la sociologie avec l'histoire. Celle-ci recueille les matériaux destinés à être élaborés par celle-là; l'une est la science, l'autre la méthode. Des faits historiques isolés, quoique disposés chronologiquement, ne constituent pas plus la sociologie que des observations, aussi nombreuses et aussi exactes qu'on le voudra, des positions successives d'un nombre quelconque d'astres, ne constitueraient l'astronomie. Ce que recherche l'étude des sociétés humaines, ce ne sont point seulement des faits, mais des lois.

Cette étude comprend d'ailleurs trois divisions nécessaires : le passé, qui est le domaine propre de l'histoire; la prévision de l'avenir, en tant qu'elle est possible, déduite du passé; et l'appréciation du présent, qui est le moment de l'action, de l'intervention humaine. «Savoir pour prévoir, afin de pourvoir.» Tel est le but de toute science. (A. Comte.)

Est-il besoin d'ajouter que la sociologie en est encore bien éloignée. Nous l'avons dit ailleurs, les phénomènes sociaux sont de tous les plus compliqués, les plus difficiles à prévoir; mais ce sont aussi les plus modifiables, les plus humains, et, à ces divers titres, les plus dignes de nos méditations et de nos recherches.

TROISIÈME PARTIE

SOCIOLOGIE

LES LOIS SOCIOLOGIQUES.

§ 100. — Les connaissances cosmologiques, qui ont fait tant de progrès depuis un demi-siècle, surtout dans l'étude des phénomènes vitaux, forment dès à présent un fonds de croyances communes sur lesquelles tous les esprits éclairés sont d'accord, si l'on en excepte provisoirement certaines questions, telles que la génération spontanée, la fixité ou l'évolution des espèces animales. Il est donc permis d'y puiser, comme je l'ai fait dans ce qui précède, sans citer à chaque instant des noms de livres et d'auteurs.

Il n'en est plus de même quand on aborde la sociologie. Cette science, qui est le couronnement de toutes les autres, ne fait que de naître; les écrivains qui en ont traité sont encore bien peu nombreux, et les questions qu'elle soulève sont loin d'être résolues. Il est juste, à mon avis, de reconnaître que A. Comte en est le véritable fondateur; mais, en même temps, que ses ouvrages, si considérables sous tous les rapports, ne sont ni à l'abri de la critique, ni exempts d'erreurs. Ses prévisions sur l'avenir de l'humanité paraissent surtout trop inflexibles, trop détaillées, poussées trop loin et à trop court terme. Après lui vient, sinon le premier en date, du moins en importance, H. Spencer, dont l'étude du passé humain et des sociétés primitives, ainsi que les inductions sociologiques, sont du plus vif intérêt et souvent de la plus haute portée. Le savant anglais est beaucoup plus réservé que A. Comte quand il s'agit de l'avenir de l'humanité; et d'ailleurs, quoique l'on puisse les pressentir, il n'a point encore entièrement formulé ses prévisions sociales.

Il n'est donc pas possible d'aller en sociologie d'un pas aussi ferme que dans les sciences précédentes. Il convient d'ailleurs de rappeler ici que, moins encore pour cette science nouvelle que pour les autres, mon dessein n'a pas été de faire un exposé dogmatique et complet; j'ai voulu seulement marquer le point où est arrivé l'esprit moderne dans chaque ordre de conceptions. En ce qui concerne la sociologie, je ne connais rien qui ait actuellement dépassé celles des deux auteurs que je viens de citer.

§ 101. — La première condition de l'étude positive des phénomènes sociaux est de les considérer comme soustraits à l'action arbitraire de volontés surnaturelles, et même, dans leurs développements généraux, à celle des volontés humaines. Cette considération exclut l'intervention providentielle, en même temps qu'elle condamne les prétentions exagérées des réformateurs radicaux. La providence, dont la superstition et l'hypocrisie officielle ont tant abusé, peut encore être un dogme religieux : elle n'a plus de place dans le domaine scientifique et pratique. Quant à l'action humaine, nous avons dit que les faits sociaux sont les plus modifiables de tous : s'il ne faut point exagérer l'influence des grands hommes sur les peuples et des grands peuples sur l'humanité, il ne faut pas non plus la nier, ni l'amoindrir. L'évolution progressive de la société peut être arrêtée, retardée, déviée momentanément par l'ignorance et par la perversité; mais il n'est point donné à l'homme de changer la destinée de l'espèce, d'altérer le caractère définitif des phénomènes sociaux, d'en troubler même beaucoup l'ordre de succession, c'est-à-dire les lois évolutives.

Il y a donc des lois sociologiques qui règlent la nature, les relations, la filiation des divers états sociaux par lesquels passe l'espèce humaine. Ces lois résultent de l'organisation de l'homme et du milieu dans lequel il vit; elles sont déterminées par les conditions cosmologiques et biologiques de son existence. Toute autre manière de concevoir la sociologie n'aurait aucune base, aucune valeur scientifique.

Cette première notion est d'une importance extrême; car, universellement admise, elle aurait pour conséquence la substitution dans les idées et dans les faits de l'*évolution* à la *révolution*, et l'abandon des tentatives violentes, des plans chimériques, pour l'étude systématique des lois sociales, et pour les réformes sagement progressives, basées sur la prévision des phénomènes, comme dans toute autre science positive; prévision absolument impossible, et même incompréhensible, lorsque ces phénomènes sont conçus comme échappant à toute règle fixe, à toute loi invariable.

Ainsi, la substitution du relatif à l'absolu, des lois naturelles à l'arbitraire, et par suite de la prévision à l'imprévoyance; tel est le caractère essentiel de la politique positive. L'homme s'agite, et Dieu le mène, a dit la sagesse théologique; maxime dont le sens reste profond et vrai, si l'on veut bien y substituer les lois fondamentales de l'univers.

§ 102. — La première loi, ou si l'on veut le premier fait sociologique qui se dégage des études de H. Spencer, c'est que la société est un organisme. Comme les corps vivants, les sociétés croissent, augmentent de volume; en même temps leur structure se différencie, et cette différenciation des organes est accompagnée d'une différenciation progressive des fonctions. Les différences ainsi introduites dans l'organisme par l'évolution sont dépendantes les unes des autres. Certaines parties d'un animal ne peuvent être exclusivement affectées à la locomotion, à la sensation, qu'autant que d'autres parties sont spécialement affectées à l'alimentation et chargées de l'entretien des premières. De même, dans une société à l'état rudimentaire, tous ses membres sont à la fois guerriers, chasseurs, fabricants, etc.; mais dès qu'une classe est affectée à la défense extérieure ou à la direction de l'ensemble, il faut que d'autres classes s'occupent, pour elles-mêmes et pour toutes les autres, de la production agricole et industrielle. Si l'une des parties ne remplit pas son office spécial, tout l'ensemble souffre et dépérit. C'est ainsi que se manifeste le *consensus* vital et social. A. Comte l'avait déjà constaté et mis en lumière. H. Spencer l'a démontré par les analogies les plus ingénieuses et les mieux fondées. Nous ne les citerons pas toutes; mais il faut signaler les plus importantes, et les conséquences de premier ordre qu'il a su en tirer.

Les groupes sociaux, comme tous les corps organisés, sont composées d'unités qui ont une vie distincte et qui, par leur réunion, constituent la vie de l'ensemble, de l'agrégat. Chez les animaux inférieurs, ce sont des amibes; dans les organismes supérieurs, ce sont des corpuscules comme ceux du sang, des cellules ciliées, etc.; dans les sociétés, ce sont des êtres humains. Ces unités vivent, meurent, sont remplacées par d'autres; la vie de l'agrégat n'en est point altérée, et dépasse énormément celle des unités constituantes, à moins qu'elle ne soit détruite par un accident. Dans ce dernier cas, les unités peuvent survivre à la catastrophe; c'est ainsi que les fibres musculaires peuvent encore se contracter après la mort de l'animal, et que certaines unités sociales continuent encore leurs occupations agricoles ou industrielles, lorsque, par suite d'une invasion, d'une révolution, le gouvernement central d'une nation a cessé de fonctionner.

§ 103. — Poursuivant ces comparaisons fécondes, on voit que le germe social est le groupe primitif, depuis la horde errante composée de 12 à 20 Fuégiens, jusqu'aux réunions encore barbares de centaines de mille hommes dans certaines régions de l'Afrique ; que la croissance sociale, comme la croissance organique, se fait par simple multiplication des unités, ou bien par union de groupes, ou même de groupes de groupes ; et que, dans l'un et l'autre cas, cette croissance est toujours accompagnée d'une augmentation de densité et de cohérence.

La structure, l'organisation, les fonctions sociales, présentent des analogies non moins saisissantes avec celles des espèces animales qui, depuis les protozoaires jusqu'aux mammifères supérieurs, font voir tous les degrés de séparation entre une masse vivante homogène, et l'organisation la plus compliquée, la plus différenciée.

Chez les hordes primitives, errantes et peu nombreuses, point de chefs, aucune différence entre les unités qui les composent. Lorsqu'un groupe a atteint un certain degré de croissance, une ébauche de gouvernement s'y produit ; l'autorité y est exercée par quelques hommes. C'est la première différenciation sociale, bientôt suivie d'une autre, la division entre les fonctions régulatives et les fonctions opératives, bornée d'abord à celle qui sépare les occupations des deux sexes : pour les hommes, les travaux extérieurs, surtout la chasse et la guerre ; pour les femmes, les travaux d'intérieur et d'entretien. La classe opérative, d'abord composée ainsi des éléments les plus faibles, se renforce par la guerre elle-même, lorsque les combattants vaincus sont réduits en esclavage au lieu d'être tués et mangés.

Lorsque l'évolution amène les groupes primitifs, les tribus, à former, ou par alliance, ou par conquête, des groupes composés, des sociétés de plus en plus nombreuses, le gouvernement se complique : un chef de chefs, un roi, est institué ; les classes se subdivisent en classe militaire, classe sacerdotale, classe servile, etc. La complication de structure suit toujours l'accroissement de masse. En même temps de nouveaux organes, de nouvelles fonctions apparaissent ; les différences d'habitats favorisent les variétés de production, et par suite les échanges entre les divers groupes ; l'industrie et le commerce prennent naissance.

Cependant les subdivisions se poursuivent, et vont, comme dans les organismes individuels, des différenciations les plus générales aux plus particulières. C'est ainsi, par exemple, que la classe sacerdotale a donné naissance successivement aux spécialités dont H. Spencer donne l'énumération curieuse : dans les sociétés encore barbares, aux faiseurs de pluie, aux voyants, aux devins, aux sorciers, aux médecins ; dans la classe proprement dite des prêtres, aux sacrificateurs, aux chanteurs, aux compositeurs d'hymnes, aux instituteurs de la jeunesse ; puis aux astrologues, ancêtres des savants modernes ; enfin, dans les organisations sacerdotales les plus avancées, aux rangs et aux fonctions les plus diverses, depuis le pape jusqu'au simple choriste.

Pour abréger, nous terminerons ce trop court résumé en signalant l'analogie fondamentale qui existe entre les appareils producteur, distributeur, et régulateur des organismes animaux et sociaux.

§ 104. — L'appareil producteur, dont la dénomination indique suffisamment les fonctions spéciales de production et de préparation de tous les matériaux nécessaires à l'entretien du corps social, correspond, trait pour trait, à l'appareil d'alimentation d'un corps vivant. L'un et l'autre sont en relation avec les milieux organique et inorganique, où ils puisent les matériaux dont la nature et les localisations différentes déterminent les différences d'action ou d'occupation des diverses parties de l'appareil. C'est ainsi que se produisent les localisations agricoles et industrielles dont on remarque quelques traces chez les peuplades les moins avancées, et qui atteignent le plus haut degré de développement chez les nations modernes. La loi d'évolution est la même pour les deux appareils. Elle consiste, dans le système digestif de l'animal, en ce que « les substances étrangères qui servent à l'entretien de l'organisme, lequel opère sur elles par sa surface interne, déterminent le caractère général et spécial de cet intérieur », et dans l'appareil industriel d'une société, en ce que « la spécialisation industrielle des parties de sa population est déterminée par des différences organiques ou inorganiques dans les produits locaux sur lesquels ces parties ont à travailler. »

Une dernière observation importante, c'est que l'appareil d'entretien ne se trouve point, fort heureusement, sous la dépendance directe et absolue du gouvernement central dans une société, ni du cerveau dans un corps vivant. Autrement, les changements, les arrêts de la fonction centrale, les révolutions, suspendraient la vie du corps social tout entier.

Lorsqu'une société se compose et se complique par la réunion de groupes primitivement isolés; lorsque les industries se localisent; lorsque, en un mot, l'appareil producteur se constitue avec tout son développement, cette évolution doit être évidemment accompagnée d'un développement correspondant de l'appareil distributeur destiné à faire circuler les produits du premier dans toutes les parties de l'organisme.

L'appareil distributeur social a des ressemblances essentielles et frappantes avec l'appareil circulatoire des organismes animaux. Chez les types inférieurs de ceux-ci, les parties sont rapprochées, les fonctions sont uniformes, à ce point que les canaux intérieurs de distribution y sont inutiles et impossibles; il y a simple transsudation des liquides nutritifs à travers les tissus de pénétration plus facile; mais dans les types supérieurs, il se forme un système vasculaire complet qui s'étend du centre à la périphérie. D'une manière analogue, entre les groupes associés de tribus sauvages, la communication s'opère d'abord au moyen des passages pratiqués par les fauves, par les sentiers de chèvres, suivant les lignes de moindre résistance. Peu à peu les voies de communication s'étendent du centre à la circonférence, s'améliorent, et finissent, chez les peuples les plus civilisés, par former un vaste réseau de routes, de chemins de fer, de fils électriques, de postes, de télégraphes, de navigation à voile et à vapeur.

L'analogie se poursuit, dans les détails, d'une manière vraiment saisissante : que l'on prenne un chemin de fer partant d'une capitale, centre d'activité et d'impulsion, avec ses deux voies et ses trains rapides montants et descendants, avec ses embranchements, avec les routes principales qui aboutissent aux stations, avec les routes secondaires prolongées par des chemins ruraux terminés eux-mêmes par des sentiers qui viennent se perdre dans les champs, dans les forêts, dans les mines, n'aura-t-on pas une représentation exacte du système circulatoire, avec son double appareil de tubes principaux recevant le sang du cœur et l'y ramenant, avec ses vaisseaux divergents, secondaires, se ramifiant et s'atténuant de plus en plus pour se terminer par les vaisseaux capillaires noyés dans la profondeur des tissus?

A ces caractères communs, il faut ajouter entre autres l'hétérogénéité des courants sanguins ou commerciaux, croissante avec la complication des organismes; les actions spéciales que les appareils locaux exercent sur les courants où ils puisent, avec leurs propres aliments, les matériaux qu'ils sont chargés de travailler, de transformer, de livrer de nouveau à la circulation, ou d'expulser; et enfin la concurrence qui n'existe pas moins dans les corps vivants que dans la société; car du stock de matière nutritive qui circule dans l'organisme entier et doit l'entretenir, chaque organe s'empare de tout ce qu'il peut prendre, aux dépens du voisin, pour se réparer et croître.

H. Spencer résume ainsi le procédé d'évolution de l'appareil distributeur :

Le développement de cet appareil, « aussi bien dans l'organisme social que dans l'individuel, est déterminé par les nécessités de transmission entre des parties unies par un rapport de dépendance mutuelle. »

§ 105. — On connaît le mode d'évolution du système nerveux dans la série biologique. Chez les animaux inférieurs (éponges, monères, infusoires...), on n'en voit aucune trace. Il apparaît d'abord sous forme de cordon nerveux offrant de distance en distance des renflements cellulaires appelés ganglions.

Chez les articulés, ces ganglions correspondent aux segments et aux organes de locomotion ou de défense qui y sont attachés; ils forment comme des centres locaux de direction et d'action. Mais la coordination des mouvements qui ont pour objet l'attaque ou la défense, la fuite ou la poursuite d'une proie, est nécessaire à la conservation de l'espèce, et détermine la formation d'un ganglion principal, d'une masse nerveuse centrale, d'un cerveau, en un mot, qui prend la direction de tout le système, et reste en communication avec toutes ses parties par un réseau de filets nerveux chargés de transmettre au centre toutes les informations sensoriales sur le monde extérieur, et aux organes moteurs les ordres et les excitations nécessaires à leur action combinée. Le progrès évolutif de l'appareil nervo-moteur animal est déterminé par les conflits avec le monde extérieur, avec les agrégats semblables à l'agrégat évoluant; et, conformément à la loi générale d'évolution, il est fixé par la sélection et par l'hérédité dans les espèces les mieux informées, les mieux armées..., etc.

En changeant à peine quelques expressions, nous pouvons répéter ce qui précède au sujet de l'appareil politico-militaire dans les sociétés. Cet appareil de régulation, de coordination, est dû à la réaction de l'organisme social contre le milieu extérieur, c'est-à-dire contre les sociétés hostiles auxquelles il faut résister, ou qu'il s'agit de combattre et de subjuguer.

Dans les groupes primitifs, où la rareté des subsistances porte les individus à se disperser plutôt qu'à combattre; chez les rares tribus sauvages de mœurs pacifiques, il n'y a point de chefs, ni militaires, ni politiques. Mais dès que la guerre existe à l'état permanent ou même seulement accidentel, il y faut une autorité centrale, directrice, à laquelle se subordonnent les individus, mais surtout les chefs de groupes, si déjà la société est composée. Il se forme un centre régulateur qui dirige les centres primitifs isolés (ganglions locaux), et coordonne leur action contre l'ennemi extérieur. Entre deux guerres, la subordination militaire tend à se fixer; et l'autorité militaire se transforme peu à peu en autorité civile et politique. Les centres locaux ont alors perdu leur indépendance.

Bientôt la masse sociale croît ; il y a plus d'informations à recueillir, plus d'actions diverses à coordonner. Le chef suprême a besoin de s'entourer d'organes spéciaux, d'information, de conseil, d'exécution ; et son action devient de moins en moins directe. Enfin, de même que, dans le cerveau, il se forme des centres délibératifs placés au-dessus de tout le système nervo-moteur, des assemblées se constituent dans l'organisme social, auxquelles se subordonnent les administrations, les ministères, les anciens centres d'action, réduits à ne plus être que des agents d'information et de transmission, et finalement la fonction suprême elle-même, royale ou républicaine. C'est le dernier degré que l'évolution politique a atteint dans les temps modernes.

L'appareil régulateur, pour remplir ses fonctions, a besoin de moyens de communication (filets nerveux) allant du centre à la circonférence. Les communications, presque nulles dans les organismes élémentaires, se multiplient et se perfectionnent. De même, les informations dans l'organisme social se propagent d'abord d'une personne à l'autre ; puis au moyen de feux allumés sur les hauteurs, par des messagers spéciaux, par des communications écrites de plus en plus nombreuses, et enfin par les feuilles imprimées qui se répandent en nombre immense et plusieurs fois par jour sur toute l'étendue d'un pays. Ainsi se trouve plus que compensée la discontinuité des unités sociales, par rapport à la continuité qui caractérise les corps vivants. Ainsi, remarque H. Spencer, un habitant de Londres peut communiquer un mouvement à un habitant d'Édimbourg, quatre fois plus rapidement que ne le ferait une décharge nerveuse à travers des tissus vivants qui les réuniraient sans discontinuité.

§ 106. — Terminons par une dernière analogie fort importante. Le principe général d'évolution organique, c'est que les fonctions se différencient, et que les fonctions différentes déterminent des structures différentes. Nous avons distingué dans les corps vivants deux appareils principaux : l'un externe, en rapport avec le monde extérieur, dont les actions doivent être rapides, précises, variables avec les circonstances du milieu lui-même, coordonnées dans toutes ses parties, pour que l'animal atteigne sa proie ou échappe à ses ennemis ; l'autre interne, qui remplit les fonctions d'entretien d'une manière moins rapide, moins précise, plus continue, et en quelque sorte plus paisible. A ces deux appareils correspondent deux systèmes de nerfs régulateurs : l'un est le cerveau avec toutes ses dépendances et ses ramifications nerveuses ; l'autre est le grand sympathique ou système nerveux de la vie organique, qui rappelle les chaînes ganglionnaires primitives. Ces deux systèmes régulateurs s'affectent réciproquement, mais ils remplissent séparément leurs fonctions. Un troisième système vient s'y joindre enfin pour accroître ou restreindre, par les dilatations ou contractions qu'il fait subir aux artères, l'apport des matériaux d'entretien, suivant les besoins des organes qui en font la demande.

Suivons maintenant l'évolution parallèle du corps social. Dans ses rapports avec le milieu externe, c'est-à-dire presque toujours dans ses luttes avec les sociétés hostiles qui l'entourent, le gouvernement militaire (appareil externe) a besoin de rapidité, d'adaptation des actions aux circonstances variables, d'une forte centralisation. L'appareil industriel (interne) n'a pas les mêmes caractères ; ses opérations sont plus lentes, plus uniformes, moins centralisées. Cependant, à l'origine, quand la guerre ou la chasse sont les principales occupations de la tribu, lorsque le travail intérieur est exécuté par les femmes et les esclaves, il n'y a pas d'autorité séparée, pas de régulateur spécial pour l'industrie. Longtemps le pouvoir central unique a fixé les conditions du travail, même agricole, et jusqu'aux prix du marché. Au moyen âge, la production et la répartition étaient encore réglées par les grands propriétaires féodaux. Ce n'est que par les révolutions modernes que le travail a été affranchi ; l'autorité centrale s'est alors dédoublée ; le gouvernement proprement dit a cessé d'intervenir constamment et directement dans l'industrie et le commerce (appareil interne), pour lesquels s'est formé un appareil régulateur spécial (grand sympathique). Il est facile de reconnaître cet appareil dans les marchés des principales villes qui règlent les prix de toutes choses, qui établissent les rapports de l'offre et de la demande, et dont l'action se communique à tout le mécanisme de la production; dans les maisons de commerce, dans les agences, dans les bourses des grandes capitales. Enfin, et pour pousser la comparaison jusqu'au bout, le réseau nerveux vaso-moteur trouve son analogue dans les banques et dans les compagnies financières, qui resserrent ou élargissent les canaux par où circule le capital.

Au milieu de toutes ces analogies, H. Spencer fait ressortir une différence considérable, surtout par les conclusions morales auxquelles elle conduit. C'est que, dans l'organisme individuel, la conscience, c'est-à-dire toute la vie sensible, intellectuelle et morale, se concentre dans une partie de cet organisme, dans le cerveau, et que, pour le plus grand bien de l'individu, toutes les autres parties doivent fonctionner au profit de la première. Dans l'organisme collectif, au contraire, il n'y a pas une conscience unique, centralisée, il n'y a pas de moi social, et, par conséquent, la société doit exister pour le profit de ses membres, et non pas les membres au profit de la société.

Telles sont, dans leurs traits principaux, les inductions du savant anglais sur la croissance, la structure, les appareils et les fonctions sociologiques. Nous y ajouterons encore une analogie bien connue des lecteurs de A. Comte, et consistant en ce que l'étude de l'organisme social comporte la même distinction entre l'état statique et l'état dynamique que nous avons vue dans tous les autres organismes, et qui devient ici d'autant plus nécessaire que cette étude présente plus de difficultés.

On peut, en effet, considérer, dans une société quelconque, ou bien les conditions de son existence, les rapports de ses éléments constituants à un moment donné; ou bien les modifications successives que subissent ces éléments, les transformations de cette société dans son mouvement continu. Il y aura donc une statique sociale et une dynamique sociale. Sans attacher trop d'importance à ces dénominations empruntées aux sciences mécaniques, on reconnaîtra cependant qu'elles font bien saisir les liens naturels qui unissent la sociologie aux sciences cosmologiques et à celles qui leur servent de base. Il suffit, d'ailleurs, pour donner toute leur valeur aux conceptions ainsi résumées, qu'elles correspondent à deux ordres d'idées trop souvent réputés inconciliables, bien qu'ils ne soient que les deux aspects de la vie collective de l'humanité. La statique sociale, comme nous l'avons déjà dit § 3, n'est, en effet, d'une part, que la théorie positive de l'ordre qui consiste essentiellement dans l'harmonie, dans l'équilibre des diverses parties de l'organisme; et la théorie de l'évolution, du progrès, coïncide évidemment, d'autre part, avec la dynamique sociale.

§ 107. — Les grands appareils qui constituent l'organisme social, savoir l'appareil régulateur, l'appareil producteur, et l'appareil distributeur, doivent donc être examinés, à chaque époque, sous le double point de vue statique et dynamique. Mais est-ce bien là tout ce que comprend l'évolution humaine? Évidemment non : il y a, en outre et surtout, le développement de l'esprit humain, de ses connaissances, de ses croyances, de ses conceptions relatives à l'univers, à l'origine et à la destinée de l'individu et de l'espèce, aux relations morales de l'homme avec ses semblables.

Dans une société donnée, et dans l'évolution humaine en général, les faits sociaux, considérés soit en eux-mêmes, soit dans leurs rapports de coexistence et de séquence, se répartissent en trois grandes catégories :

Le dogme, c'est-à-dire la religion, la philosophie, la science.

Le régime, c'est-à-dire l'état ou théocratique, ou militaire, ou industriel; les institutions politiques; le sacerdoce, le culte; la constitution de la famille; la condition de la femme, de l'enfant, du travailleur.

La morale, c'est-à-dire l'ensemble des devoirs de l'homme,

les règles de sa conduite dans la famille, dans l'État, dans l'humanité enfin, lorsque cette dernière notion vient à se dégager des sentiments exclusifs de la nationalité.

Il faut ajouter à ces trois ordres de faits les beaux-arts, c'est-à-dire tous les moyens d'expression de la pensée et des sentiments.

Nous avons admis comme premier principe sociologique qu'une société est un organisme dont toutes les parties sont dans une mutuelle dépendance; et que cet organisme, comme celui de tous les êtres vivants, est caractérisé par le *consensus*, par la solidarité, dans leurs relations nécessaires et dans leurs actions réciproques, de tous les éléments dont nous venons d'indiquer les principales divisions.

Ce *consensus* organique est ici d'autant plus prononcé que le corps social est d'un ordre plus élevé et plus compliqué. La solidarité de toutes ses parties est si intime que la plus légère modification de l'une d'elles produit dans l'ensemble des réactions dont il est souvent bien difficile d'apprécier, même dans les cas matériels les plus simples, la nature et la portée. S'il s'agit du régime industriel, par exemple, on voit quels conflits, quels troubles peuvent susciter tel nouvel impôt ou tel droit de douane, ou telle altération de la valeur monétaire.

Quoi qu'il en soit, cette loi de coexistence et de solidarité que nous constatons ici a des conséquences du plus haut intérêt pratique : elle signifie qu'il existe des relations nécessaires entre les institutions politiques et sociales d'une nation et l'état intellectuel correspondant; que l'une quelconque de ces institutions ne doit point être jugée absolument en elle-même, mais que sa valeur est relative et consiste surtout dans son harmonie avec l'ensemble de la situation, avec le milieu contemporain. C'est donc une erreur grave, et malheureusement fréquente, que de vouloir appliquer la même forme politique, par exemple, proclamée abstraitement la meilleure de toutes, à toute société donnée, sans tenir compte de son développement intellectuel et moral.

En rapprochant ces conclusions du principe des conditions d'existence, applicable à tous les êtres possibles, on reconnaît qu'une harmonie suffisante finit toujours par s'établir entre les divers éléments sociaux, après des secousses plus ou moins prolongées, après les efforts plus ou moins pénibles d'un travail instinctif propre à tous les organismes. Dans chaque classe de phénomènes, il se produit toujours, en effet, un certain ordre spontané qui en permet l'accomplissement. Cet ordre est, d'ailleurs, le plus souvent imparfait; il sollicite l'intervention humaine à y prendre une part d'autant plus large que les conditions en sont plus compliquées et plus modifiables. Ainsi, la sociologie, reconnaissant, d'une part, la spontanéité de l'ordre entre certaines limites dans les sociétés humaines; de l'autre, la légitimité de l'action de l'homme pour en faciliter et en perfectionner l'établissement, évite également les dangers d'un optimisme qui deviendrait fatal à notre activité, et ceux d'une doctrine qui livrerait les peuples aux expériences arbitraires et oppressives de leurs gouvernants.

§ 108. — Les sociétés étant assimilées à des organismes, et leur développement à l'évolution biologique dont il est en quelque sorte le prolongement, il serait naturel de vouloir leur appliquer la même méthode de classement. Mais les différences entre les sociétés contemporaines ou successives, ne se transmettant et ne se fixant point suffisamment par l'hérédité, n'offrent pas assez de netteté pour servir de base à une classification complète.

Toutefois, H. Spencer propose de grouper les sociétés dans un ordre naturel, selon deux modes différents : le degré de complexité, ou bien la prépondérance du caractère militaire ou industriel. D'où la division suivante :

Sociétés simples;

Sociétés composées;

Sociétés doublement composées;

Sociétés triplement composées.

Dans les trois premières divisions, il distingue les sociétés sans chefs, ou avec des chefs temporaires, ou avec une autorité suprême instable, ou avec une autorité suprême stable; puis, dans ces subdivisions, les nomades, les demi-sédentaires et les sédentaires. Il range dans cette classification, depuis les Fuégiens, Boschimans..., etc., sociétés simples, sans chefs, et nomades, jusqu'aux anciens Égyptiens et à l'Angleterre après le dixième siècle, etc., sociétés doublement composées avec une autorité suprême stable, et sédentaires. Quant aux sociétés triplement composées, elles comprennent toutes les grandes nations civilisées depuis l'antiquité : ancien Mexique, empire d'Assyrie, empire romain, jusqu'aux temps modernes : Grande-Bretagne, France, etc.

La distinction des sociétés d'après la nature de leur activité militaire ou industrielle ne comporte pas de subdivisions nombreuses et tranchées, attendu que les deux types s'y trouvent en général confondus, et que l'appareil offensif ou défensif n'est pas jusqu'à présent moins nécessaire à leur conservation que l'appareil producteur. Notons seulement que partout où le régime militaire est dominant, il nécessite et détermine la formation d'une autorité suprême permanente, généralement autocratique.

La classification, indiquée par Spencer lui-même comme une ébauche, ne nous satisfait pas. Elle ne tient pas compte de l'état mental, du dogme correspondant à chaque époque ou à chaque situation sociale; elle ne se rapporte qu'à cet élément que nous avons désigné sous le nom de régime. Cherchons donc si l'évolution humaine ne présente pas quelques autres caractères de premier ordre qui puissent, sinon remplacer les précédents, du moins s'y ajouter pour former une base positive de classification sociologique.

Nous devons pour cela considérer d'abord une seconde loi fondamentale de la sociologie, connue dans l'école positive sous le nom de *loi des trois états*.

§ 109. — Cette loi consiste en ce que l'esprit humain, dans

sa manière de comprendre et d'expliquer l'univers, emploie successivement trois méthodes, institue trois sortes de systèmes philosophiques, l'un initial et théologique, l'autre définitif et positif, le troisième intermédiaire et métaphysique.

Il semble que cette loi, purement philosophique en apparence, ne concerne que les manifestations de l'intelligence et ne puisse s'appliquer aux autres faits sociaux. On en reconnaîtra cependant toute la portée, et même, à vrai dire, l'universalité, si l'on se reporte au principe de solidarité entre tous ces faits, que nous avons posé d'abord, et si l'on remarque que les facultés intellectuelles, moins actives et moins puissantes que les moteurs affectifs et les qualités pratiques, sont cependant les facultés maîtresses qui éclairent et dirigent la conduite de l'homme. L'état social, dans son ensemble, dépend toujours de l'état mental; le régime et la morale, pour nous servir d'expressions déjà connues et précises, finissent toujours par se coordonner avec le dogme dans une harmonie suffisante.

Comme toutes les lois naturelles, celle des *trois états* ne peut être que le résultat de l'observation aidée et éclairée par le raisonnement. Le champ de l'observation sociologique, c'est l'histoire; et l'on voit ici la nature propre et l'étendue de la science sociale. Tandis que les principes et les découvertes des sciences précédentes peuvent être groupés et présentés abstraction faite du temps, la sociologie comprend nécessairement deux grandes divisions, le passé et l'avenir, reliés entre eux par cette chose fugitive que l'on appelle le présent, et qui n'est saisissable que comme un passé récent ou un avenir immédiat. Est-il nécessaire d'ajouter que l'appréciation de l'avenir ne peut avoir pour base que l'étude du passé, et que la sociologie débute nécessairement par l'histoire, non pas l'histoire détaillée de tous les peuples qui ont vécu, de tous les événements qui se sont succédé sur la terre; mais la conception et l'exposé systématique de l'ordre et du développement de l'ordre, c'est-à-dire du progrès dans les principales sociétés humaines.

On peut y suivre deux procédés différents : prendre un fait, une institution sociale, une science, et en étudier séparément la nature et les transformations à travers les âges, chez les différents peuples, jusqu'au temps actuel; ou bien considérer dans leur ensemble les états sociaux à chaque époque; former le tableau de leurs principaux éléments constituants, et les suivre dans leurs variations toujours simultanées, quoique inégales. Cette dernière méthode paraît le mieux s'adapter à la loi de solidarité qui régit le domaine sociologique : c'est celle que nous adoptons pour la courte excursion que nous allons y entreprendre.

Avant d'aborder ce grand et difficile sujet, encore une remarque toutefois. La civilisation s'est souvent déplacée à la surface du globe; elle a passé d'une nation à une autre, semblant s'avancer de l'est à l'ouest, comme le soleil dans son mouvement diurne apparent. Pour en mieux coordonner l'étude abstraite, il convient d'en rapporter le progrès à un peuple théorique, unique, chez lequel se seraient opérées d'une manière continue toutes les transformations sociales. Il faut observer enfin que les états sociaux présentés comme successifs, depuis la plus grossière barbarie jusqu'à la civilisation actuelle la plus avancée, sont en réalité simultanés, du moins jusqu'à nos jours. Ces deux observations établissent une nouvelle et grande analogie entre les deux séries sociologique et biologique. Pas plus l'une que l'autre, celles-ci ne peuvent être considérées comme des séries uniques et continues sans divergences ni avortements partiels. La filiation, la descendance, l'hérédité, y dominent toutefois aussi bien que dans un arbre généalogique, et dans l'une comme dans l'autre on peut suivre les progrès de la vie, soit dans l'ensemble réel des organismes individuels ou sociaux existant aujourd'hui, soit dans l'évolution continue à travers les âges d'un organisme unique et purement subjectif.

§ 110.—L'auteur de la Philosophie positive établit que l'homme a débuté par le fétichisme. Herbert Spencer admet, au contraire, que le premier culte a été celui des esprits des morts, des ancêtres, d'où sont dérivés tous les autres, et en particulier le fétichisme, qui serait déjà une religion de demi-civilisation. Suivons d'abord le développement de chacun de ces systèmes. A. Comte se place à un point de vue purement intellectuel, logique, déductif. Suivant lui, l'homme voulant se rendre compte des phénomènes naturels, mais dépourvu de toute observation, de toute expérience, n'ayant aucune idée d'une loi quelconque, n'a pu trouver d'explications qu'en lui-même, et a supposé, chez tous les êtres qui l'entouraient, des passions et des volontés semblables aux siennes.

Cette première conception renfermait en germe tout le théologisme qui en est sorti par des modifications et des extensions successives.

A défaut de cette explication spontanée, l'esprit humain serait resté, vis à vis de la nature, dans un état de torpeur et d'hébétement dont il n'avait aucun moyen de sortir. Par ce procédé, au contraire, tout s'explique avec une facilité et une généralité qui ne seront atteintes par aucune autre croyance.

Dominé par les forces naturelles qui sollicitent la matière, ou plutôt qui y sont inhérentes et en sont la manifestation, l'homme s'incline devant leur supériorité, devant leur fatalité. Il en est affecté en bien ou en mal. Il peuple, dès lors, le milieu où il vit, de divinités malfaisantes ou protectrices qui deviennent pour lui des objets de haine ou d'affection, de terreur ou d'espérance.

Le fétichisme ainsi conçu ne lui donnait point une simple

satisfaction intellectuelle en résolvant à sa façon le grand, l'éternel problème de l'univers. L'homme primitif vivait surtout sous l'influence d'émotions et de sentiments; la prépondérance de ses penchants, fondamentale dans sa nature, était alors excessive; le monde extérieur, rempli par son imagination d'êtres animés comme lui de passions, capables de comprendre les siennes et de s'y associer, se trouvait donc en parfaite correspondance avec lui.

En admettant même que pour remonter à l'origine des sociétés les plus rudimentaires, il faille arriver à un état où l'homme différait peu des animaux supérieurs, il n'est point admissible qu'il ait été alors entièrement dépourvu de notions spéculatives. Ces animaux parviennent, en effet, à une sorte de fétichisme grossier qui consiste toujours à attribuer aux corps extérieurs les plus inertes, des passions ou des volontés analogues à leurs impressions personnelles.

Il est difficile de nous faire aujourd'hui une idée de cette tendance primitive. Cependant on en trouve encore la trace dans l'homme qui, sous l'influence d'une vive excitation, témoigne son affection ou sa colère à des objets inanimés, et jusque chez le monothéiste naïf qui adore les reliques.

Les grands phénomènes de la nature, tels que le jour, la nuit, le tonnerre, qui le frappaient d'admiration ou de terreur, ne tardèrent pas à être l'objet de son adoration. Le soleil et la lune, les autres astres, les météores, devinrent des fétiches principaux dont le culte constitua l'astrolâtrie.

Par une extension naturelle, les plus dangereux, ou les plus utiles, ou les plus mystérieux des animaux, comme le serpent, le lion, le bœuf..., furent divinisés. Enfin, les bienfaiteurs de l'humanité, les inventeurs, les chefs de nation ou de famille, les ancêtres, les conquérants, furent admis à leur tour aux honneurs divins, privés ou publics, et le polythéisme fut constitué.

La différence intellectuelle entre le fétichisme et le polythéisme consiste surtout en ce que le premier voyait partout des êtres animés, sans distinguer de la matière le Dieu qui en était l'âme. Les divinités étaient individuelles, concrètes. Le second, au contraire, généralise d'abord les dieux, et ensuite les abstrait ; s'il ne les délivre pas complètement des liens matériels, il leur reconnaît, du moins, une existence distincte et supérieure.

Il est venu un instant où la conception fétichiste a été dépassée par le mouvement progressif de l'intelligence, et s'est trouvée en contradiction avec l'observation du monde extérieur. On ne pouvait pas, en effet, ne jamais apercevoir la ressemblance ou la solidarité d'un grand nombre de faits qui avaient paru d'abord différents ou isolés, et ne point conclure qu'il n'était pas besoin d'une multitude de fétiches pour régir le monde extérieur. Une généralisation, née des tendances spontanées ou des premiers efforts de l'esprit humain, conduisit à la simplification du personnel des divinités ; la troupe irrégulière des fétiches fut congédiée, et leur domaine morcelé fut réuni sous l'empire du principal d'entre eux, classé désormais parmi les dieux.

En surmontant les difficultés de la double opération intellectuelle d'observation et de généralisation qui a produit le polythéisme, l'esprit humain a fait le plus grand pas dans l'ordre des conceptions philosophiques et religieuses, plus grand même que celui qui l'a mené du polythéisme au monothéisme.

Il est clair, en effet, que l'idée religieuse devait conduire de l'un à l'autre, en suivant le cours de son évolution. Il suffisait pour cela de réduire, de discipliner l'armée des dieux du paganisme, et de la subordonner à un chef suprême ; de détruire, pour ainsi dire, la féodalité mythologique, et d'instituer le pouvoir divin absolu.

Cette transformation s'opéra sous l'influence naissante de l'esprit positif et des premières notions de lois naturelles, qui firent ressortir une contradiction insoutenable entre les volontés capricieuses des divinités fictives et l'ordre fixe de plus en plus apparent du monde extérieur. Le polythéisme avait, par une fiction ingénieuse, essayé d'écarter cette contradiction en imaginant le *Destin,* divinité spécialement chargée de représenter l'immuable au milieu de l'arbitraire, à laquelle tous les autres dieux étaient soumis. En inaugurant un grand dieu unique, maître absolu de toutes choses, le monothéisme, et surtout le déisme philosophique, dernier terme du théologisme, durent le considérer comme un législateur suprême qui, en créant le monde, a déterminé les lois auxquelles est assujetti le cours ordinaire des événements, et qui n'intervient plus par sa providence que dans les cas exceptionnels.

Telle est, en résumé, la théorie du développement religieux proposée par Comte. La genèse en est presque exclusivement intellectuelle, logique. Il ne faudrait pas croire, cependant, que l'esprit humain procède ainsi systématiquement et passe du fétichisme au polythéisme et de ce dernier au monothéisme, comme un élève passe de seconde en rhétorique et de rhétorique en philosophie, dans ses cours universitaires. Les croyances de l'homme ne se déterminent point exclusivement par le raisonnement; elles naissent aussi de ses affections et de ses haines, de ses impressions de toute nature. Peut-être Comte, par suite de la tendance déductive de son esprit, surtout au début de son évolution philosophique, a-t-il un peu négligé ce point de vue.

§ 111. — Herbert Spencer a repris, sur un autre et vaste plan, l'étude des idées primitives de l'homme, et fait dériver du culte des ancêtres tout le développement religieux de l'espèce humaine. Voici, en quelques traits rapides, l'exposé qu'il en fait dans ses *Principes de sociologie :*

L'homme primitif n'a aucune idée de loi, d'ordre, de cause, de naturel, ni de surnaturel. Il ne médite point, il ne spécule pas; il reçoit passivement les conclusions qui s'imposent à son état mental.

Les changements qui s'opèrent autour de lui, au ciel et sur la terre; les apparitions et les disparitions successives du jour, des astres, de l'eau réduite en vapeur, etc.; puis, surtout, les ombres de tous les corps et du sien propre, les réflexions produites par le miroir des eaux, l'écho, phénomènes dont il n'existe pour lui aucune explication, suscitent dans son esprit l'idée de la dualité des êtres, et spécialement d'un double de lui-même.

Le rêve, pendant lequel ce double le quitte momentanément pour participer à des événements fictifs, et le somnambulisme, le confirment dans la croyance à sa propre dualité. La syncope, la catalepsie, par des absences prolongées mais temporaires de son double, le préparent au départ et à l'état d'insensibilité définitifs. Le sauvage toutefois croit, par analogie, que l'autre soi finira par revenir un jour. Ainsi, voilà produites en même temps dans son esprit les idées d'une sorte d'âme, d'une autre vie, et d'une résurrection.

Le double de l'homme mort est conçu d'abord comme semblable à lui, et voué dans l'autre vie aux mêmes occupations. De là l'usage de laisser des aliments, des armes, auprès des tombeaux, d'y sacrifier les animaux domestiques, les femmes, les esclaves.

Tantôt l'esprit, sous forme de revenant, fréquentait la maison, la famille, les descendants du mort; tantôt il établissait sa demeure dans les forêts voisines; tantôt il retournait au pays des ancêtres, et, pour ce voyage, on mettait à sa disposition des canots ou des chevaux, de l'argent, et jusqu'à des passeports. Lorsque la sépulture des ancêtres eut lieu sur de hautes montagnes, on en vint à penser que leurs esprits pouvaient arriver de là dans les cieux, considérés dès lors comme un autre monde.

La seconde vie étant admise comme perpétuelle, la foule des esprits dut s'accroître sans cesse, remplir l'espace, peupler les lieux habités ou les déserts; se mêler comme acteurs invisibles à tous les événements ordinaires, et surtout extraordinaires, de l'existence.

Le double d'un individu, vivant ou mort, peut entrer dans un autre corps abandonné par son autre soi. De là l'épilepsie, les convulsions, le délire, la folie, la possession; de là l'exorcisme et les pratiques du sorcier. Mais il y a aussi des esprits amis des hommes, dont on demande le secours, que l'on cherche à se rendre favorables par des prières et des pratiques de propitiation.

« Le respect pour l'esprit rend sacrée la tombe, lieu qui lui sert d'abri; cet abri grandit et devient le temple, tandis que la tombe devient l'autel... Des provisions mises à part sur le tombeau du mort, tantôt habituellement, tantôt à des époques fixes, dérivent les oblations religieuses, ordinaires et extraordinaires, celles de chaque jour et celles des jours de fête. De l'immolation et des mutilations des victimes sur le tombeau, on passe à des sacrifices et à des offrandes de sang à l'autel d'une divinité. L'abstinence au profit de l'esprit du mort devient la pratique pieuse du jeûne; les voyages que l'on faisait au tombeau pour y déposer des offrandes se transforment en pèlerinages à l'autel. Les louanges en l'honneur du mort, et les prières qu'on lui adresse, deviennent des louanges et des prières religieuses. » (T. Ier, p. 571.)

Ainsi se produisent toutes les formes du culte et tous les rites religieux.

Le culte des morts conduit naturellement à celui de leur effigie, où leurs doubles sont réputés présents. De là l'idolâtrie. Mais les esprits ne résident pas seulement dans les images des morts; ils hantent les objets qui leur ressemblent ou qui leur ont appartenu, et finalement les objets quelconques qui présentent un aspect bizarre, ou des propriétés rares, ou des phénomènes extraordinaires.

Ici apparaît le fétichisme, que Spencer considère comme un résultat collatéral de sa théorie spiritiste. Suivant cette théorie, le culte des animaux, des plantes, des grandes forces de la nature, du soleil, de la lune, dérive également du culte des ancêtres, par la croyance à la transformation d'hommes en animaux, d'animaux en hommes, par l'habitude de donner aux hommes et aux races des noms d'animaux, de plantes, de montagnes, d'astres, etc., habitude qui donne lieu à des traditions erronées et à des confusions idolâtriques.

Enfin le culte des ancêtres se complète, par une dérivation directe, au moyen de la divinisation des morts qui ont été respectés ou redoutés pendant leur vie comme chefs, magiciens, inventeurs, bienfaiteurs de la tribu ou de la nation, conquérants, etc. Le dieu, par degrés insensibles, provient de l'homme, ou plutôt de l'esprit de l'homme supérieur par son habileté et sa puissance.

Le polythéisme se trouve dès lors établi, et il n'est pas nécessaire d'insister ici sur sa transformation inévitable, du moins dans les races supérieures, en monothéisme. « La théorie du cosmos commence par une notion mal conçue d'une force exercée par les esprits des morts, et aboutit à l'action ordonnée d'une puissance inconnue universelle. »

A l'appui de cette théorie, Spencer apporte les déductions les plus ingénieuses, et un nombre infini de citations empruntées aux récits des voyageurs qui ont visité les tribus de sauvages et les nations demi-civilisées dans toutes les parties du monde, ainsi qu'aux histoires et aux traditions des anciens peuples, tels que les Égyptiens, les Indiens, etc. On ne saurait nier que ses explications ne contiennent une grande part de vérité, et qu'elles ne s'adaptent d'une manière saisissante à un grand nombre de croyances primitives, et de superstitions qui existent encore chez les peuples civilisés. Parfois, cependant, elles sont un peu subtiles et ne paraissent point à la hauteur du sujet, lorsque, par exemple, il indique que l'aurore a été divinisée parce que l'esprit d'une jeune et fraîche jeune fille, nommée Aurore, est devenu l'objet d'un culte mortuaire.

§ 112. — Quoi qu'il en soit, je ne vois pas que la théorie spiritiste de Spencer soit en contradiction avec la théorie théologique de Comte. Il me paraît, au contraire, que ces conceptions se complètent l'une par l'autre. Le philosophe anglais observe lui-même que l'idée de la dualité, du double, de l'esprit des objets extérieurs, a dû se présenter à l'homme primitif en même temps que celle de sa propre dualité. Le fétichisme serait donc contemporain du spiritisme. L'un est le point de départ objectif, l'autre le point de départ subjectif du théologisme, où ils viennent se confondre. La théorie de Spencer a l'avantage de donner la plus naturelle explication des croyances de l'homme en une autre vie et un autre monde, que Comte mentionne à peine. Je remarque cependant une différence importante entre les deux : le système des croyances théologiques est, aux yeux de Spencer, le résultat d'une erreur primitive qui va en grossissant, en se développant, suivant la formule générale de l'évolution. Comte n'admet pas cette sorte de réprobation; il considère le fétichisme comme un état initial, nécessaire pour faire sortir l'intelligence humaine de sa torpeur originelle, et comme un point de départ ou un stage sur la route du progrès continu. Cette manière de voir paraîtra sans doute supérieure à l'autre.

Quelque jugement que l'on porte sur la valeur comparative des conceptions philosophiques que nous venons de résumer, nous admettrons, sans nous écarter beaucoup de l'une ni de l'autre, que le passé humain se divise en trois principales époques, que nous considérons comme successives, suivant le procédé indiqué à la fin du § 109 : le fétichisme, le polythéisme, et le monothéisme.

Telles sont les trois grandes divisions que nous reconnaissons dans l'évolution des sociétés humaines.

Ces trois phases du passé ne correspondent pas seulement à des systèmes religieux, mais à des états mentals et sociaux dont l'étude forme la première partie de la sociologie, et sur lesquels nous devons nous arrêter. Remarquons d'abord que cette classification n'exclut point celle qui a été ébauchée par H. Spencer. Elle contient celle-ci, au contraire, et laisserait tout au plus en dehors de son cadre quelques-uns de ces groupes primitifs que le philosophe anglais range dans la catégorie des sociétés simples, sans chefs, qui ne se sont point encore élevées jusqu'au fétichisme considéré comme dérivant du culte des ancêtres.

Cette difficulté ne nous arrêtera pas, et nous prendrons pour point de départ l'époque où le fétichisme de Comte, et le spiritisme de Spencer, subsistent l'un à côté de l'autre ou se confondent.

Le cadre de la sociologie se trace facilement en ce qui concerne le passé. Dans chaque phase principale ou secondaire de l'évolution, on a à rechercher, comme je l'ai déjà indiqué § 107, quelles étaient la structure et la fonction des grands appareils sociaux : régulateur, producteur, et distributeur. En d'autres termes, quels étaient l'état et les progrès de la pensée humaine, des sciences, des beaux-arts; de l'organisation politique, militaire, et sacerdotale; du travail dans la société et dans la famille; de la constitution de celle-ci; de la condition de la femme et de l'enfant; de la morale publique et privée.

Je n'essayerai pas de traiter complètement ce vaste sujet, qui ne peut l'être que dans les ouvrages spéciaux. Je ne veux en toucher que quelques points principaux, ainsi que je l'ai fait pour les sciences cosmologiques.

§ 113. — Essayons donc de nous transporter par la pensée au milieu d'une tribu, d'une société spiritiste et fétichiste : nous verrons que jamais les idées théologiques n'ont été plus intimement mêlées à la vie, aux pratiques journalières de l'homme. Celui-ci vivait au sein d'une illusion perpétuelle, au milieu des revenants et des esprits; il ne pouvait faire un pas sans se heurter à quelque mystérieuse puissance. Jamais les divinités n'ont été aussi nombreuses, même au temps de la plus grande fécondité polythéique; jamais elles n'ont exigé des offrandes aussi abondantes, des sacrifices aussi sanglants.

Malgré son extension et son intensité théologique, la religion primitive ne comportait aucun sacerdoce; il n'était pas besoin d'intermédiaire entre les fétiches et leurs adorateurs : la nature individuelle et concrète des premiers mettait, pour ainsi dire, leur culte à la portée de tout le monde, et l'exercice du sacerdoce suivait spontanément le choix de la divinité. Cependant on trouve dans les groupes fétichistes les germes d'une caste sacerdotale, représentée par des jongleurs, des devins, des sorciers : ceux-ci exerçaient, il est vrai, plutôt une profession qu'un ministère, et ne pouvaient avoir qu'une influence sociale très limitée.

La phase fétichique manque donc de l'un des éléments sociologiques les plus importants, et, sous ce rapport, elle n'était point favorable au progrès humain. Elle ne l'était pas davantage par le caractère éminemment personnel de ses dieux, qui devait être entre les familles ou les tribus une source de divisions et de haines plutôt que d'accord et de communauté de sentiments et d'opinion, plutôt qu'une véritable religion, en un mot. Ce n'est qu'à l'époque ou bien chez les peuples où le fétichisme s'est élevé à l'astrolâtrie que, un grand nombre d'hommes se prosternant devant les mêmes divinités, le culte organisé est devenu un lien social.

Après avoir secondé les premières explications des phénomènes, la religion primitive devait nécessairement entraver l'essor de l'esprit scientifique, en altérant ou en supprimant les relations de ces phénomènes, et en rendant chimérique l'idée même de loi naturelle. Quant à son influence esthétique, elle a dû être, à tout prendre, plutôt favorable que contraire, car elle assurait la prépondérance de l'imagination sur la raison. C'est à elle qu'il faut rapporter la naissance de la poésie.

L'existence de l'homme préhistorique se divise, comme on le sait, en deux périodes : l'âge de la pierre et l'âge des métaux. On ne trouve point dans les couches du diluvium, ou sous le sol des cavernes, les traces de ses idées et de ses croyances. Il est probable que, dès ces premiers âges, les illusions spirites et fétichistes hantaient l'esprit humain. On trouve abondamment, au contraire, les témoignages de son activité, ses armes et ses outils. C'est à cette phase du développement social que correspondent l'usage permanent du feu, l'origine de la plupart des arts industriels et du commerce, la domestication de certains animaux, la guerre contre la plupart des autres, qui rendait le double service d'établir les premiers rapports entre les familles isolées, et de préparer le terrain à la civilisation par la destruction des races malfaisantes.

Il ne pouvait être question alors de division du travail, ni de différenciation des fonctions. Chacun fabriquait d'abord ses outils et ses armes. Cependant la famille se constituait, et une autorité directrice s'établissait dans les groupes de familles ou tribus, au moins pour un temps et pour un objet déterminés. L'histoire et les récits des voyageurs nous montrent ce qu'étaient la famille et le gouvernement dans les temps les plus anciens, ou actuellement chez les peuples les moins civilisés. Le sacrifice des femmes et des serviteurs sur la tombe du chef de la famille, la vente des enfants pour l'esclavage, prouvent que ces malheureux n'étaient pas mieux traités que les animaux domestiques, et n'avaient ni droit, ni indépendance personnelle. La femme surtout était misérable, condamnée aux travaux les plus rudes, joints aux fatigues de la maternité, aux humiliations de la polygamie.

Celle-ci était cependant un progrès dans les rapports sexuels par rapport aux états antérieurs. Ces rapports avaient débuté par la promiscuité, dans laquelle la famille n'existait pas à proprement parler.

L'union du mâle et de la femelle, et même celle de la mère avec ses petits, ne duraient d'abord que le temps nécessaire pour assurer la conservation, au moins partielle, de ceux-ci, et par suite la propagation de l'espèce.

Dans certaines peuplades, on rencontre des états transitoires entre la promiscuité complète et la polygamie, des unions, par exemple, périodiquement et régulièrement interrompues. On y trouve aussi la polyandrie, variété peu stable et peu en rapport avec l'état social correspondant, où les luttes permanentes devaient amener la rareté relative des mâles.

La polygamie, au contraire, répondait bien aux besoins et aux instincts d'une société où la guerre détruisait plus d'hommes que de femmes; et notons, d'ailleurs, que le mariage polyandrique, que rappelle dans une certaine mesure la prostitution ou la galanterie moderne, n'établissait la parenté que par les femmes, tandis que la descendance masculine résultait immédiatement de la polygamie. Sous tous les rapports, excepté peut-être dans certains cas, celui du bien-être physique de la mère, la famille polygamique se présente donc comme socialement supérieure aux relations polyandriques.

§ 114. — La principale activité des groupes sociaux primitifs étant tournée vers la chasse ou la guerre, la force physique, le courage quelquefois, la prudence, la sagesse dans le conseil, déterminaient le choix des chefs d'expédition, qui étaient d'abord temporaires. Le penchant naturel de l'homme à la venération, à l'admiration; la suppression violente des concurrents et des rivaux; mais par-dessus tout la nécessité d'assurer l'unité d'action et de fortifier l'autorité du commandement, ont déterminé la permanence et même la succession de l'autorité directrice dans certaines sociétés entre lesquelles les guerres étaient fréquentes, soit par suite de la prédominance de l'instinct déprédateur, soit par suite des besoins de la défense.

Malgré leur vague et leurs divergences, malgré l'absence d'une caste sacerdotale, les croyances fétichiques ont secondé l'action des gouvernements rudimentaires en imposant quelque discipline aux esprits. Elles ont contribué, enfin, à la transition de la vie nomade à la vie sédentaire et agricole. Cette importante transformation n'eût point été déterminée par le simple intérêt matériel : les droits naturels de l'existence nomade, la liberté illimitée, l'usage de tous les fruits et de tous les lieux de la terre, devaient paraître trop précieux à l'homme primitif pour qu'il les sacrifiât aux avantages, contestables pour lui, d'une phase sociale supérieure. Le culte des objets naturels fixés au sol, des végétaux, et surtout de la tombe des ancêtres, a contribué à l'attacher à la terre natale. Le fétichisme, à son tour, après avoir concouru à la transformation agricole des populations nomades, subit l'influence du nouvel état social qui le fit passer à l'astrolâtrie, par suite de l'attention croissante que les peuples cultivateurs accordèrent aux phénomènes célestes.

Signalons encore le service que les croyances primitives ont rendu à l'humanité en mettant sous la protection d'idées religieuses la conservation des animaux et des végétaux utiles, en adoucissant les mœurs sanguinaires de nos ancêtres, et en ébauchant les premières relations de l'homme avec le monde organique, sur lequel il ne peut prétendre à un empire capricieux et illimité.

§ 115. — Nous avons indiqué précédemment comment et par quelle évolution naturelle le fétichisme de Comte, ou le spiritisme de Spencer, s'était transformé en polythéisme. Cette transformation fut une première atteinte portée à l'universalité de l'esprit théologique ; mais ce décroissement inévitable fut largement compensé par l'essor donné à l'imagination et par les résultats politiques et sociaux de la nouvelle phase religieuse : de sorte que, à tout prendre, le règne du polythéisme doit être regardé comme l'époque de la plus grande intensité du théologisme, même quand on le compare au monothéisme, qui l'emporte par l'élévation de ses dogmes et par la pureté de sa morale, mais qui a été moins intimement mêlé à la vie humaine que les conceptions et les pratiques polythéistes.

En expliquant tous les faits par l'intervention de volontés arbitraires, le polythéisme, à un degré moindre toutefois que le fétichisme, excluait l'invariabilité des lois naturelles, sans laquelle il n'y a pas de conception scientifique possible.

Cependant, quoique hostile en principe à l'activité intellectuelle, il en devint un des premiers stimulants par la création des dieux innombrables dont il peupla la terre et les cieux ; il rendit accessibles à l'observation les faits secondaires du monde extérieur, en les dégageant de leur liaison originaire avec les fétiches et les esprits ; et, pour suppléer à la fixité des lois naturelles, il imagina, comme nous l'avons déjà fait remarquer, le Destin, divinité à laquelle les dieux et les hommes étaient soumis.

Sous un autre aspect, le polythéisme établit une homogénéité de doctrine, une liaison entre les phénomènes naturels, qui depuis n'ont jamais été réalisées au même degré. Jamais solutions plus précises et plus assurées, quoique fictives, n'ont été données des questions les plus compliquées et les plus obscures. A quoi il faut ajouter que, dans un ordre d'idées plus positif, le culte des astres, la divination par le vol des oiseaux, par les entrailles des victimes, ont contribué à développer l'esprit d'observation et d'induction.

Le régime polythéique a exercé une action décisive sur les beaux-arts. Les facultés d'expression doivent être constamment subordonnées aux facultés de conception. L'esthétique s'énerve en s'isolant de la science : c'est dans les croyances communes que les arts puisent leur force et leur influence sociale. Les poètes illustres, les grands artistes de l'antiquité et du moyen âge, étaient au niveau de l'état intellectuel de leur époque. Toutefois, les facultés esthétiques sont en rapport plus étroit avec la vie affective. Le fétichisme secondait donc leur essor en attribuant les passions humaines aux corps extérieurs. Le polythéisme, en détruisant cet énergique stimulant, y suppléait jusqu'à un certain point par les métamorphoses, dont l'ingénieux artifice conservait le sentiment et la passion aux êtres même inorganiques. Mais c'est surtout par l'excitation merveilleuse de l'imagination qu'il favorisait les progrès des beaux-arts. L'institution d'une divinité était d'abord une opération de l'intelligence, systématique d'ailleurs ou spontanée, qui supposait l'observation et la généralisation d'une certaine classe de phénomènes. Une fois l'acte intellectuel accompli, l'imagination s'en emparait pour le compléter ; elle fixait l'origine, les traits, et composait la biographie du nouveau dieu. On conçoit dès lors à quel rôle important étaient appelées la sculpture et la poésie, et quelle action profonde elles exerçaient sur les masses par la part directe et brillante qu'elles prenaient à la formation des croyances communes.

Telles sont les causes qui, sous l'empire du polythéisme, pendant cette jeunesse de l'esprit humain, ont amené les arts d'expression à un degré de perfection et d'influence sociale qui ne s'est plus reproduit. Il ne faut point en conclure que les facultés esthétiques ont subi dans l'humanité une diminution permanente. Si la poésie et la sculpture sont inférieures dans l'Europe actuelle à ce qu'elles étaient chez les Grecs et les Romains, par contre, l'architecture du moyen âge, la peinture et la musique des temps modernes, sont égales ou supérieures à celles de l'antiquité. Cependant, bien que, dans la plupart des genres, sauf la grande poésie épique, le génie individuel se soit élevé à la hauteur des belles œuvres polythéiques; qu'il ait même imaginé des productions nouvelles, telles que le roman moderne, sorte d'épopée infinie du cœur humain, miroir aux facettes multiples et brillantes, où viennent se refléter le morcellement intellectuel et le désordre passionnel de notre époque, il faut reconnaître, en définitive, que les beaux-arts sont dans une situation moins florissante que sous le régime polythéique. Cette infériorité résulte de l'absence, dans les masses sociales, de convictions communes qui servent de point d'appui au génie esthétique, pour agir sur le cœur et sur l'imagination.

§ 116. — Toute organisation religieuse, quelle qu'en soit la valeur, comporte une institution sacerdotale qui serve d'intermédiaire entre les dieux et les fidèles; qui soit l'organe du culte, l'interprète des dogmes, et qui maintienne la discipline sévère, intolérante même, sans laquelle les croyances théologiques ne tardent point, par suite du vague et de l'incohérence qui les caractérisent, à se corrompre et à se dissoudre.

Le fétichisme nous avait à peine montré les germes d'un sacerdoce. C'est dans le régime polythéique que l'on voit apparaître des corporations vouées aux occupations spéculatives, entourées du respect public et jouissant d'une prépondérance intellectuelle assez grande pour prendre la direction morale de la société et jouir d'une véritable puissance spirituelle. On rencontre bien, chez les sociétés primitives, une ébauche de cette puissance dans la sagesse des vieillards secondée par les grossières pratiques du culte fétichique, dirigée par la tradition, et quelquefois aidée par l'influence féminine; mais ce ne fut que dans un polythéisme déjà avancé que la caste sacerdotale, établissant son empire sur un système de croyances communes, et se dégageant nettement de la masse sociale, organisa un pouvoir spécial permanent.

A côté de cette organisation théocratique, quels étaient l'organisation politique, le pouvoir temporel, le gouvernement, en un mot, de la société? L'activité guerrière convenait seule aux penchants et à la situation des peuples primitifs. Cette activité était favorisée par l'instinct destructeur, dominant chez l'homme non civilisé, et rendue d'ailleurs nécessaire par la lutte pour l'existence contre les animaux et contre ses semblables. Les chefs militaires ont dû être, par suite, et ont été longtemps les premiers chefs temporels. Malgré les conflits encore fréquents entre les peuples civilisés, il est permis d'espérer et d'entrevoir la fin du rôle social de la guerre. Mais il ne faut pas oublier les deux grands résultats qu'elle a produits : d'une part, l'extension graduelle des associations humaines et les premières tentatives de l'unité vers laquelle converge la grande famille répandue sur la surface de la terre; de l'autre, la prépondérance de la vie agricole et industrielle dans les classes les plus nombreuses. Le premier de ces résultats était la conséquence immédiate de la conquête lorsqu'elle se terminait par l'assimilation des vaincus; et le second en était la suite non moins nécessaire; car l'activité militaire se trouvait comprimée chez les populations soumises, et la paix imposée par le vainqueur les ramenait à l'agriculture et à l'industrie.

Une liaison intime existait d'ailleurs entre les penchants guerriers des sociétés polythéiques et leur système intellectuel et religieux. Les dieux partageaient, en effet, les rivalités des nations, et la guerre prenait par là un caractère sacré qui remplissait les combattants d'enthousiasme et de dévouement. Rien, en même temps, ne s'opposait à ce que les vaincus conservassent leur croyance et leur culte; souvent même les temples des vainqueurs s'ouvraient, avec une hospitalité tolérante, aux dieux du peuple conquis, dont l'assimilation se trouvait singulièrement facilitée par cette transaction religieuse.

Le polythéisme développait enfin, chez les guerriers, une émulation énergique en faisant briller à leurs yeux les séduisantes promesses de l'apothéose. Le courage et le dévouement à la patrie pouvaient les conduire alors non seulement au bonheur un peu pastoral des Champs Élysées, mais aux splendeurs et aux jouissances éternelles de l'Olympe.

La constitution de la famille polythéique, chez les nations les plus avancées, avait fait de nouveaux progrès. La condition de la femme était devenue plus digne, ses travaux moins pénibles; ses occupations se concentraient au foyer domestique, où nous voyons la matrone romaine, aux premiers jours de la république, diriger le travail de ses serviteurs et donner l'exemple d'une chasteté inviolable. La monogamie remplaçait la polygamie dans les contrées les plus civilisées de l'Europe.

Le travail pacifique, agricole et industriel, subordonné à l'activité guerrière, avait pour base l'institution de l'esclavage qui a joué un rôle considérable dans les sociétés antiques. L'esclavage était la conséquence de la guerre; mais tandis que dans les sociétés modernes il ne constitue qu'une anomalie odieuse, il était accepté autrefois comme une condition régulière, prévue, et même comme un bienfait relatif; car il succédait à l'anthropophagie que pratiquaient la plupart des tribus sauvages; au lieu d'immoler ses prisonniers et de s'en nourrir, le vainqueur leur laissait la vie, et leur faisait une place inférieure dans sa famille. C'était là un immense progrès, et ce n'était pas tout. L'esclavage, imposant aux populations vaincues et épargnées par le fer les travaux d'entretien et de production en général, ployait une partie de l'humanité à des habitudes laborieuses dont l'éloignaient ses instincts, et laissait aux peuples conquérants les loisirs de se livrer à leur activité militaire. Favorisant d'une part l'éclosion des premiers germes de la vie industrielle, et de l'autre l'extension de l'esprit de conquête, cette institution justement réprouvée aujourd'hui se trouvait donc en harmonie avec l'état social correspondant. Aussi s'est-elle conservée pendant des siècles sans crise sérieuse, et sans protestation de la part des esprits les plus éclairés. C'est une preuve qu'un fait sociologique ne doit point être jugé absolument en lui-même, mais relativement au milieu où il se produit, à sa destination, à ses résultats.

§ 117. — Un autre fait considérable et caractéristique du polythéisme est l'absence d'une autorité spirituelle suffisamment indépendante. La séparation des pouvoirs spirituel et temporel est l'un des événements sociologiques les plus importants dans l'histoire de l'humanité. Elle s'est accomplie, au moyen âge, sous l'influence du monothéisme. Cette séparation suppose un développement, une division du travail, une différenciation des fonctions sociales qui n'existait point encore dans les sociétés polythéiques. Tantôt le commandement militaire y dérivait de l'autorité sacerdotale; tantôt celle-ci était subordonnée au premier. La politique ne s'étendait point d'abord à de vastes états, à des continents entiers; elle était la plupart du temps renfermée dans l'enceinte d'une ville, où deux pouvoirs distincts ne pouvaient se produire sans que l'un absorbât l'autre. La conquête, l'agglomération des masses humaines, qui constituaient la principale mission du polythéisme, exigeait d'ailleurs que tous les pouvoirs fussent concentrés dans une seule main ou sous une seule autorité collective, afin d'imprimer aux grandes entreprises militaires l'unité nécessaire à leur succès. La nature des croyances polythéiques était loin de seconder l'extension de l'autorité sacerdotale; le grand nombre des dieux, la diversité de leur culte, quelquefois même leur antagonisme direct, tendaient à diviser leurs ministres plutôt qu'à les unir. La concentration des pouvoirs devait donc se faire dans le gouvernement temporel plutôt que dans la classe sacerdotale, et le régime politique du polythéisme, après la théocratie égyptienne, conduisait nécessairement au despotisme des Césars.

La morale privée, dont les règles ont été tracées par les poètes et par les philosophes plutôt que par les prêtres, forme le côté faible de la phase polythéique. L'esclavage était sans doute un grand progrès sur la férocité et l'anthropophagie des âges primitifs; il altérait cependant la morale en laissant dans la dégradation une partie de l'espèce humaine. Sa pernicieuse influence ne s'exerçait pas moins sur le maître que sur l'esclave, en diminuant l'empire de l'homme sur lui-même, par l'habitude du commandement absolu. Il entretenait la dureté des mœurs par les traitements cruels auxquels les esclaves restaient abandonnés sans aucune protection. Il rendait enfin la monogamie illusoire en livrant sans défense toute une classe de femmes aux passions de leurs maîtres.

Par suite de la confusion des pouvoirs spirituel et temporel, la morale publique demeurait sans direction, dominée par les inspirations de la politique, c'est-à-dire de l'égoïsme et de l'instinct exclusivement national. Faute d'une autorité spirituelle indépendante, l'éducation était abandonnée à l'action individuelle des philosophes et des rhéteurs. Enfin, tout en réprouvant les troubles et les excès des passions, le polythéisme semblait toutefois les placer sous la protection des croyances religieuses.

Telles sont, en résumé, les causes de l'infériorité morale du polythéisme : il faut les constater, tout en reconnaissant qu'il a contribué à la fixation de règles de conduite unanimement acceptées et fortifiées par l'espérance ou par la crainte d'une vie future; qu'il a singulièrement développé l'énergie individuelle, le courage militaire et l'amour de la patrie; entretenu le respect des vieillards et la commémoration des ancêtres, indispensables au sentiment de la perpétuité de l'espèce; enfin, par l'institution de la monogamie, commencé l'affranchissement de la femme, auquel les progrès de la morale sont toujours proportionnels.

Pour compléter l'appréciation générale du polythéisme, il faut en suivre les manifestations dans l'histoire de l'humanité, et l'on est conduit alors à en distinguer trois principales, trois types, d'après A. Comte, que nous prenons pour guide dans ces considérations sociologiques.

§ 118. — Le premier type est le polythéisme égyptien, caractérisé par la prépondérance de la caste sacerdotale à laquelle les autres castes étaient hiérarchiquement subordonnées. L'organisation sociale y avait pour base l'hérédité des fonctions, qui est la plus simple et la plus spontanée des formes de l'organisation du travail, et qui tient lieu de l'éducation publique. Un climat heureux, un sol fécond, la facilité des communications intérieures, y favorisaient le développement d'une civilisation précoce et industrielle, tandis que, par son isolement des populations voisines, l'Égypte se trouvait en partie préservée des conflits si fréquents entre les peuples primitifs. L'appareil guerrier d'attaque ou de défense ne trouvant point de stimulant dans une pareille situation, le pouvoir tendit à se concentrer dans la caste sacerdotale, plutôt que dans les mains des chefs civils ou militaires. Par la même raison, l'esclavage, ordinairement alimenté par la guerre, ne s'y implanta point; mais la classe inférieure y vécut dans un assujettissement qui fut pire peut-être que l'esclavage même, et qui tend à se produire dans les sociétés où les pouvoirs temporel et spirituel ne sont point séparés.

Le régime que nous appelons égyptien établit la première division entre la théorie et la pratique, entre la science et l'art, division nécessaire au progrès de l'une et de l'autre. Il secondait, par la permanence de l'état de paix, les progrès du travail industriel, assurait à l'organisme politique une stabilité que l'on ne trouve point dans d'autres sociétés, formait des hommes plus complets par la concentration des pouvoirs, améliorait la condition de la femme en la soustrayant aux travaux pénibles, et fondait la morale domestique.

Tels sont les traits principaux de cette phase polythéique que l'on observe non seulement en Égypte, mais dans la Chaldée, la Chine, etc.

Bientôt cependant la stabilité excessive d'un pareil régime se change en immobilité, le progrès s'arrête; l'ordre subsiste, il est vrai, mais fondé sur la peur, la superstition. La classe dirigeante, chargée à la fois de la conduite spirituelle et temporelle de la société, s'énerve et se corrompt, et, par une réaction naturelle, participe de la dégradation et de l'immobilisme qu'elle impose.

Des circonstances extérieures contraires à celles qui viennent d'être indiquées, des dispositions de race spéciales, ont produit des résultats sociologiques opposés. Chez certains peuples, l'évolution intellectuelle et l'évolution politique se sont séparées; elles se sont poursuivies chez des nations et dans des lieux différents, pour aboutir, la première à la philosophie grecque, la seconde à l'empire romain.

§ 119. — L'activité militaire du peuple grec, incohérente, inutilement dépensée dans des guerres intérieures, n'aboutit point à la formation d'un empire hellénique d'une grande puissance, ou d'une grande durée. Il ne lui manqua ni le courage, ni les occasions de combattre, comme le prouvent tant de batailles célèbres; mais le morcellement géographique de son territoire, et sans doute aussi le génie propre de la race, s'opposa à une prédominance militaire qui se fût probablement réalisée, si elle avait été possible, chez les Spartiates, sorte de « Romains avortés. » La Grèce resta divisée, comme son sol, en plusieurs parties, dont aucune ne parvint à dominer les autres. Les luttes qui en résultèrent, en même temps que les guerres défensives qu'elle eut à soutenir contre les invasions asiatiques, y entretinrent assez l'esprit militaire pour la préserver de la torpeur qui conduit au régime théocratique, mais ne l'excitèrent point assez vivement pour lui assurer une prépondérance exclusive. Cette situation, particulièrement favorable aux spéculations intellectuelles, fit naître une nouvelle classe qui n'était ni sacerdotale, ni militaire, celle des philosophes et des savants dont les noms célèbres ont jeté tant d'éclat sur la civilisation ancienne.

L'évolution humaine s'était, comme nous l'avons dit, partagée en deux autres, la première politique et la seconde intellectuelle, Celle-ci se divise elle-même. Le théologisme poursuit son cours, et va dans l'école d'Alexandrie préparer l'avènement du monothéisme, tandis que l'esprit métaphysique naît, grandit, et commence de stériles recherches sur l'origine des êtres, les causes premières des phénomènes et la nature du principe pensant. Dès ses premiers pas, la métaphysique manifesta d'ailleurs son impuissance organisatrice; elle apparut avec une destination moins décidée à cette époque que pendant les derniers siècles, mais toutefois analogue, pour détruire plutôt que pour fonder. Le polythéisme s'en allait, elle le poussa ; il chancelait, elle acheva sa ruine.

En même temps s'ouvrait devant l'esprit humain la carrière immense, indéfinie, qu'il devait parcourir dans les sciences. Quelques notions, les plus simples, les plus abstraites, sans rapport apparent avec les systèmes métaphysiques qui remplissaient les écoles de luttes éloquentes, les conceptions mathématiques, en un mot, signalaient le point de départ de l'esprit positif; et la science commençait à se séparer de la philosophie proprement dite.

§ 120. — Parmi les peuplades que l'instinct destructeur, secondé par les circonstances, par le milieu, entraînait à la guerre, on comprend qu'il a dû s'en trouver au moins une qui, mieux servie que les Grecs par cet ensemble de conditions locales, a pu développer le régime militaire jusqu'à ses dernières conséquences. On conçoit en même temps que, dans la plus grande partie du monde alors connu, une seule entre toutes devait y réussir, puisque sa destination exigeait la soumission ou l'absorption des nations rivales. Cette peuplade privilégiée devint le peuple romain, dont la grande figure domine toute l'histoire que, dans notre présomption, nous appelons ancienne, mais qui, rapportée aux immenses périodes de l'existence et des révolutions terrestres, n'est, en réalité, que le début de l'histoire moderne, et qui est la mieux connue de toutes les phases de l'évolution sociale. Nous ne nous y arrêterons pas. Rappelons-en seulement les traits principaux. Rome, dès son origine, rompt avec le passé théocratique, en chassant ses rois; la caste sénatoriale reste prépondérante; l'autorité sacerdotale lui est subordonnée. La sage lenteur de ses conquêtes, son système d'incorporation des peuples vaincus, le culte du patriotisme, les vertus guerrières mises au-dessus de tout, son énergie que les revers les plus terribles ne peuvent briser, tout annonce les destinées qui lui sont réservées, et que décrivent ces magnifiques vers de Virgile :

> Tu regere imperio populos, Romane, memento;
> Hæ tibi erunt artes; pacisque imponere morem,
> Parcere subjectis et debellare superbos.

Ces destinées s'accomplissent; les peuples les plus éloignés se réunissent et se confondent sous son empire; les portes du temple de Janus se ferment, la mission du polythéisme est terminée, mission d'unitéisme et de préparation pour les doctrines supérieures qui vont apparaître.

Mais de quel côté viendra l'impulsion décisive? Ce ne sera point de la Grèce, où le mouvement intellectuel aboutissait dans l'impasse métaphysique aux stériles discussions des rhéteurs. Ce ne sera pas de l'Italie; car la cité-reine du polythéisme avait bien pu établir dans le monde l'unité de sa domination temporelle; mais, empruntant sa philosophie et ses arts à la Grèce, ses dieux à tous les peuples vaincus, elle se reposait dans une sorte d'éclectisme religieux.

Vers cette partie de l'ancien monde qui en forme comme le centre géographique, où ses trois grandes divisions se rapprochent pour communiquer l'une avec l'autre, et qui paraît marquée pour les grands événements, vivait dans l'isolement un peuple antique chez lequel, au milieu des déchirements intérieurs, des révoltes et des guerres, s'était conservé un monothéisme précoce, dont ses chefs politiques et religieux avaient probablement puisé les enseignements dans leurs rapports avec les castes éclairées de la théocratie égyptienne. Chez ce peuple remarquable, une certaine division des pouvoirs entre ses rois et ses pontifes ou prophètes avait même été ébauchée.

Jusqu'à l'époque de la conquête romaine, la supériorité religieuse de la nation juive n'avait servi qu'à protéger son isolement ; mais au contact forcé de l'élément étranger, au moment où le polythéisme ébranlé chancelait dans la croyance publique, le monothéisme sortit de son berceau pour parcourir le monde romain et pénétrer jusque chez les barbares.

§ 121. — Deux grands noms et deux grandes choses ! C'est bien ici que l'esprit théologique arrive au plus haut degré de pureté et d'abstraction, degré qu'il ne pourra plus dépasser sans décroître ; au développement le plus entier de son influence intellectuelle, politique et sociale, par le dogme, par le culte et par la morale. Le déisme pourra pousser plus loin encore la généralisation et la simplicité théologiques ; mais le déisme n'est pas une religion ; c'est un système philosophique.

Le dogme catholique n'a point été constitué dans son entier, et en une seule fois, par un seul fondateur religieux. Il a été formé ou fixé successivement par les décisions sacerdotales au milieu des luttes contre les opinions dissidentes. Pour l'apprécier dans son ensemble, il faut le prendre tel qu'il se présente à notre époque, où des additions importantes y ont encore été faites.

Un Dieu éternel, pur esprit, tout-puissant, créateur du ciel et de la terre, étend sa providence à toutes choses. Ce Dieu est unique ; cependant il est divisé en trois personnes, et le dogme de la Trinité porte la trace évidente du brahmanisme. La pureté de l'idée monothéique y est aussi altérée par la création d'une infinité d'anges, d'archanges, etc., sortes de demi-dieux ou de ministres des volontés divines, qui, du reste, a donné lieu à l'une des institutions les plus touchantes du catholicisme, celle de l'ange gardien. Peut-on rien imaginer, en effet, de plus poétique que l'image d'une jeune fille et de l'ange chargé de garder son innocence, de veiller sur sa chasteté ?

La révolte de Satan, sa défaite et sa damnation éternelle, constituent un trait moins heureux du monothéisme catholique, qui rappelle trop le paganisme ou tout au moins la doctrine manichéenne des deux principes du bien et du mal.

Le dogme du péché originel, et celui de la rédemption par une incarnation divine, qui établissent une conciliation nécessaire entre la bonté du créateur et l'imperfection, les misères de la condition humaine, ont une analogie frappante avec le bouddhisme.

La vie future, le jugement dernier à la fin du monde, l'éternité des peines pour les méchants, qui, aux termes des sentences ecclésiastiques, sont malheureusement en immense majorité parmi les humains; celle des récompenses réservées à un petit nombre d'élus, après une expiation éventuelle plus ou moins longue dans le purgatoire.

Tel est l'ensemble des dogmes essentiels du catholicisme; il faut y ajouter comme couronnement de l'édifice, ou plutôt comme le fort ciment qui en réunit et en consolide toutes les assises, l'infaillibilité du pape.

Il peut paraître excessif de conférer à un homme, quelque auguste que soit son caractère, ou même à une assemblée, le don de l'infaillibilité. Il faut reconnaître cependant que, d'une part, l'autorité absolue qui en dérive est nécessaire pour contenir les dissidences inhérentes aux croyances religieuses, où rien ne peut être démontré, où tout doit être prescrit; et que, d'autre part, rien ne tenant debout et ne subsistant dans les dogmes catholiques sans la révélation qui les a fondés, celle-ci doit les maintenir et les développer, les interpréter au besoin par une sorte de délégation perpétuelle faite au chef suprême de l'Église.

Les croyances catholiques renferment d'autres dogmes importants, ou, comme on les appelle, d'autres articles de foi qui se rapportent plus spécialement au culte.

§ 122. — Pris dans son sens général et profond, le culte a pour objet de conserver, de développer ou même d'exalter les idées et les sentiments en général. Par suite de l'imperfection humaine et des nécessités de la lutte pour l'existence, les instincts les moins élevés tendent, chez le plus grand nombre, à dominer les phénomènes intellectuels et moraux. Pour protéger le sentiment et la pensée contre l'égoïsme natif, contre l'inertie et l'inconsistance cérébrales de l'homme, il faut instituer des moyens artificiels d'éveiller son imagination, de fixer son attention, d'exalter sa sensibilité. Qu'il s'agisse du culte religieux, ou du culte du beau, ou du culte du drapeau, les procédés sont à peu près les mêmes; ce sont : la pompe des cérémonies, l'éclat et la singularité même des vêtements, la célébration des anniversaires, les discours, les chants en commun; avant tout, l'éducation et l'influence puissante de l'habitude, due à la répétition périodique des mêmes gestes et des mêmes actes.

Sous tous ces rapports, le culte catholique est un chef-d'œuvre d'intelligence et de sagesse.

Ce qui frappe ici tout d'abord, c'est l'organisation ecclésiastique. *Le principe électif* y prévaut et y reçoit une extension telle, que le plus humble des chrétiens peut aspirer à la direction suprême de l'Église.

A côté d'un clergé fortement organisé, hiérarchisé, chargé, pour ainsi dire, des affaires courantes du culte, mais exposé à perdre, sous l'influence des nationalités et des gouvernements locaux, l'esprit d'unité et la généralité de vues qui appartiennent à l'Église, sont institués *les ordres monastiques,* voués à la contemplation, à l'étude, à la défense de ses intérêts généraux et de sa politique.

Les membres du clergé, à l'époque de la grande puissance ecclésiastique, sont à la hauteur de toutes les connaissances humaines, et remplissent ainsi la condition indispensable pour être les vrais directeurs moraux et intellectuels de la société.

La discipline ecclésiastique, couronnée par l'infaillibilité papale, y concentre toute l'autorité autrefois dispersée chez les révélateurs et les prophètes, met un frein aux écarts de l'esprit religieux, et le restreint toutefois en le régularisant.

Le célibat des ministres de l'Église leur facilite l'accomplissement de leurs devoirs spirituels, en même temps qu'il augmente par l'isolement la vénération attachée à leurs fonctions, fortifie la valeur personnelle des membres du clergé en écartant de lui les défaillances de l'hérédité, et rend à la société en général le service de frapper d'un coup décisif le système des castes.

La principauté temporelle des papes leur assure une indépendance nécessaire à l'époque troublée et violente au milieu de laquelle leur domination spirituelle est appelée à s'exercer.

Elle est en même temps la sauvegarde de la division des pouvoirs, que n'avait pu réaliser le polythéisme, versant tantôt dans l'immobilité théocratique, tantôt dans le despotisme césarien.

En propageant des croyances uniformes chez des populations trop diffuses et trop diverses pour être facilement maintenues sous la même domination politique; en donnant à la classe sacerdotale plus de dignité et de consistance; en substituant, en un mot, aux influences qui, sous le régime polythéique, maintenaient la confusion des pouvoirs, des influences contraires, le monothéisme catholique est parvenu non seulement à proclamer en droit, mais à établir en fait l'indépendance de l'autorité spirituelle, c'est-à-dire le triomphe de l'intelligence et de la morale sur la force aveugle et sur la politique des intérêts matériels.

Tels sont les traits principaux de cette puissante organisation. Mais ce n'est pas tout. Sa capitale est Rome, la cité-reine habituée à la domination, vers laquelle les peuples sont accoutumés à tourner leurs regards avec leurs espérances ou leurs craintes. Son étendard, chose de toutes la plus étonnante, c'est la croix, instrument de supplice infamant, emblème de honte et de douleur, qui, transformée, glorifiée par la mort du fondateur, domine le monde du haut des édifices religieux qui s'élèvent de toutes parts. Tous les arts et tous les génies concourent à la construction et à la décoration des nouveaux temples. Les chants, la musique, les évolutions de la milice sacrée, l'éclat des lumières, des ornements, les parfums mêmes, se mêlent dans les cérémonies religieuses pour charmer les sens et ravir les âmes.

Ce n'est toutefois encore que le côté matériel du culte; en voici la partie spirituelle et profonde.

Le clergé est chargé de la fonction la plus élevée dans l'organisme social, je veux dire de *l'éducation,* étendue non seulement aux premières années, mais à l'existence entière du chrétien; non seulement à quelques-unes, mais à toutes les classes de la société sans exception, par l'institution admirable des *sacrements.*

Sans parler du sacrement spécial de l'ordre, l'homme, depuis sa naissance jusqu'à sa mort, est enlacé dans un réseau d'influences, de consécrations successives, qui s'appliquent aux principaux actes de sa vie.

Le baptême le prend dans son berceau, efface sur son front la tache du péché originel, et lui confère les titres, le caractère et les privilèges de la grande association dont il devient membre.

La confession, prolongement de la première éducation, complète l'influence du pouvoir spirituel, en imposant à chaque fidèle le choix d'un guide discret et éclairé dans la classe sacerdotale.

L'absolution le sauve du désespoir où l'aurait jeté la première faute commise, en ne lui laissant d'autre perspective qu'une éternité d'horribles châtiments.

L'eucharistie et la messe, fondées sur le dogme de la présence réelle, tout en conservant l'usage du sacrifice expiatoire, substituent l'opération la plus innocente, mais la plus incompréhensible, il est vrai, aux exécutions sanglantes du paganisme.

La communion appelle à la même table symbolique les riches et les pauvres, les faibles et les puissants; elle associe le plus humble des fidèles à l'acte du culte le plus mystérieux et le plus élevé.

La confirmation, comme l'indique son nom, soumet l'adulte à une sorte de révision, de contrôle de sa première instruction religieuse, et lui confirme les droits et les devoirs du chrétien.

Le mariage règle et sanctifie les entraînements du plus vif instinct de l'humanité, et consacre la monogamie absolue par l'indissolubilité du lien qu'il impose.

L'extrême-onction, enfin, accompagnée de la dernière absolution et de la dernière communion, clôt d'une manière digne et touchante le cycle des pratiques religieuses, et semble ouvrir au croyant les portes d'un monde meilleur, où la canonisation, devançant le jugement dernier par une décision exceptionnelle, peut même l'admettre définitivement en lui décernant la sainteté.

Il est impossible d'imaginer un ensemble de croyances et de pratiques plus complet, plus imposant. Voyons maintenant quelle fut la morale correspondante.

Cette morale ne le céda ni en élévation, ni surtout en influence, aux doctrines et au culte du christianisme. La morale des sociétés païennes était subordonnée aux combinaisons politiques et guerrières, inspirée par l'esprit de nationalité étroit et exclusif. Lorsque la domination romaine eut fait pour quelque temps la paix dans le monde, la morale tendit à se conformer aux inspirations de la raison et de l'humanité. Le catholicisme s'empara de cette tendance, et ce sera son éternel honneur d'avoir placé le dévouement au premier rang des vertus, l'amour universel, sous le doux nom de charité, au-dessus de tous les sentiments et de toutes les facultés.

La morale fit alors un progrès décisif sous son triple aspect personnel, domestique et social.

Au point de vue personnel, le catholicisme condamne le suicide, prescrit l'humilité et la résignation, si nécessaires dans les temps de trouble et de misère, et toujours utiles dans les épreuves de la vie, quelle que puisse être l'amélioration future de la condition humaine. La vertu, que les anciens recommandaient surtout à titre de prudence, d'utilité personnelle, est proposée à l'homme comme la loi supérieure de sa nature, et, par suite, comme ayant une destination vraiment sociale, bien que la pureté primitive de cette conception ait été altérée par l'attrait des jouissances et la crainte des flammes éternelles; en un mot, par la préoccupation égoïste et dominante du salut individuel.

L'institution de la famille a été perfectionnée par l'abolition du despotisme paternel auquel s'est substituée une autorité tempérée et consacrée par la religion, par l'indissolubilité du mariage qui donnait plus de stabilité et de dignité à la condition des femmes.

Au point de vue social, enfin, le christianisme a condamné l'esclavage, enseigné la charité et la fraternité, jeté les premières bases du droit international. Sous sa direction et son influence, on a vu s'élever les établissements de bienfaisance inconnus de l'antiquité, où pour la première fois la vieillesse, la maladie et la misère trouvèrent un secours et un abri. La commémoration des morts a développé le sentiment de la perpétuité sociale, complément nécessaire du sentiment de la solidarité humaine.

Je n'ai point la prétention d'énumérer ici tous les bienfaits du christianisme. Si je m'y suis particulièrement arrêté, ce n'est pas seulement un effet de l'admiration sincère qu'il m'inspire, c'est parce que je crois, non moins sincèrement, que nulle religion, nouvelle ou réformée, ne dépassera le degré de perfection que l'idée monothéique a atteint dans le catholicisme, et que c'est là, dès lors, qu'on peut le mieux apprécier l'esprit théologique arrivé à son entier développement.

§ 123. — Comment et pourquoi cette grande institution est-elle arrivée à une phase d'affaiblissement et de décadence? Comment le noble édifice en est-il venu à chanceler sur sa base et à menacer ruine?

La morale chrétienne est restée la plus belle et la plus pure qu'aucune religion ait proposée comme règle de la conduite humaine, et elle restera telle, sauf quelques modifications dans la conception du but définitif de la vie, et dans son application trop rigoureuse aux croyances dissidentes. Cette morale, heureusement, n'est indissolublement liée ni au culte, ni au dogme.

Les pratiques du culte et l'organisation du sacerdoce n'ont point une importance telle que le sort d'une religion en dépende absolument; elles peuvent vieillir, mais se modifier, se transformer sans périr. Ainsi, le célibat des prêtres, la domination temporelle des papes elle-même, ne sont point une condition d'existence nécessaire de la religion catholique.

Il n'en est pas de même de la doctrine. Attribuée à la révélation ou à l'infaillibilité de l'Église, elle se trouvait évidemment condamnée à l'immobilité, et fatalement dépassée par les progrès de l'esprit humain. Plusieurs de ses dogmes étaient, je ne dirai pas au-dessus de la raison, ce qui n'aurait pas lieu de surprendre, mais en dehors et contre la raison, ou plus encore contre le sentiment intime, contre je ne sais quoi qui pénètre l'intelligence sans discussion et finit par la dominer. Dans ma conviction profonde, par exemple, le dogme de la rédemption par l'incarnation divine, qui est la base du christianisme, n'aurait pas été créé si la véritable condition du globe terrestre par rapport à l'immensité de l'univers avait alors été connue. Il est inutile, je crois, d'insister, non plus que sur la présence réelle, qui dépasse vraiment tout ce que l'on peut imposer à la crédulité la plus naïve; sur l'éternité des peines qui, combinée avec la maxime : *Hors de l'Église, pas de salut,* transforme la justice divine en une vengeance implacable et incompréhensible; sur les explications cosmologiques de l'enseignement religieux, qui sont en contradiction flagrante avec les données de la science; sur l'infaillibilité du pape, sur le Syllabus, sorte de défi jeté à la raison humaine, etc.

Aussi n'est-ce point par suite d'une ignorance aveugle, mais bien par un sentiment naturel de conservation et de défense, que l'Église a condamné le progrès scientifique, surtout les premières découvertes de l'astronomie, et qu'elle a combattu les notions géologiques les mieux établies. Engagée contre la science, contre le progrès, contre les tendances invincibles des sociétés modernes, dans une lutte désormais inégale, elle doit nécessairement y succomber. C'est ce grand événement sociologique que nous allons maintenant suivre dans ses développements.

TRANSITION MÉTAPHYSIQUE ET RÉVOLUTIONNAIRE.

§ 124. — Dès le commencement du quatorzième siècle, la puissance catholique, dont le siège était à Rome, visait à une domination non seulement universelle, mais absolue, qu'elle pouvait d'autant moins atteindre que déjà elle était incapable de diriger le mouvement intellectuel. En même temps, signe non équivoque de décomposition, les mœurs du clergé se relâchent; l'esprit sacerdotal subit un affaiblissement auquel oppose un remède insuffisant l'institution des ordres religieux, tels que les dominicains et les franciscains. Le dogme et le culte sont attaqués par l'hérésie; et ce n'est plus par le raisonnement et la persuasion que l'Église la combat, mais par la violence et les supplices, ressource accoutumée des pouvoirs menacés et voués à une ruine prochaine.

Vers cette époque, le système féodal avait accompli sa mission. D'une part, il avait contenu ou absorbé les invasions des peuplades du Nord; de l'autre, il avait arrêté les progrès des musulmans, refoulé ceux-ci vers l'Orient et vers le Midi, et rejeté chez eux la guerre qu'ils avaient apportée dans l'Europe chrétienne.

L'esprit militaire, n'ayant plus dès lors de but social à atteindre, tend à devenir perturbateur de l'ordre même qu'il avait contribué à fonder, et commence à décroître, entraînant avec lui la décadence du régime féodal. La caste guerrière, partageant le sort des institutions humaine, va toutefois survivre encore pendant des siècles à son utilité et à sa destination.

La phase de dissolution qui nous occupe a donc eu une durée plus longue que celle qui lui est communément attribuée, lorsque l'on en fait remonter l'origine au dix-huitième siècle seulement. Elle comprend environ cinq siècles; mais pendant cette longue période, le mouvement révolutionnaire n'a pas constamment présenté le même caractère; du commencement du quatorzième siècle à la fin du quinzième, la décomposition de l'ordre existant a été spontanée; pendant les seizième, dix-septième et dix-huitième siècle, la dissolution, qui d'ailleurs n'est point encore terminée de nos jours, devient systématique, et est dirigée par une doctrine spéciale.

§ 125. — Le monothéisme du moyen âge renfermait en lui-même, nous l'avons déjà indiqué, le germe de sa décomposition.

Le catholicisme était parvenu à établir la séparation des pouvoirs spirituel et temporel, le premier théologique et le second militaire. Mais ces puissances indépendantes, cherchant à se développer librement, suivant leurs tendances exclusives, en face l'une de l'autre, ne tardèrent pas à entrer en lutte.

Chacune de son côté voulait dépasser les limites peu précises où elle aurait dû se contenir, et se proposait la diminution de son antagoniste ou une nouvelle concentration des pouvoirs directeurs de la société; comme si la division de ces pouvoirs eût été prématurément réalisée. La guerre s'engagea donc entre la papauté et les principaux chefs de l'Europe féodale.

Mais ce n'est pas tout. Dans le sein même du corps ecclésiastique se manifestent des tendances désorganisatrices. Les clergés nationaux réagissent contre les prétentions exagérées de l'autorité centrale; ils réclament des privilèges contraires à la nature même du catholicisme. Les dissensions intestines affaiblissent la discipline intérieure de l'Église, et ébranlent sa constitution. Ainsi, avant toute scission de doctrine, avant la réforme protestante, la dissolution de l'organisme catholique était menaçante.

Enfin, dans l'organisation temporelle considérée en elle-même, la lutte s'établissait, vers l'époque dont il s'agit, entre l'autorité centrale de la royauté et les principaux chefs locaux de la féodalité; lutte dont les succès ont été divers, et à l'issue de laquelle se sont constituées ici une aristocratie puissante, là une royauté absolue.

La décomposition du système catholique et féodal était donc spontanée, et résultait de son évolution même. Il y a lieu de remarquer, à ce sujet, que le régime social du moyen âge, quoique supérieur sous beaucoup de rapports, a été fort inférieur en consistance et en durée aux régimes qui l'avaient précédé. A peine est-il définitivement constitué vers le onzième siècle, que vers le quatorzième sa dissolution commence. C'est que le progrès s'accélère, et que la dernière transformation du théologisme n'est point de nature à résister longtemps à l'influence croissante de l'esprit naissant de critique et d'examen.

Cette période, considérée au point de vue spirituel, se décompose en deux autres d'une durée à peu près égale. La première comprend les efforts de la royauté pour se soustraire à l'autorité européenne des papes à partir de Philippe le Bel (1296), et la translation du saint-siège à Avignon. A la seconde appartiennent les tentatives d'indépendance des églises nationales, à la suite du schisme résulté de cette translation, et sous l'impulsion du concile de Constance (1414).

En même temps, les rois sapaient leur propre autorité, en attaquant celle à laquelle ils continuaient à demander leur consécration. Les clergés nationaux se dégradaient en se subordonnant aux pouvoirs militaires. Les papes renonçaient à leur suprématie sur l'Europe catholique, et bornaient leurs préoccupations au développement de leur principauté temporelle en Italie.

Les pouvoirs politiques et sociaux semblaient abdiquer à la fois, sans attendre la grande révolution protestante, qui devait imprimer un redoublement d'activité à leur désorganisation.

Une profonde lacune se fait dès lors sentir dans l'ordre européen. Les éléments politiques sont livrés à un antagonisme matériel qui ne trouve point de contre-poids moral. Les guerres sans but social naissent d'une exubérance d'activité qui survit à sa destination, en même temps que l'institution des armées permanentes, attribuant les fonctions militaires à une classe spéciale et restreinte, tend à briser les liens de la discipline féodale et à détruire l'esprit guerrier dans les masses, qui se portent alors vers la vie industrielle.

L'évolution temporelle donna lieu à deux ordres de phénomènes différents. En général, elle tourna contre les pouvoirs locaux au profit du pouvoir central, parce que celui-ci était le mieux disposé à recueillir les éléments qui se détachaient de l'ancien organisme; ensuite, parce que la centralisation temporelle formait une compensation nécessaire à la dissolution de l'autorité spirituelle qui s'opérait en sens inverse, c'est-à-dire contre la puissance centrale au profit des clergés locaux. Dans le cas normal, la royauté suppléa à la papauté pour le maintien de l'ordre européen.

Par une exception à peu près unique en Europe, qui résulta de sa situation insulaire et de la double conquête qu'elle subit, l'Angleterre vit la dissolution féodale s'accomplir au bénéfice de l'aristocratie.

§ 126. — A partir du moment où le pouvoir temporel eut ainsi, sous une forme ou sous une autre, absorbé le pouvoir spirituel, la doctrine purement négative chargée de poursuivre la destruction commencée se constitua, et le mouvement révolutionnaire devint systématique. Tant que cette doctrine ne fut point instituée, on songea plutôt à restaurer qu'à renouveler. La lutte entre les éléments de l'ordre catholique et féodal, dans ses plus grands écarts, en respectait les bases fondamentales. Sans l'intervention d'une philosophie spéciale, toute de critique et de négation, qui ne ménageait rien et ébranlait tout, la société se serait immobilisée dans un état qui n'eût été complètement ni conservateur, ni révolutionnaire, et qui eût à la fois compromis l'ordre et le progrès.

La doctrine révolutionnaire, dont le développement a rempli les trois derniers siècles, devait d'ailleurs sortir naturellement de l'état intellectuel créé par le régime monothéique.

L'hérésie théologique n'avait aucun sens dans la religion polythéique, qui admettait sans difficulté tous les dieux et tous les cultes; elle était inévitable, au contraire, dans le monothéisme, dont les dogmes à la fois vagues et inflexibles soulevaient la lutte et la contradiction. Les efforts faits d'une part pour les attaquer, de l'autre pour les défendre, favorisaient l'esprit de discussion, et habituaient les intelligences à une certaine liberté philosophique, secondée d'ailleurs, à l'issue du moyen âge, par la division, bientôt par l'hostilité des pouvoirs, ainsi que par l'opposition des clergés nationaux au pontificat central.

Chaque grande doctrine dont l'influence sur la société a été considérable, a eu ses organes spéciaux. Quels furent ceux de la doctrine révolutionnaire? Ce furent les métaphysiciens d'une part, représentant l'élément spirituel, et les légistes de l'autre, correspondant à l'élément temporel de la nouvelle situation.

La philosophie grecque s'était partagée en philosophie morale et philosophie naturelle, empreintes toutes deux du caractère métaphysique. Mais la première, dont Platon fut le principal organe, se rapprochait davantage des conceptions théologiques. En tant que doctrine critique, elle ne combattit que le polythéisme, et après avoir préparé l'avènement du monothéisme, elle finit par se fondre et disparaître dans le théologisme catholique. La seconde, dont Aristote fut le plus puissant interprète, inclinait vers l'esprit positif dans l'étude des faits naturels; mais, incapable par elle-même de réorganisation, elle demeura constamment critique dans les questions politiques.

La philosophie d'Aristote fut dominée et écartée par la philosophie platonicienne tout le temps que l'établissement catholique absorba les hautes intelligences contemporaines; mais lorsque cette grande opération fut accomplie, et que le besoin des spéculations rationnelles se fit de nouveau sentir, la première reparut fortifiée par ses découvertes nouvelles dans le domaine des faits observables. Sous le nom de scolastique, elle s'empara de l'enseignement des universités, et de celui même des ministres d'une religion dont elle devait contribuer à détruire l'influence.

Les tendances antithéologiques de l'esprit aristotélien furent contenues d'abord par l'action dominante du catholicisme; mais elles éclatèrent dans les grandes luttes des quatorzième et quinzième siècles contre la suprématie papale. Bientôt les universités, siège principal de l'élaboration métaphysique, se mêlant peu à peu à la discussion des questions politiques et religieuses, se trouvèrent à la tête du mouvement de dissolution de l'ancien ordre de choses.

Pendant que la scolastique s'emparait de la direction du progrès intellectuel, l'influence des légistes naissait et grandissait dans l'ordre temporel. Comme les métaphysiciens, ils puisaient dans l'enseignement universitaire leurs connaissances spéciales et l'esprit qui les animait. Mais en tant que classe active et mêlée à la vie sociale, ils émanaient de la puissance féodale qui leur confiait l'exercice de ses fonctions judiciaires.

Dans les conflits inévitables entre les tribunaux civils et la justice tecclésiastique, cette classe nouvelle s'inspirait d'une secrète antipathie contre le système catholique. L'absence des chefs féodaux, éloignés de leurs domaines par les grandes guerres défensives, augmenta peu à peu son importance. Les luttes intérieures des quatorzième et quinzième siècles la firent sortir de l'état subalterne où elle était restée jusqu'alors, et offrirent une vaste carrière à son activité, qui se concentra, en France, dans les parlements.

Les deux classes d'agents révolutionnaires ainsi surgies furent animées, conformément à leur destination, d'un esprit exclusivement critique. Quelques transformations qu'ils aient subies depuis, bien que les métaphysiciens aient fait place à côté d'eux aux littérateurs, puis plus tard aux journalistes, et les légistes aux avocats, ils demeurèrent impuissants à rien fonder de durable. Ils n'arrivent à la prépondérance sociale que pendant les principales crises du mouvement révolutionnaire. Cela résulte surtout de ce qu'ils n'ont pas de principes positifs qui leur soient propres, et au nom desquels ils puissent efficacement diriger la société. On doit même remarquer que ces classes sociales sont incapables de conduire jusqu'à son entier accomplissement l'opération dont elles sont chargées; car elles se soumettent encore aujourd'hui en grande partie aux conditions fondamentales du régime théologique et militaire dont elles poursuivent la rénovation, faute de pouvoir assigner ses lois définitives à l'intelligence, et son véritable but à l'activité humaine. De sorte que, avec ou sans elles, l'autorité théologique et le pouvoir militaire ne tardent pas à se reconstituer à l'issue des crises politiques qui leur ont donné une domination éphémère.

§ 127. — Considérée de plus près dans ses développements, la philosophie révolutionnaire présente deux phases principales.

Dans la première, qui comprend toutes les formes du protestantisme, le droit de libre examen, proclamé en principe, est en fait contenu dans les limites de la théologie chrétienne. On y attaque surtout la hiérarchie catholique, et accessoirement le dogme. Le protestantisme se propose de réformer le christianisme, et il tend à en ruiner les principales conditions d'existence. Cette phase, où l'inconséquence est manifeste, devait être dépassée.

Elle le fut par la seconde, que caractérisent le déisme et la philosophie du dix-huitième siècle. Le droit d'examen élargit sa sphère, sort du christianisme, et ne reconnaît d'autres limites que celles du monothéisme. Mais les bases que le déisme croit établir d'une manière inébranlable seront bientôt renversées. L'inconséquence dogmatique y est moindre que dans le protestantisme; l'inconséquence pratique y est plus grande, car la doctrine révolutionnaire veut fonder la régénération sociale sur de simples négations qui conduiraient, si elles pouvaient prévaloir exclusivement, à l'anarchie universelle.

La réforme protestante ne fut, à vrai dire, au seizième siècle, que la consécration dogmatique des faits accomplis. Les peuples qui l'ont repoussée en apparence n'en ont pas moins subi l'influence, et l'on peut dire que cette réforme a été générale dans l'Occident de l'Europe. De son principe même devait naître une multitude de sectes parmi lesquelles on peut distinguer trois phases principales, trois degrés d'hérésie. La réforme luthérienne rompit les liens avec le pape, proclama que l'Écriture est la seule règle des fidèles, et que la foi, sans les sacrements, suffit à remettre les péchés. Le calvinisme rejeta la présence réelle et la prédestination. L'hérésie socinienne nia la divinité de Jésus-Christ et la Trinité.

Ainsi, la discipline et le dogme à la fois se trouvèrent attaqués, et la ruine de la puissante organisation ecclésiastique qui avait dominé le moyen âge fut consommée dans une partie de la chrétienté. Le catholicisme tenta cependant un suprême effort de résistance par l'institution de la compagnie de Jésus, qui a lutté et lutte encore en vain contre les progrès de l'intelligence, et contre des tendances sociales irrésistibles.

Il ne faudrait pas croire, toutefois, que le catholicisme devint contraire ou même seulement inutile à l'évolution générale de l'humanité à partir du seizième siècle. Par son influence morale sur les classes les plus nombreuses et les moins éclairées, il contribua au maintien de l'ordre public, dont les anciens pouvoirs demeurèrent nécessairement chargés. Et, chose digne de remarque, son action prolongée sur les peuples restés nominalement catholiques fut plus favorable à leur émancipation définitive que la réforme protestante elle-même, qui apporta des satisfactions provisoires, mais incomplètes, à l'esprit révolutionnaire.

Cependant l'évolution temporelle commencée dans les deux siècles précédents poursuit son cours. L'ordre féodal, solidaire de l'ordre catholique, se dissout complètement, et ses éléments se groupent autour de celui d'entre eux qui est resté prépondérant : la royauté en France, l'oligarchie en Angleterre; d'où résultent deux sortes de dictatures qui arrivèrent à leur complet développement vers le milieu du dix-septième siècle, et qui continuèrent de régir les sociétés modernes jusqu'à l'avènement de la grande révolution française.

On reconnaîtra sans peine que le régime établi en France était plus favorable que le régime anglais à la destruction finale de la féodalité. La royauté en France pouvait mieux se passer de la noblesse que celle-ci, en Angleterre, ne pouvait se passer de la monarchie. Il en résulta que chez la première nation, le pouvoir royal absorba complètement l'aristocratie, et demeura seul debout en face du peuple. Quand l'heure de la royauté fut venue, elle dut opposer moins de résistance. Le régime des castes avait été, en effet, plus profondément atteint par l'établissement de la dictature royale que par la constitution du pouvoir aristocratique. Dans le premier cas, le privilège de l'hérédité se trouvait restreint à une seule famille, et menacé ainsi d'une plus facile expulsion définitive.

§ 128. — Nous ne voulons point placer ici une page d'histoire comparée de France et d'Angleterre; nous ferons cependant remarquer que le protestantisme, après avoir concouru à la décomposition du système féodal, tendit à retarder l'établissement du pouvoir qui devait finalement prévaloir dans chaque pays, en y soutenant le pouvoir opposé : en Angleterre la royauté, à laquelle la religion réformée attribuait une sorte d'autorité pontificale; et en France la noblesse, qui s'inspirait, dans les doctrines presbytériennes, d'un esprit de résistance à la royauté. Aussi, les luttes, sous ces deux influences contraires, s'y produisirent en ordre inverse. Tandis que, sous Henri VIII et Élisabeth, la royauté exerce une compression violente sur l'aristocratie anglaise, une agitation profonde soulève la noblesse française contre François II et ses successeurs. Puis la réaction s'opère; l'agitation passe en Angleterre, et la compression se fait en France sous le règne de Louis XIII. On cherche d'ailleurs, de part et d'autre, dans ces luttes intestines, à s'appuyer sur les classes populaires. En même temps, les organes de la doctrine critique, métaphysiciens et légistes, résistent par des tentatives prématurées à l'ascendant du pouvoir temporel, ici dans les parlements, et là dans la chambre des communes.

Après s'être constituées vers le milieu de l'histoire moderne, les deux grandes dictatures temporelles commencèrent bientôt à écarter leurs auxiliaires démocratiques pour relever chacune l'élément adverse dont elle venait de triompher. L'aristocratie britannique prit la royauté sous sa tutelle, et la royauté manifesta en France une prédilection décidée pour la noblesse. Ces deux débris du régime ancien formèrent dès lors une alliance défensive contre le mouvement révolutionnaire, et devinrent partout rétrogrades.

La royauté, en particulier, ne tarda point à manifester son insuffisance pour le maintien de l'ordre social. Les rois, abdiquant sous tous les rapports, abandonnèrent la conduite des affaires à leurs ministres, et le commandement des armées à leurs généraux.

L'institution des armées permanentes avait signalé la décroissance de l'esprit militaire. Cette décadence se poursuit sous l'influence protestante, qui introduit partout l'esprit d'examen contraire à la discipline, et fait succéder les guerres de religion aux grandes guerres de conquête. Les chefs militaires y perdent peu à peu leurs attributions politiques, qui passent aux mains des agents de gouvernement étrangers aux armées.

L'autorité du pape, refoulée en Italie, laissait un vide profond dans la politique européenne; aucun pouvoir arbitral ne restait debout pour présider aux relations internationales. Une nouvelle classe et un nouveau principe surgirent alors pour remplir autant que possible cette lacune : la classe des agents diplomatiques, qui joua un rôle important dans l'histoire moderne et subalternisa de plus en plus les agents purement militaires; le principe de l'équilibre européen, fondé sur la pondération matérielle des forces des divers peuples, qui fut inauguré par le traité de Westphalie. Toutes les combinaisons politiques pivotèrent dès lors sur ce principe d'équilibre, le seul en effet qui puisse provisoirement maintenir un certain ordre international, jusqu'à ce que les États-Unis d'Europe aient trouvé leurs conditions d'existence.

La réforme protestante n'exerça pas une action moins considérable sur le mouvement intellectuel et sur la politique intérieure des nations occidentales de l'Europe. Elle avait proclamé le droit absolu d'examen et de critique dans les questions religieuses. Il n'y avait qu'un pas à faire pour l'étendre aux questions politiques, et ce pas fut bientôt franchi. Le droit d'examen renferme implicitement le droit de parler et d'écrire; d'où résultent les principes de liberté individuelle, et, sous un autre aspect, d'égalité universelle, qui conduisent nécessairement à la souveraineté du nombre, au règne de la majorité, à la réprobation du droit de conquête et à l'indépendance réciproque des peuples.

§ 129. — Telle est la succession logique des principaux dogmes révolutionnaires. Ceux-ci formaient un ensemble complet de négations vis à vis de l'ordre ancien, et en même temps le correctif nécessaire de la concentration de tous les pouvoirs entre les mains de la dictature temporelle, avec laquelle ils entrèrent promptement en conflit. Ils empêchèrent cette dictature de dégénérer en un despotisme rétrograde qui, n'ayant à sa disposition aucun moyen de discipline morale, aurait étouffé l'essor de l'intelligence sous la seule compression matérielle. La doctrine critique n'a pu et ne peut rien fonder, il est vrai; mais il faut reconnaître que, au moment où le catholicisme ébranlé perdait son influence sociale, elle a recueilli une partie de ses attributions. Ainsi, « elle rappelait avec une suffisante énergie leurs droits réels à ceux auxquels la morale officielle ne savait parler que de leur devoir. » Avec le dogme de la liberté de conscience, elle proclamait « l'obligation de n'employer que les seules armes spirituelles à la consolidation des opinions quelconques. » Par le dogme de la souveraineté populaire « elle signalait énergiquement la haute subordination morale de tous les pouvoirs sociaux à la considération permanente de l'intérêt commun, trop sacrifié dès lors par la doctrine catholique au seul ascendant des grands. » Par celui de l'égalité « elle relevait spontanément la dignité de la nature humaine....; enfin, le dogme de l'indépendance nationale pouvait seul, après la dissolution des liens catholiques, inspirer un respect efficace pour l'existence des petits états, et imposer quelques restrictions à l'esprit d'incorporation matérielle. » (A. Comte. *Philosophie positive*).

Quoi qu'il en soit, le protestantisme ne contenait pas toute la doctrine révolutionnaire : aussi, les révolutions nées du mouvement protestant demeurèrent, dans leurs tendances et dans leurs résultats, au-dessous de la révolution française. La première, celle par laquelle les Pays-Bas s'affranchirent du joug espagnol, ébaucha le dogme de la souveraineté populaire et de l'indépendance nationale. La révolution démocratique et presbytérienne de l'Angleterre, qui fut la seconde, prépara le dogme de l'égalité par l'abaissement de l'aristocratie; mais, sous ce rapport, demeura fort incomplète. La troisième, enfin, la révolution américaine, ne proclama aucun principe nouveau, fut hollandaise sous un aspect, anglaise sous un autre, et fortement influencée par les tendances franchement démocratiques de l'époque où elle éclata. Quant à la grande révolution française, dont les vibrations s'étendirent au monde entier, elle appartient à la seconde phase, à laquelle nous arrivons.

§ 130. — Le protestantisme avait posé tous les principes essentiels de la doctrine révolutionnaire; mais il se renfermait intellectuellement dans les limites de la Bible, et s'était politiquement incorporé aux gouvernements temporels, ou vivait du moins avec ceux-ci dans une sorte d'alliance. Il était donc devenu hostile à toute émancipation ultérieure, un nouveau pas en avant était nécessaire; ce fut le déisme qui le fit.

L'origine de la manifestation déiste doit être rapportée à une époque antérieure à la décadence du monothéisme catholique; elle remonte jusqu'à la philosophie grecque, qui tendit prématurément à dépasser le monothéisme, et aboutit, en divinisant la nature, à une sorte de panthéisme métaphysique. Cette tendance fut dominée et absorbée par la phase ascendante du catholicisme. Elle se conserva toutefois dans quelques esprits, et la scolastique en favorisa le développement presque silencieux par le retour qu'elle détermina vers la philosophie grecque. Au seizième siècle, la nouvelle doctrine négative se tint éloignée des luttes religieuses; mais elle profita de la liberté protestante pour accroître sa propre influence, et à cette époque de discussions ardentes, de divagations théologiques, elle servit de refuge aux meilleurs esprits.

Cependant à côté de cette doctrine croissait l'influence de l'esprit positif, qui devait lui être extrêmement favorable, et qui, non moins opposé au fond à la métaphysique qu'à la théologie, concourut toutefois avec la première à l'expulsion de la seconde. A cette époque, le domaine de la foi fut envahi de plus en plus par la raison. Descartes et Bacon créèrent une nouvelle méthode d'autant plus dangereuse pour les croyances théologiques qu'elle ne s'attaquait pas directement à celles-ci, qu'elle semblait même les respecter, et que l'on n'en prévoyait point alors toutes les conséquences. En même temps, un conflit s'élevait entre les dogmes religieux et les découvertes de la science, dont les auteurs pouvaient bien être momentanément opprimés, mais dont le triomphe était certain.

A ces influences intellectuelles et scientifiques venaient s'en joindre d'autres plus particulièrement morales : le besoin de combattre l'alliance oppressive de l'Église et de l'État, besoin dont la doctrine critique se faisait surtout l'organe; la séduction exercée sur la vanité humaine par le droit absolu de libre examen; l'ambition, devant laquelle le principe de la souveraineté du peuple ouvrait une carrière illimitée; l'amour systématique de l'égalité, qui, alors comme aujourd'hui, s'inspirait malheureusement plus souvent d'orgueil et d'envie que du sentiment sincère de la fraternité. Telles sont les impulsions diverses qui ont accéléré l'évolution métaphysique dans laquelle il faut distinguer deux phases ou deux écoles, l'une philosophique et l'autre politique.

L'origine de l'école philosophique, que l'on rapporte ordinairement au dix-huitième siècle, appartient en réalité au siècle précédent. Le déisme est émané du protestantisme le plus avancé en Hollande et en Angleterre. Il eut pour organes, non de simples littérateurs comme au siècle suivant, mais de véritables philosophes, à la tête desquels il faut placer Hobbes, Spinoza et Bayle, Hobbes surtout, auquel on en doit les plus importantes conceptions.

La philosophie de Hobbes est improprement qualifiée d'athéisme. Elle n'est, en réalité, que la dernière transformation du théologisme, et consiste à remplacer, suivant le procédé métaphysique, l'intervention d'un agent surnaturel par l'entité générale de la nature, « en sorte que ce prétendu athéisme se réduit presque au fond à inaugurer une déesse au lieu d'un Dieu. » (A. Comte.)

La philosophie négative, voyant les penchants personnels dominer dans la nature humaine, et cherchant dans cette nature un principe unique d'impulsion qui ne s'y trouve point, fut amenée à placer l'unité cherchée dans l'égoïsme auquel elle subordonna tous les sentiments, et ne put découvrir comme règle de conduite que l'intérêt personnel. Il est juste d'ailleurs de reconnaître que ce principe ne lui appartient pas exclusivement ; qu'il se trouvait, au contraire, consacré déjà dans une certaine mesure par la morale catholique, qui proposait à l'homme le salut éternel comme le but unique de ses efforts pendant sa vie terrestre, but auquel tout pouvait être sacrifié, même le salut du prochain. Seulement, les tendances égoïstes d'une pareille morale étaient évidemment moins dangereuses, lorsqu'elles se trouvaient en quelque sorte équilibrées par l'opposition que le dogme catholique maintenait entre les intérêts du présent et ceux de l'existence future.

Au point de vue politique, la doctrine négative continua l'aberration protestante sur la subordination de l'autorité spirituelle à la puissance temporelle. Sous son influence s'effaça ainsi le caractère principal de la civilisation moderne, et naquit une haine injuste contre la constitution religieuse du moyen age, qui s'appuyait, au contraire, sur la séparation des pouvoirs, ainsi qu'une admiration aveugle de l'ordre polythéique, qui contribua à obscurcir l'idée du progrès social en présentant comme une rétrogradation le régime catholico-féodal.

Dans les pays où le protestantisme avait prévalu, les esprits satisfaits d'une demi-réforme intellectuelle s'étaient fortement attachés aux nouvelles croyances, et étaient moins préparés aux conséquences extrêmes des théories révolutionnaires que les intelligences demeurées nominalement catholiques. Le centre de l'ébranlement intellectuel devait donc se déplacer; il passa en France, où le mouvement philosophique, déjà préparé par l'essor esthétique du dix-septième siècle, fut reçu avec empressement; et la France eut dès lors la direction de la dernière phase révolutionnaire, comme l'Allemagne, la Hollande et l'Angleterre l'avaient eue successivement dans la phase protestante.

§ 131. — Dès la fin du dix-septième siècle, un changement se fit dans la nature des organes révolutionnaires : les parlements et les universités manifestèrent en France des tendances d'opposition à l'essor décisif de l'émancipation intellectuelle; les docteurs métaphysiciens et les légistes cessèrent peu à peu d'être à la tête du mouvement; ils y furent remplacés par les avocats et par une nouvelle classe d'agents sociaux qui n'étaient ni des philosophes, ni des savants, ni des poètes, et qui, faute d'une spécialité déterminée, durent se contenter du titre vague et général de littérateurs, d'écrivains... Cette classe était éminemment propre à la propagation des nouveaux principes, dont l'histoire pendant le dix-huitième siècle est assez connue pour que nous nous dispensions de nous y arrêter ici. Citons seulement le nom de Voltaire, dans lequel se résument, comme en un type brillant et complet, les littérateurs philosophes de ce siècle.

En passant des philosophes proprement dits aux écrivains, la doctrine négative prit un caractère moins prononcé. L'école voltairienne s'arrêta au simple déisme au lieu de suivre Hobbes, Bayle et Spinoza dans leurs déductions les plus avancées. Tout en dirigeant ses attaques contre les conceptions philosophiques et religieuses de l'ancien régime, et quoiqu'elle eût accepté et vulgarisé les principes de la révolution, cette école s'abstenait d'en tirer toutes les conséquences temporelles, et se tenait vis-à-vis des pouvoirs publics dans un état de neutralité ou même d'alliance intéressée. L'émancipation définitive exigeait donc l'action d'une autre école qui poussât jusqu'à leurs dernières déductions les dogmes élaborés par la métaphysique révolutionnaire. Rousseau fut le chef de cette école.

Sa tâche consista surtout à réunir et à coordonner les théories politiques éparses, et à en faire un système complet, une arme puissante contre le pouvoir temporel, de plus en plus corrupteur et rétrograde. Nous n'insisterons pas non plus sur les principes et sur le développement de cette nouvelle école : ils sont familiers à tous les esprits, et ils dominent encore aujourd'hui la situation politique. Remarquons seulement en quoi elle diffère de l'école voltairienne. Celle-ci, ménageant la puissance temporelle, pouvait, sans danger pour l'ordre social, auquel elle conservait ainsi un point d'appui, pousser très loin la dissolution des anciennes croyances : aussi le déisme ne fut-il de sa part qu'une concession provisoire à l'état des esprits. L'école de Rousseau, au contraire, qui ruinait dans sa base le pouvoir politique, devait chercher ailleurs quelque principe d'ordre qui pût préserver la société de l'anarchie; elle crut le rencontrer dans les conceptions déistes, et tenta une espèce de restauration religieuse. C'est ainsi que chacune des écoles révolutionnaires se partagea la besogne : celle-ci se proposant spécialement la destruction des principes respectés par celle-là.

A l'époque où nous sommes arrivés, la démolition du système politique et religieux du moyen âge se trouvait donc accomplie, sinon en fait, du moins en principe, dans l'élite des intelligences. Il ne manquait plus aux théories métaphysiques qui l'avaient déterminée ou dirigée qu'une consécration pratique éclatante, que leur apporta la grande crise politique et sociale connue sous le nom de révolution française.

Un aperçu rapide de cette révolution, dont les secousses ébranlent encore sous nos pieds le sol européen, nous amènera jusqu'à la situation actuelle.

§ 132. — Il faut d'abord reconnaître que cette crise sociale, préparée par le travail des siècles antérieurs, précédée des réformes protestantes, des révolutions politiques d'Angleterre et de Hollande, n'est point exclusivement française. Favorisée par les circonstances que nous avons dites, par le génie particulier de la nation, l'explosion se fit jour ici plutôt que là; mais les causes, l'origine et les résultats en eurent évidemment un caractère général, comme les événements le firent bien voir.

Quoi qu'il en soit, cette fois la négation fut complète, et la destruction n'épargna rien, ni dans l'ordre spirituel, ni dans l'ordre temporel. Les chefs du mouvement révolutionnaire furent naturellement les avocats et les écrivains qui l'avaient préparé; mais ils ne tardèrent pas à se diviser dans leur triomphe. Tandis que les uns, à l'Assemblée nationale, voulant concilier les principes monarchiques avec le nouveau droit populaire, le catholicisme avec la pleine émancipation intellectuelle, échouaient dans leur tentative d'imitation politique du régime anglais; les autres, devenus maîtres de la situation dans la Convention, poussèrent jusqu'au bout les conséquences de la révolution. La royauté fut abolie, les privilèges supprimés, l'égalité absolue des citoyens proclamée, les églises fermées et les prêtres proscrits. La progression négative avait ainsi atteint ses dernières limites; mais la progression organique n'était point assez avancée pour construire un édifice durable sur les ruines du passé et pour remplacer tout ce qui était détruit. Or, on ne détruit que ce que l'on remplace, a-t-on dit depuis avec une incontestable justesse. La révolution avait été trop loin; une réaction était inévitable.

Les dogmes nouveaux proclamés par les assemblées françaises, les droits de l'homme, la souveraineté du peuple, l'égalité politique, menaçaient partout en Europe la royauté et l'aristocratie. Les rois surtout devaient se sentir atteints par le coup qui avait fait tomber la tête de Louis XVI, après celle de Charles Ier. Ils se coalisèrent; mais leurs efforts vinrent se briser contre la résistance dirigée par la Convention et par le terrible comité chargé d'organiser la défense nationale. Malheureusement, la guerre, se continuant au delà des nécessités de cette légitime défense, produisit ses résultats habituels : un dictateur militaire qui, mettant à profit pour son ambition la fatigue et le dégoût des troubles intérieurs, poursuivit avec un génie extraordinaire pour la guerre et l'administration, mais avec une ignorance ou un mépris complet des véritables conditions de son époque, et avec un orgueil insensé, la plus étrange et la plus coupable rétrogradation.

La coalition européenne, après avoir reculé devant la France républicaine, vainquit, envahit la France impériale, détrôna le dictateur, qui finit par disparaître, comme un malfaisant météore, au milieu de l'Océan, laissant la France humiliée, brisée, moins grande et moins puissante que ne l'avait faite la république.

§ 133. — On connaît assez les phases que, depuis cette époque néfaste, a traversées le cours de la révolution française, étendue en partie à l'ensemble de l'humanité. Notre pays, si profondément troublé et divisé, en est à sa troisième république, après deux monarchies et un second empire.

Suivant un rythme propre aux phénomènes naturels, le mouvement politique passe d'un excès à l'autre, du souci exclusif de l'ordre à la préoccupation exagérée du progrès, de l'action à la réaction; d'où résulte une sorte d'équilibre instable sur lequel rien encore ne paraît se fonder. Les anciennes et les nouvelles influences sociales prévalent successivement, suivant que l'ordre est menacé, ou bien le progrès.

Pendant ces oscillations politiques, fatigantes sinon décourageantes, de nouveaux faits se produisent qui paraissent sérieusement compromettre la civilisation.

Après que la France eut succombé, avec la dictature impériale, sous les coups de l'Europe coalisée, on put espérer une ère durable de paix. Pendant quarante ans, en effet, le repos de l'Europe ne fut troublé que par des secousses locales qui agitèrent profondément les esprits et les peuples, sans provoquer toutefois de grandes luttes internationales. Mais après la restauration du second empire en France, la Russie crut le moment venu de poursuivre ses desseins sur Constantinople. Elle rencontra sur son chemin une coalition qui l'arrêta au prix de grands et sanglants efforts; mais la question d'Orient, qui consiste dans l'incorporation des Turcs à la civilisation occidentale, ou dans leur suppression plus probable comme société politique et religieuse, cette question n'a point été résolue, même par la collision directe qu'elle a récemment déterminée entre les musulmans et leurs principaux adversaires. Elle reste ouverte et toujours menaçante pour l'avenir.

A la suite de l'ébranlement causé par la guerre de Crimée, une autre question se trouva soulevée par les aspirations légitimes des uns, par les désirs ambitieux des autres, celle des races et des nationalités, qui a eu déjà et qui aura sans doute encore les plus dangereuses conséquences pour la tranquillité du monde. Les progrès extraordinaires accomplis depuis un demi-siècle dans toutes les branches de l'industrie, et surtout dans les moyens de communication entre les peuples, pouvaient raisonnablement faire espérer la fin des grandes guerres, du moins dans l'occident de l'Europe. Mais ce principe nouveau des nationalités, sous lequel se cache l'ancien esprit de conquêtes, étouffe momentanément le sentiment plus large de l'unité humaine, présage de nouvelles luttes, et maintient en armes les nations les plus civilisées, en les détournant de leur destinée véritable de travail et de paix.

D'une part, l'essor industriel lui-même crée des difficultés d'un nouveau genre et de graves dangers. La doctrine révolutionnaire avait poussé jusqu'à ses conséquences extrêmes le principe de l'égalité en introduisant le suffrage universel, c'est-à-dire la souveraineté du nombre, dans le droit politique moderne.

Elle s'était arrêtée, toutefois, devant la plus flagrante des inégalités physiologiques, celle qui différencie un sexe par rapport à l'autre. Il était réservé à notre époque de voir proclamer l'émancipation de la femme, qui comprend, sans doute, non seulement la jouissance de ses prétendus droits politiques, mais encore toutes les libertés, et, entre autres, l'indépendance conjugale. Cette aberration sociologique est heureusement plus ridicule que dangereuse.

§ 134. — Il en est tout autrement des questions et des prétentions résumées dans l'expression de *socialisme*, dont l'avènement caractérise le milieu du dix-neuvième siècle.

Depuis plusieurs siècles, mais surtout depuis le siècle dernier, les découvertes de la science appliquées aux procédés industriels ont multiplié les produits du travail, et le capital, c'est-à-dire l'épargne, les différences accumulées entre la production et la consommation, la richesse générale en un mot, va sans cesse en augmentant. La condition du travailleur s'est également améliorée, et il y a certainement aujourd'hui, sous le rapport matériel, moins d'inégalité entre les diverses classes qu'au moyen âge ou dans l'antiquité.

La situation est loin, cependant, d'être satisfaisante; la misère n'a point disparu; l'indigence est la plaie permanente des sociétés les plus riches; les crises industrielles et commerciales, l'insuffisance accidentelle des récoltes, exposent les ouvriers à de pénibles souffrances, à de douloureuses incertitudes sur le sort de leurs familles. A leurs plaintes, à leurs réclamations, l'économie politique n'a répondu que par des théories sur la concurrence proclamée comme loi de l'industrie, sur le combat pour l'existence, sur la proportionnalité forcée de la population aux moyens de subsistance, et finalement sur la destruction des faibles par les forts. On comprend que les faibles aient peu goûté ces théories, d'autant moins qu'ils sont les plus nombreux, et qu'on leur accorde, en principe, beaucoup de droits civils et politiques, auxquels ils préfèrent le droit de vivre et de jouir de la vie.

Alors parut une nouvelle et dernière classe d'agents révolutionnaires; je dis dernière, parce qu'il est difficile que, prise dans l'ensemble de ses manifestations, elle soit dépassée : celle des réformateurs socialistes, qui apportaient des remèdes à tous les maux et des solutions pour tous les problèmes. Ces réformateurs se distinguent par deux particularités qui leur sont communes. C'est d'abord l'ignorance des lois de l'évolution humaine, fort excusable, à vrai dire, chez les premiers d'entre eux, car ces lois se dégagent à peine des dernières recherches philosophiques. C'est ensuite la conviction qu'une société quelconque peut être démolie et promptement reconstruite à coups de décrets, de règlements ou de conventions, par des procédés, en un mot, dus exclusivement à l'intervention humaine, substituée ainsi à l'action providentielle.

Cette erreur métaphysique, héritage de la philosophie du dix-huitième siècle, expose la société à des périls évidemment plus dangereux que l'illusion théologique correspondante, en suscitant des tentatives incessantes de bouleversements.

Parmi les nouveaux théoriciens, auxquels il faut bien laisser le nom d'utopistes, les uns, frappés de l'inégale distribution des richesses, suivant laquelle une juste part, d'après eux, n'est point faite aux travailleurs, imaginèrent un système compliqué d'association domestique, agricole et industrielle, où le capital, le travail et le talent, se combinaient pour la plus abondante et la plus économique des productions, en même temps que pour le plus équitable partage des produits. L'auteur de ce système, qui n'avait d'ailleurs rien de subversif, considérant la nature humaine comme indéfiniment modifiable, ne se préoccupait point de savoir si les lois fondamentales de cette nature n'étaient pas un obstacle insurmontable à une pareille association; ou plutôt il interprétait ces lois de la manière la plus arbitraire et la plus étrange, érigeant en principe la satisfaction de toutes les passions, l'inconstance dans les sentiments, le changement perpétuel dans les occupations, et portant la plus grave atteinte à la constitution de la famille.

Les autres, répondant aux préoccupations légitimes que font naître dans la classe ouvrière les chômages et les crises, ont proclamé le droit au travail, sans même apercevoir les moyens d'en assurer l'exercice.

D'autres encore, et ceux-là ne sont pas les moins utopistes, renversant la formule admissible en principe de la répartition proportionnelle au capital, au travail et au talent, et méconnaissant les moteurs indestructibles de l'activité humaine, ont professé que chacun devait concourir au travail commun suivant sa capacité et ses forces, et être rétribué suivant ses besoins. Théorie insensée et dangereuse, qui, si elle pouvait prévaloir, ferait de la société une immense administration d'impôts, doublée d'une immense société de bienfaisance; ou qui plutôt, détruisant tout travail producteur, ferait régner sur des ruines la paresse et l'indigence universelles.

D'autres, enfin, ne s'arrêtant point au principe vague et abstrait du droit au travail, proposent brutalement d'en distribuer les instruments de toute nature, terres, capitaux et outils, entre les travailleurs associés. C'est la communauté des biens que l'on déguise sous le nom euphémique de liquidation sociale, qui, pour demeurer efficace, devrait être accompagnée de la communauté des fruits du travail, ou du moins d'une redistribution périodique, et qui ramènerait certainement l'humanité à l'état sauvage originaire.

Après ces négations extrêmes, la doctrine révolutionnaire ou métaphysique, épuisée, ne pouvait plus produire que le pessimisme allemand de Schopenhauer et le je ne sais quoi que l'on appelle le nihilisme, et qui a pris naissance dans l'obscurité glacée du Nord. Détournons nos regards de ces élucubrations sans utilité et sans attrait pour les reporter sur un spectacle plus digne et plus intéressant, celui de la réorganisation positive qui se poursuivait parallèlement à la décomposition du régime ancien.

§ 135. — C'est à l'ouverture du quatorzième siècle, à l'époque où les communes prennent rang, chez les nations occidentales de l'Europe, dans le système politique, qu'il convient de placer l'origine du travail organique qui a constitué l'état social moderne. Les éléments de l'ordre nouveau, contenus jusqu'alors par la prépondérance des pouvoirs féodaux, s'ouvrent enfin une issue au moment où commence la décomposition spontanée de ces pouvoirs; et les premiers termes de la série positive se juxtaposent aux termes de la série négative.

Nous avons déjà indiqué que tous les travaux humains composent une immense série qui s'étend depuis les plus simples opérations pratiques jusqu'aux plus hautes conceptions intellectuelles, et nous avons fait connaître les divisions qu'il convient d'adopter dans cette série, non pas que ces divisions y existent effectivement, pas plus que dans les classifications chimique, biologique ou autres, mais pour en faciliter l'étude et l'exposé.

Nous avons vu que la première division qui se présente dans les fonctions humaines est basée sur la distinction de la vie active et de la vie spéculative, de l'industrie et de la science, entre lesquelles vient se placer l'esthétique, qui participe de l'une et de l'autre et sert de liaison entre les deux. Mais ces expressions, pour être suffisamment compréhensives, doivent être entendues dans le sens le plus général.

Ainsi, l'activité humaine, abstraction faite de sa manifestation militaire, déprédatrice ou conquérante, comprend les fonctions des appareils sociaux que H. Spencer nomme régulateur, producteur et distributeur, c'est-à-dire le gouvernement, l'industrie proprement dite, et l'échange. L'esthétique se divise entre toutes les branches des beaux-arts : la poésie, la musique, la peinture, etc. La science enfin comprend non seulement les spéculations spéciales relatives aux grandes catégories des phénomènes naturels que nous avons énumérées, mais encore la philosophie de ces sciences partielles, c'est-à-dire, suivant l'expression du philosophe anglais, l'unification de la connaissance, autant que la faiblesse de notre intelligence permet de la réaliser.

Les trois termes de l'évolution totale, l'industrie, l'art et la science, ainsi définis et étendus, il suffit, dans l'appréciation générale de la phase de réorganisation que nous voulons examiner, d'en considérer les trois évolutions partielles.

Dans quel ordre se succèdent et s'engendrent ces évolutions? Quelle influence de direction et de stimulation exercent-elles l'une sur l'autre? Il n'y a rien d'absolu à cet égard. Mais, dans les cinq derniers siècles, l'essor industriel a évidemment précédé l'essor esthétique et scientifique. C'est en effet par la prédominance graduelle de l'activité industrielle sur l'activité guerrière, et par la condition nouvelle des travailleurs délivrés de l'esclavage d'abord, puis du servage, que les sociétés modernes se distinguent le plus profondément des anciennes sociétés. D'autre part, on constate facilement que la renaissance des beaux-arts en Italie a précédé et préparé le mouvement scientifique.

Telle a été la filiation des éléments de la réorganisation : l'industrie d'abord, l'art ensuite, puis la science, et enfin la philosophie, qui commence seulement, de notre temps, à s'établir sur des bases positives. Cette marche du progrès, ascendante du concret à l'abstrait, fut alors inverse de celle qu'offre l'antiquité. Sous le régime théologique, la philosophie fut la première en date et en importance. La science s'en détacha chancelante et subordonnée; l'art en procéda directement; et quant à l'industrie, annulée par l'activité guerrière, elle languissait dans les humiliations et dans la torpeur de l'esclavage.

Lorsque les principes chrétiens d'égalité et de fraternité eurent déterminé l'affranchissement individuel du travailleur, l'esclavage fut remplacé par le servage. Mais les causes qui, dans les campagnes, avaient favorisé le mouvement d'émancipation, et parmi elles surtout la présence immédiate des chefs féodaux ou monastiques, contribuèrent à le ralentir et à prolonger l'état social du serf attaché à la glèbe. Le mouvement se continua donc dans les villes, où les artisans et les marchands formaient une population plus dense, plus intelligente et plus capable de revendiquer ses libertés. A partir de cet ébranlement général, qui s'étendit peu à peu à tout l'Occident de l'Europe, et aboutit, sous des noms divers, à la formation des communes, l'industrie manufacturière jouit, dans l'ensemble de l'évolution, d'une prépondérance qui, de nos jours, est plus manifeste et plus décisive que jamais.

Cette prépondérance ne doit point être d'ailleurs considérée comme un résultat accidentel, mais comme une conséquence nécessaire des relations qui existent entre les différents termes de la série industrielle. Du point de vue le plus général on distingue immédiatement dans l'industrie deux fonctions qui embrassent toutes les autres; ce sont, comme nous l'avons déjà dit, la production et la distribution des produits. La fonction productrice se subdivise elle-même en deux autres, suivant qu'elle est agricole ou manufacturière. Ainsi l'agriculture avec ses annexes, ou la production des matières premières; la manufacture, ou la transformation de ces matières; enfin le commerce, ou la répartition des produits : ce sont les trois modes d'activité autour desquels se groupent tous les travaux humains dans l'ordre matériel. Or, en les classant suivant le degré de généralité qu'ils comportent, l'étendue des relations qu'ils supposent, le développement intellectuel qu'ils exigent, le premier rang appartient évidemment aux organes de distribution, et le second aux organes de transformation. Le progrès de l'émancipation devait donc être plus rapide dans la classe commerçante et industrielle que dans la classe agricole. On aperçoit du reste facilement que, dans la première, les agents du commerce de l'argent, qui est la valeur la plus générale, et surtout les agents du commerce du papier, qui est la valeur la moins concrète, c'est-à-dire les banquiers, devaient, par la nature de leurs spéculations, se placer au sommet de la hiérarchie, et furent aussi les premiers dans la voie de l'émancipation. L'histoire du moyen âge, la prospérité de tant de villes célèbres par leur industrie, et surtout par leur commerce, Gênes, Pise, Venise, Florence en Italie, les villes flamandes, les cités hanséatiques, confirment cet aperçu théorique.

Ainsi, vers le milieu du onzième siècle, l'indépendance politique dans les villes vint compléter l'affranchissement personnel et faciliter le premier essor de l'industrie. Les communes sont à la fois des corporations de travailleurs formées dans un intérêt commun, et des forces militaires organisées pour protéger cet intérêt. Elles prennent rang parmi les éléments de l'ordre féodal; et aucun des pouvoirs existants, qui parfois recherchaient leur appui dans leurs querelles, ne prévoyait l'extension de ce pouvoir rival, si humble alors, et plus tard si redoutable.

Un rapprochement intéressant fait voir que des deux phases d'affranchissement, la première, celle de l'émancipation personnelle, correspond à l'époque des guerres défensives, qui commencent à Charles Martel pour finir avec l'établissement des Normands; et la seconde, la formation des communes, aux guerres défensives, aux croisades contre les musulmans.

Ce serait, du reste, méconnaître les services rendus à la civilisation par le régime catholico-féodal, que de voir dans celui-ci un obstacle au développement des libertés communales. Ces libertés n'ont point, en effet, dépassé les limites mêmes de la féodalité : le sacerdoce en Italie, l'empire sur les côtes de la mer du Nord, ont permis ou secondé la formation des communautés industrielles et des villes libres; tandis que rien de semblable n'est arrivé sous les régimes byzantin et musulman, où le monothéisme a manqué des conditiions qui ont assuré l'efficacité sociale du catholicisme.

§ 136. — Les premiers efforts de l'industrie accompagnent, à l'époque qui nous occupe, les premiers pas de la liberté. L'homme s'assujettit volontairement au travail, qui était resté servile dans l'antiquité; la vie laborieuse et productrice se substitue progressivement à la vie déprédatrice et militaire. C'est donc à partir de cette époque que l'humanité entre dans la dernière phase de son activité pratique, celle où ses instincts sociables trouveront leur plus complète satisfaction, et ses facultés leur plus entier essor; car l'activité guerrière des uns détermine toujours la comprsssion des autres, tandis que l'activité industrielle d'une société provoque la réciprocité, et s'augmente en proportion de l'activité des sociétés voisines.

Sous quelque aspect que l'on considère le régime industriel, on le trouve socialement supérieur au régime militaire. Il stimule davantage l'intelligence, et relève la dignité humaine; il est plus favorable aux sentiments affectifs, puisque chaque ouvrier, dans les fonctions même les plus humbles, concourt au bien-être de la société entière. Il complète les garanties morales de la famille dues au christianisme, en fournissant aux travailleurs les moyens de la nourrir et d'assurer son indépendance, son existence propre. Il contribue au développement des mœurs domestiques, en soustrayant le citoyen aux dérèglements et aux aventures des expéditions militaires, en soumettant les deux sexes à des habitudes communes, et même en diminuant la dépendance absolue des femmes et des enfants.

A un point de vue général, l'évolution industrielle a porté le dernier coup au régime des castes, déjà ébranlé par le catholicisme et par la suppression de l'hérédité des fonctions sacerdotales. Les fortunes acquises par le travail ont pris rang à côté des fortunes patrimoniales, qui se divisent par les partages, et souvent se dissipent dans l'oisiveté.

La différenciation des travaux, en permettant une plus exacte harmonie entre les aptitudes et les fonctions, et en se combinant avec l'extinction de l'hérédité, a perfectionné le classement social. Chaque travailleur, même en obéissant aux seules inspirations de l'égoïsme, s'est élevé au rang de fonctionnaire public, dont les œuvres profitent inévitablement à tous; de sorte que, malgré l'imperfection de la nature humaine, un sentiment nouveau s'est produit, celui de la solidarité nécessaire entre l'intérêt personnel et l'intérêt général.

On sait enfin, malgré la destruction récente de certaines illusions à ce sujet, que les relations industrielles et commerciales entre les peuples tendent à faire disparaître les préjugés hostiles de religion et de nationalité.

Après avoir apprécié le caractère général de la transformation de la société dans le passage du régime militaire au régime industriel, il faudrait, pour en mesurer l'étendue, rappeler les découvertes, les inventions, les perfectionnements qui se pressent dans toutes les branches de l'industrie pendant les derniers siècles, depuis l'invention de la boussole que l'on fait remonter au commencement du treizième siècle, mais dont l'usage habituel appartient au quinzième seulement, époque des grandes découvertes des navigateurs portugais et espagnols, jusqu'au télégraphe électrique; depuis l'établissement des postes par Louis XI jusqu'aux chemins de fer et aux bateaux à vapeur; depuis la formation des premiers corps de métiers jusqu'aux grandes compagnies financières et industrielles qui emploient des centaines de millions et des milliers d'ouvriers. Mais tous ces progrès, toutes ces merveilles de l'activité humaine, sont connus et appréciés à leur valeur; il est inutile de nous y arrêter, et nous passons à l'évolution esthétique, qui n'a pas été moins remarquable que l'évolution industrielle.

§ 137. — Les arts d'expression, que l'on appelle aussi les beaux-arts pour les distinguer des arts industriels, ont pour objet l'expression ou la représentation idéales des sentiments et de la nature. Ainsi entendu, l'art comprend aussi les lettres, c'est-à-dire l'éloquence et la poésie. Son domaine est le beau qu'il est plus facile de sentir que de définir, comme le vrai est le domaine de la science, et l'utile celui de l'industrie. Placé comme intermédiaire entre l'une et l'autre, l'art idéalise les conceptions de la première, et les propage dans les classes sociales les plus nombreuses, où le sentiment exerce plus d'empire que l'intelligence. Il embellit les produits de la seconde, et offre à l'homme des jouissances morales, là où celui-ci ne cherchait dans sa grossièreté primitive que des satisfactions matérielles. L'art, enfin, interprète et stimulant de toutes les tendances affectives, exprime et exalte à la fois le sentiment du beau, et concourt, avec la science et l'industrie, au perfectionnement de l'humanité.

L'infériorite des beaux-arts à certaines époques comparées aux époques précédentes, et surtout à la civilisation grecque, a pu faire supposer que les facultés esthétiques de l'homme avaient subi quelque décroissement. Il est vrai qu'il ne se produit point, dans le cerveau humain, en ce qui concerne l'art, d'accumulations héréditaires analogues à celles qui ont lieu dans le domaine scientifique, et qui font qu'un savant moderne, indépendamment de toute valeur personnelle, en sait toujours infiniment plus qu'un Pythagore ou qu'un Archimède, tandis que rien n'assure à un siècle quelconque l'apparition d'un génie aussi éloquent que Démosthènes, ou aussi poétique que Virgile. Mais aussi rien ne s'y oppose, et ce n'est point dans les chances diverses des naissances qu'il faut chercher la cause essentielle des variations de l'évolution esthétique. L'art ne se développe et n'atteint, avec toute sa hauteur, toute son influence sur les masses, toute son efficacité populaire, que chez les nations où des croyances communes, religieuses, politiques et morales, servent de base à un état social fortement constitué, et même à un culte universellement pratiqué. Le polythéisme avait rempli ces conditions, auxquelles le catholicisme, au temps de sa splendeur, satisfit également. La renaissance, c'est-à-dire l'introduction des lettres grecques en Italie, vint en outre, à la fin du moyen âge, seconder l'essor des beaux-arts et le développement de toute la série esthétique.

Cette série ne peut se construire avec la même rigueur logique que l'échelle encyclopédique des sciences positives. Les principes d'une classification rationnelle, procédant par généralité décroissante et par dépendance croissante, y semblent un peu flottants. Les arts forment d'ailleurs, plutôt qu'une série linéaire unique, deux groupes distincts dont la coordination historique peut s'établir ainsi, d'après H. Spencer.

Les premières œuvres d'art dignes de ce nom furent sans doute des temples, des palais, des tombeaux. Abstraction faite des dessins grossiers découverts sur les outils et les armes de l'homme primitif, l'architecture se présente donc historiquement comme la première manifestation de l'art, et forme la liaison naturelle entre la série industrielle et la série esthétique. Des dessins et des peintures murales servaient, en Égypte et en Assyrie, à la décoration des édifices religieux. En simplifiant ces peintures, en y introduisant des abréviations pour les figures les plus fréquemment répétées, on est arrivé aux symboles, aux hiéroglyphes, et par une transition concevable aux symboles phonétiques et à l'écriture alphabétique.

D'autre part, les figures d'hommes et d'animaux représentés sur les murs, avec leurs contours plus ou moins entaillés et arrondis dans la pierre et avec leurs saillies, ont conduit au bas-relief. Ces figures sculptées se sont peu à peu distinguées, détachées de la construction, jusqu'au moment où une séparation complète en a fait des statues. Longtemps celles-ci ont conservé la peinture murale primitive; puis, par une dernière différenciation, la sculpture et la peinture, qui n'étaient que des accessoires de l'architecture, se sont divisées et ont acquis chacune une existence indépendante.

Dans un autre ordre de faits, on sait que les tribus sauvages accompagnent de chants, de musique grossière et de danses, les cérémonies qui se rapportent aux expéditions guerrières et aux sacrifices. La poésie, la musique et la danse se sont donc primitivement réunies dans leurs manifestations les plus élémentaires. Chez les Israélistes, chez les Égyptiens, chez les Grecs eux-mêmes, cette réunion persista d'abord dans toutes les fêtes et assemblées religieuses. La musique et la poésie se séparèrent ensuite de la danse, qui cessa de faire partie du culte. Lorsque plus tard la poésie se divisa en deux genres, l'épique et le lyrique, la musique demeura attachée aux productions lyriques, et la poésie définitivement constituée demeura seule. Enfin, comme on le sait, la musique devint elle-même indépendante dans les grandes productions symphoniques modernes.

Bien que l'ordre sériaire ne ressorte pas nettement de cette évolution esthétique, on voit cependant que, dans une classification procédant du concret à l'abstrait, l'architecture se trouve au commencement et la poésie à la fin de la série; que la sculpture y suit naturellement l'architecture et y précède la peinture; que la musique, enfin, y viendrait immédiatement avant la poésie. Quant à la danse, et plus généralement au geste, à la mimique, il conviendrait de les considérer comme de simples annexes de la poésie et de l'éloquence.

§ 138. — Quoi qu'il en soit de la succession logique de ces termes, c'est en considérant chacun d'eux en particulier que l'on peut apprécier la progression esthétique.

Le culte polythéiste était, comme nous l'avons remarqué, particulièrement favorable aux beaux-arts; et l'antiquité grecque avait excellé dans l'architecture, dans la sculpture et dans la poésie. De la peinture, dont les ouvrages sont si facilement détruits par le temps, il ne reste que quelques traces dans les fresques d'Herculanum et de Pompéi. On sait les noms des grands peintres de la Grèce, mais on ne connaît pas leurs œuvres. Il est probable toutefois que la peinture n'était pas au-dessous de la statuaire chez un peuple d'un goût si pur et si élevé. Quant à la musique, elle paraît y avoir occupé bien peu de place; le grand nombre de modes différents en usage, le dorien, l'ionien, le phrygien, etc., n'en dissimulait pas la médiocrité et la monotonie.

Les Romains ajoutèrent peu, si ce n'est dans les lettres, aux richesses esthétiques de l'humanité; ils se bornèrent à imiter la Grèce, ou plutôt à en attirer chez eux les artistes, ou à orner leurs temples et leurs demeures des trésors qu'ils enlevaient aux provinces conquises.

Après l'invasion des barbares du Nord, après que la société catholique et féodale se fut établie sur les ruines du monde romain, sous l'influence des croyances nouvelles, populaires et profondes, des légendes et des sentiments chrétiens, les arts reparurent et prirent un nouvel essor, subirent des transformations et des développements qui ne sont point encore épuisés. Il faut remonter jusqu'au onzième siècle pour trouver l'origine de l'architecture gothique, dont les admirables constructions devinrent des musées religieux et populaires, où tous les arts, la sculpture, la peinture, la musique, apportaient leur concours aux pompes du culte. Dante écrivait, dès le treizième siècle, la grande épopée du catholicisme; au quatorzième, Pétrarque composait ses poésies. Jusqu'à la renaissance, au milieu du quinzième siècle, l'art avait pris, en général, pour sujet de ses compositions la vie, les miracles, le martyre du Christ et des saints. A partir de cette époque, l'idéalisation du culte monothéique continue et persiste même jusqu'à nos jours; mais la mythologie y introduit un élément nouveau dont le développement est secondé par l'admiration exagérée de l'antiquité. C'est alors, vers la fin du quinzième et au cours du seizième siècle, que fleurissent les grandes écoles italiennes, que se pressent et brillent les noms illustres des Léonard de Vinci, des Michel-Ange, des Raphaël, des Corrège, des Titien, des Veronèse; à côté d'eux, ceux des Albert Durer et des Holbein. Aux artistes italiens succèdent dans la peinture les écoles espagnole, flamande, hollandaise et française, qui en continuent les traditions. Cependant les compositions religieuses et mythologiques s'épuisent et sont peu à peu remplacées par les tableaux d'histoire, de batailles, de la vie publique et privée, et par la reproduction des scènes de la nature. La sculpture antique idéalisait les formes de la beauté humaine dans la représentation des dieux et des héros; la sculpture moderne, en conservant cette destination qui lui est propre, a particulièrement étendu son domaine à la décoration allégorique des tombeaux, des édifices publics, et à la reproduction des hommes illustres. La poésie et les lettres, après un réveil brillant au seizième siècle, avec le Camoëns et le Tasse, avec Montaigne, Cervantes et Shakspeare, revinrent, au dix-septième, à l'imitation de l'antiquité, et y jetèrent un vif éclat sans pouvoir cependant renouveler l'épopée ancienne, ni trouver des inspirations vraiment originales. Le dix-huitième siècle continua le siècle précédent en se tournant davantage, toutefois, vers la littérature philosophique et critique.

Lorsque la paix succéda à la grande crise militaire de la révolution française et de l'empire, et que les esprits se tournèrent de nouveau vers les arts, l'imitation de l'antiquité était devenue stérile ou ne produisait plus que des œuvres dégénérées, et la critique du dix-huitième siècle avait détruit ou ébranlé les anciennes croyances. Il se produisit alors une littérature nouvelle en rapport avec l'état des esprits, pleine de doutes, d'aspirations vagues, d'inquiétudes et de plaintes sur le monde et sur la destinée humaine. A l'ironie de Voltaire succéda une sorte de désespoir lyrique ou de mélancolie poétique qui inspirèrent d'ailleurs de fort belles œuvres, auxquelles se joignirent les innombrables romans modernes, remplis d'observations fines ou profondes et de descriptions éloquentes, qui forment comme le poème infini de la nature et du cœur humain. De son côté, l'architecture, après sa période gothique, était revenue sous l'influence de la renaissance aux formes grecques et romaines qu'elle n'a point encore abandonnées de nos jours. Mais à côté des imitations des temples anciens plus ou moins réussies, et en général peu appropriées au rude climat du nord et de l'ouest de l'Europe, se sont élevées des constructions industrielles, gares et viaducs de chemins de fer, halles, marchés, bourses, palais d'expositions, etc., où l'emploi des métaux plus résistants que la pierre a conduit à créer de nouveaux types qui sont moins purs sans doute que les admirables types grecs, mais dont la grandeur et l'élégance produisent une impression saisissante et témoignent de la puissance et de la continuité des facultés esthétiques de l'humanité.

C'est toutefois par le sublime essor de ces facultés dans l'art musical que l'époque actuelle surpasse seulement l'antiquité. Il semble que les grandes compositions musicales soient réservées aux civilisations les plus avancées, et constituent le suprême effort du génie esthétique. La musique associée au culte fit ses premiers pas et ensuite ses principaux progrès dans les édifices religieux : les grands noms de Palestrina au seizième siècle; de Hændel, de Bach au dix-septième, de Haydn au dix-huitième, rappelleront toujours cette origine. La musique religieuse atteignit sa plus grande splendeur dans leurs œuvres. A partir du milieu du dix-huitième siècle, la musique profane mêle à la musique sacrée ses chants et ses harmonies moins pures, moins solennelles, plus sensuelles et plus variées, et l'opéra qui, lui aussi, convie tous les arts à ses représentations, fait, il faut l'avouer, concurrence à l'église. Les compositions symphoniques de Beethoven, dont on ne saurait dire si elles sont plus profanes que religieuses, mais qui sont profondément humaines, viennent enfin couronner cette période brillante de l'art musical, faisant douter si ces manifestations, les plus sublimes de cet art et de tous les arts, pourront jamais être dépassées.

§ 139. — Ce que nous avons dit de la science moderne dans la première partie de cet écrit nous dispensera de longs développements concernant le mouvement intellectuel et philosophique. Pour mesurer le chemin parcouru, il suffira de comparer le point de départ au point d'arrivée.

L'antiquité avait légué au moyen âge des connaissances très précieuses, sans aucun doute, mais peu développées, en géométrie, en astronomie et en physique, rien en chimie, presque rien en biologie, absolument rien en sociologie, dont les anciens ne pouvaient même avoir aucune idée. Déjà nous avons remarqué que la recherche des lois naturelles était presque sacrilège sous le régime polythéique. Le monothéisme, en concentrant l'idée religieuse dans une cause première, et en supprimant la foule des dieux subalternes, était au contraire assez favorable à l'étude des causes secondes. Dès les huitième et neuvième siècles, Charlemagne et Alfred le Grand encouragent la culture des sciences; au dixième siècle, le pape lui-même, le savant Gerbert, introduit en Europe les chiffres arabes. A cette époque, toutefois, le catholicisme, absorbé par sa grande mission sociale, laissa au monothéisme musulman la direction du progrès dans les connaissances mathématiques et astronomiques. C'est pendant la dernière phase du moyen âge, dans les grandes universités européennes, où prévaut l'autorité d'Aristote, et où la théologie se subordonne à la scolastique, que commence à se développer la philosophie naturelle. A partir du seizième siècle, le mouvement se poursuit et s'accélère jusqu'à nos jours. Copernic est contemporain de Raphaël et d'Albert Durer, de Christophe Colomb et de Vasco de Gama. Les observations de Tycho-Brahé deviennent la base des grandes lois astronomiques découvertes par Képler. Galilée crée la théorie mathématique du mouvement, et détermine la loi de la pesanteur. Descartes organise, par la géométrie analytique, la relation de l'abstrait au concret. Newton pose et développe le principe de la gravitation universelle. Leibniz invente, avec l'analyse infinitésimale, la plus admirable et la plus féconde méthode d'investigation des sciences naturelles. Les travaux des savants qui leur succèdent, Clairaut, Bernouilli, Euler, d'Alembert, Lagrange, Laplace, sont consacrés aux développements et aux applications des mathématiques à la géométrie, à la mécanique, à l'astronomie. On pouvait croire que les connaissances astronomiques étaient arrivées à une limite qu'elles dépasseraient difficilement, lorsque les grand télescopes et l'analyse spectrale en ont plus récemment étendu la sphère d'une manière surprenante.

Depuis Galilée, qui, par la barologie, avait fondé la physique moderne, cette dernière science avait fait d'immenses progrès dans l'optique, dans la thermologie et dans l'électrologie. Il était réservé, toutefois, aux physiciens de notre temps de découvrir l'un des principes les plus élevés des sciences positives, celui de l'équivalent mécanique de la chaleur, qui permet de concevoir, et peut-être un jour de vérifier l'unité de toutes les forces et de tous les phénomènes naturels.

La chimie était restée longtemps en arrière; mais elle prend son essor vers la fin du dix-huitième siècle, ne cessant pas depuis lors d'accumuler ses découvertes et ses applications industrielles, et formant une transition nécessaire entre les sciences précédentes et la biologie.

Cette dernière science, quoique précédée par des découvertes célèbres, telles que celle de la circulation du sang par Harvey, dès le commencement du dix-septième siècle, par les recherches de Holler sur l'irritabilité de la fibre musculaire, de Spallanzani sur la génération, etc., et préparée par une longue élaboration taxonomique et anatomique; la biologie, dis-je, n'est arrivée à se constituer, partiellement au moins, qu'à une époque toute moderne. Les questions qu'elle soulève, le principe de la vie, ou spiritualiste, ou vital, ou simplement mécanique; la génération spontanée, le transformisme, etc., sont encore pendantes et divisent les meilleurs esprits; c'est à l'avenir que la solution, si elle est possible, en est réservée.

Le dernier terme de la série scientifique que nous avons adoptée d'après A. Comte est, comme on se le rappelle, la sociologie. C'est lui qui en a créé le nom en même temps qu'il essayait de constituer cette science nouvelle, dont le passé est trop court pour avoir une histoire. A-t-il complètement réussi? C'est encore là une question que l'avenir devra décider. Comte a eu des admirateurs, des critiques, des adversaires, et, en tout cas, des continuateurs. Le but, l'objet, la méthode de la sociologie, sont maintenant fixés; ses progrès sont déjà visibles, et l'on peut affirmer que l'avènement de cette science, qui résume et comprend, au point de vue historique du moins, toutes les autres, puisque celles-ci sont des faits éminemment sociaux, caractérisera la deuxième moitié du dix-neuvième siècle.

Pour terminer cet aperçu rapide de ce que nous avons appelé la progression positive, c'est-à-dire la formation des doctrines qui doivent présider au développement futur de l'intelligence et de la société, il nous resterait à parler de la philosophie en tant qu'elle peut être considérée isolément des sciences positives. Il nous paraît assez bien établi que la philosophie ancienne, depuis les Grecs jusqu'aux temps les plus modernes, a roulé dans le cercle des systèmes que l'on a nommés : *sensualisme, scepticisme, idéalisme* et *mysticisme*. Les discussions interminables soulevées par ces variétés métaphysiques ont servi du moins, à une époque où d'autres stimulants faisaient défaut, à exciter et à maintenir l'activité spéculative, comme le prouve le dénombrement des philosophes fait dans un ouvrage historique de M. Hippeau, où il n'en cite pas moins de 350 depuis Thalès de Milet jusqu'à Cousin. Mais on peut reconnaître, je crois, que toute cette longue élaboration n'a rien pu fonder de définitif. Comme méthode, l'observation intérieure, vaine imitation de l'observation scientifique ; comme doctrine, l'éclectisme, c'est-à-dire une combinaison de sensualisme et d'idéalisme : tels sont les derniers produits de l'ancienne philosophie. Mais à côté de ces théories défaillantes s'élevait vigoureusement une philosophie nouvelle à laquelle nous conservons le nom de philosophie positive qui lui a été donné par A. Comte, et à la constitution de laquelle concourent actuellement tous les efforts vraiment scientifiques en France, en Allemagne et en Angleterre. Nous n'avons plus à la définir ici, et à la faire connaître : tout ce qui précède a été écrit sous son inspiration ; et c'est elle qui est essentiellement l'idée moderne.

L'AVENIR. — ESSAI DE PRÉVISIONS SOCIOLOGIQUES.

§ 140. — « Savoir pour prévoir, afin de pourvoir », a dit A. Comte, renfermant ainsi le programme de l'activité humaine, l'objet et le but de toute science, dans une formule aussi profonde que concise. Le vrai, sans doute, comme le beau, a pour l'esprit un tel attrait que la science poursuivrait la recherche de la vérité, même sans application utile immédiate. Mais, dans ce cas même, la vérité serait incomplète, la science ne serait qu'une accumulation de faits sans lien, sans loi, si elle ne comportait une certaine prévision des événements futurs.

La sociologie doit satisfaire à cette condition, nous l'avions déjà remarqué, comme les autres sciences. Que, du reste, la prévision y soit plus difficile que dans tout autre ordre de faits, impossible même dans beaucoup de cas, aujourd'hui que la science est à peine constituée, c'est ce qui n'est pas douteux, c'est ce qui résulte de la nature du problème et des conditions à remplir pour en aborder la solution : H. Spencer a consacré tout un volume à le démontrer dans son *Introduction à la science sociale*.

Le problème sociologique se pose ainsi : Étant donnés — 1° l'unité sociale, c'est-à-dire l'homme, avec son organisation physique, avec ses penchants primitifs et modifiés, avec ses connaissances acquises ; 2° le double milieu dans lequel il vit, savoir, le milieu cosmologique et l'état social du groupe considéré, — déterminer ce que deviendra cet état social, et quelle y sera la condition de l'homme à un moment donné de l'avenir.

Cette question est évidemment trop générale et trop vague. Elle doit être décomposée en autant de questions partielles qu'il y a d'éléments principaux différents, ou d'appareils et de fonctions, dans la société.

Malgré cette division nécessaire, la difficulté reste encore très grande ; et cependant il faut la surmonter, non seulement parce que la théorie le demande, mais parce que la pratique de chaque jour l'exige. Quelle que soit la constitution politique d'une nation, monarchie absolue ou parlementaire, ou la plus libre des républiques ; qu'une société se laisse absolument mener par son gouvernement, ou bien que presque tout s'y fasse par l'initiative privée, il faut, pour conduire et pour agir, savoir, autant que possible, où l'on va, dans quel sens est le progrès, afin d'aider à l'évolution sociale, ou, tout au moins, afin de ne point l'entraver par des efforts mal dirigés.

On peut objecter que, sans la sociologie, il y a eu des gouvernements intelligents et que l'humanité est arrivée à un haut degré de civilisation. Pour répondre à cette objection, il suffirait de remarquer que longtemps on a pu naviguer sans boussole et faire de la médecine sans anatomie et sans physiologie. Mais il est plus vrai de dire que, dans chaque catégorie de phénomènes, l'homme n'a jamais manqué d'un certain degré de prévision, sans lequel l'exercice de son activité aurait été impossible. On peut ajouter que les hommes vraiment grands ou habiles sont ceux qui ont le mieux compris leur époque, c'est-à-dire, au fond, prévu les besoins d'un avenir plus ou moins prochain.

Essayons donc, avec les sociologues modernes, de jeter un coup d'œil sur l'avenir de la civilisation : nous ne tarderons pas à rencontrer les difficultés dont nous avons parlé et les divergences d'opinion qui, dès le début de la science, se produisent entre les principaux d'entre eux.

Mais je voudrais d'abord, dans le champ si vaste et encore peu exploré de la sociologie, dans le domaine plus vaste encore des sciences positives, recueillir les faits constatés, les résultats acquis, les principes reconnus, dont on puisse déduire, pour l'avenir, des conséquences sur lesquelles l'accord s'établisse dès à présent.

§ 141. — Le premier fait à relever, dans cet ordre d'idées, est la stabilité, entre des limites suffisantes, des conditions astronomiques et géologiques auxquelles sont soumises les existences terrestres. Nous avons vu que la durée du jour et celle de l'année, liées aux mouvements de rotation et de translation du globe terrestre, peuvent être considérées comme invariables; que la distribution actuelle des saisons et de la chaleur solaire, qui dépend de l'inclinaison de l'axe du globe et de son parallélisme dans ses positions successives, n'est exposée qu'à des variations périodiques peu étendues, résultant des mouvements de précession et de nutation. La croûte solide de la terre, sur laquelle naissent et vivent tous les organismes végétaux et animaux, résiste, quoique bien mince encore, à la poussée des masses ignées intérieures, liquides ou pâteuses, et le progrès du refroidissement ne peut que la consolider. Sa surface et sa forme sont arrivées à un état permanent qui ne subit que des troubles locaux ou des modifications très lentes, sans importance sociologique. La rencontre d'une comète, que l'on pouvait redouter autrefois, ne paraît pas dangereuse aujourd'hui que l'on connaît l'extrême ténuité de la matière cométaire. Il est vrai que, par suite de la résistance du milieu cosmique, la terre, rétrécissant peu à peu les orbes qu'elle décrit autour du soleil, finira probablement par s'y précipiter, et terminera son existence en se réunissant à l'astre central dont elle est émanée. Il est également probable que, avant ou après cet événement, l'énergie accumulée dans la masse entière du système solaire à l'état de mouvement apparent, ou à l'état de vibrations caloriques, lumineuses, etc., s'épuisera par son rayonnement dans toutes les directions de l'espace, et que le soleil perdra, si quelque cause inconnue n'intervient pas pour le lui rendre, le pouvoir de distribuer autour de lui la lumière et la chaleur, et par suite le mouvement et la vie. Mais nous avons vu que ces catastrophes sont éloignées d'un nombre incalculable de siècles, dont la durée dépasse infiniment la portée utile d'une prévision sociologique quelconque. L'humanité peut donc poursuivre en sécurité le cours de son évolution sans avoir à redouter une fin prochaine et imprévue. Je sais que ce n'est point de cette fin du monde que se préoccupent nos hommes d'État. Il était bon, toutefois, de constater que, sous ce rapport au moins, ils ont raison, et qu'il n'y a lieu pour personne de s'en inquiéter.

§ 142. — *Primo vivere, deinde philosophari,* ont dit les Latins. Ainsi, assurés de vivre, nous pouvons maintenant philosopher.

Voyons d'abord quel peut être l'avenir de la science. Nous entendons parler des sciences positives, et nous laisserons de côté l'ancienne philosophie théologique, métaphysique, ontologique, etc., qui est épuisée et n'a plus guère d'avenir. On sait quels immenses progrès ont faits les sciences au dix-neuvième siècle, et surtout, pendant les dernières années, les applications de ces sciences. L'analyse spectrale vient d'ouvrir un vaste champ de recherches à l'astronomie; le principe de la transformation et de l'équivalence des forces, la théorie de l'évolution, qui sont en voie de renouveler, dans leurs principales théories, les sciences physico-chimiques et biologiques, datent de quelques années seulement. La sociologie ne fait que de naître. Les connaissances humaines sont donc appelées à de nouveaux et grands développements, sur lesquels il ne faut pas, toutefois, entretenir d'illusions. La tendance de la science moderne est de découvrir un principe unique, une loi universelle, qui régisse tous les phénomènes observables, physiques et psychologiques : c'est ce qu'on appelle l'unité des forces naturelles, et l'on espère la trouver dans le simple mouvement vibratoire des molécules matérielles, qui deviendrait successivement mouvement de masse, chaleur, lumière, électricité, vie organique, sensation, volonté et pensée. En admettant, ce qui n'a rien d'extraordinaire, que l'activité des facultés cérébrales soit accompagnée d'une dépense de force et de chaleur, niera-t-on qu'il y ait autre chose dans la pensée? On provoquera alors une affirmation contraire, et l'on retombera dans les discussions métaphysiques interminables sur la nature intime des choses. Est-il certain, d'ailleurs, que cette unité cherchée existe dans l'univers? Pourquoi n'y aurait-il pas une multiplicité de forces dont la combinaison variable déterminerait chaque nature de phénomènes? A poursuivre l'unité universelle, chimérique peut-être, on court risque de s'égarer dans des hypothèses non vérifiables, et par conséquent antiscientifiques. Lorsque l'on serait enfin parvenu à démontrer que tous les faits observables sont réductibles à un simple mécanisme moléculaire, on n'aurait encore rien fait pour l'explication intégrale de l'univers, et il faudrait reconnaître que nos conceptions de temps, d'espace, de cause première, de mouvement et de matière, aboutissent à l'inintelligible, à l'inconnaissable, dont tous les efforts de la science pourront bien faire reculer le mystère, mais qu'ils n'arriveront jamais, jamais, à pénétrer, ni maintenant, ni dans l'avenir. Il me semble que l'on doit aujourd'hui demeurer d'accord sur cette limite nécessaire de la connaissance humaine, en deçà de laquelle il reste encore un champ infini d'observations, d'expériences, de démonstrations et de découvertes.

Suivant la loi générale de l'évolution, chaque science se développera en continuant à se diviser, à se différencier. Mais la division du travail, la dispersion des efforts, abaisseraient le niveau intellectuel, la dignité de la science, et en feraient perdre de vue le but véritable, qui est l'amélioration progressive de la condition matérielle et morale de l'humanité. Il faudra qu'une philosophie générale, quelque nom qu'on lui donne, fasse prévaloir l'esprit d'ensemble sur l'esprit de détail, se propose l'unification sinon objective, au moins subjective, de la connaissance, et rappelle toujours les sciences spéciales à leur destination essentielle.

§ 143. — S'il est juste de comparer une société humaine à un vaste organisme qui parcourrait les phases successives de la vie individuelle, et aurait une jeunesse, un âge mûr et une vieillesse, on est conduit à admettre que les sociétés les plus avancées, ayant déjà dépassé le premier âge, n'ont plus à un égal degré l'imagination qui le caractérise et joue un rôle prépondérant dans les beaux-arts. Il y a, en effet, quelque chose de vrai dans cette comparaison, et nous avons vu, par exemple, que le polythéisme, qui correspond assez exactement à la jeunesse de l'humanité, était particulièrement favorable à leur essor. Mais nous avons reconnu qu'à tout prendre, les facultés esthétiques n'avaient pas diminué dans le cerveau humain, et qu'il n'y a pas de raison pour qu'elles aient à subir un décroissement futur. Ce qui pourrait donner lieu à de fausses impressions à ce sujet, c'est que, suivant une remarque précédente, les arts ne se continuent point à la façon des sciences, et que le travail antérieur, en invitant à l'imitation, y rend l'invention plus difficile. Il est manifeste que les magnifiques épopées de Virgile et d'Homère ne sont plus à faire ni à refaire, que les formes grecques ou gothiques de l'architecture ne sont plus à trouver. Mais si l'art a pour domaine la représentation idéale de la nature et de la beauté, l'expression des sentiments humains dans leur pureté ou dans leur violence, la célébration et la commémoration de toutes les vertus publiques et privées, l'exposition des grandes lois de l'univers, il faut reconnaître que ce domaine est aussi étendu que dans l'antiquité et qu'il s'est même agrandi.

D'un autre côté, les beaux-arts auront à leur disposition des ressources techniques qu'ils n'avaient point autrefois. A défaut des temples, l'architecture trouvera, avec des matériaux nouveaux et des moyens mécaniques puissants, une destination nouvelle dans la construction des grands édifices publics, bourses, marchés, palais d'industrie, écoles, théâtres, salles de concert, que la sculpture et la peinture sont appelées à décorer. Les compositions musicales, confiées à des centaines d'exécutants, auront des milliers d'auditeurs. Les œuvres littéraires s'adresseront à des lecteurs de plus en plus nombreux, en proportion des progrès de la culture intellectuelle.

Sans chercher à préciser quelles seront les manifestations futures de l'art, on peut prévoir que les fables mythologiques qui n'ont plus de connexion avec la sociabilité actuelle, et les légendes catholiques elles-mêmes qui ont tant inspiré les artistes de la renaissance et même ceux de l'époque moderne, feront place à d'autres modes d'idéalisation, et ne seront plus reproduites que comme des souvenirs aimables ou touchants des croyances correspondantes.

On a souvent fait aux sciences dites exactes, et surtout aux mathématiques le reproche d'étouffer l'imagination. On pourrait aussi bien accuser les lettres et les arts de fausser le jugement. Il y a dans ces reproches une grande exagération, ou plutôt un malentendu. Les sciences et les arts ne sont, ni par leur nature, ni par leur objet, ni par leur destination, réciproquement hostiles et contradictoires; les grands poètes de l'antiquité, les grands artistes de la renaissance, étaient au niveau des connaissances de leur époque. Mais il est certain que l'exercice exclusif d'un organe quelconque atrophie les autres organes, et que l'on ne devient point artiste en se livrant entièrement à l'étude des sciences, pas plus que savant en cultivant exclusivement les arts.

Si le doute, le mystère, l'inconnu, sont nécessaires à la poésie, on peut être assuré qu'il nous en restera toujours assez; tandis que, d'autre part, nos connaissances nouvelles sur les phases cosmiques et géologiques que la terre a traversées, sur les transformations organiques, sur l'évolution sociale, sur l'espace infini peuplé de mondes innombrables, habités sans doute, quelques-uns au moins, par des êtres différents de l'homme, supérieurs à lui, ouvrent à l'imagination des perspectives bien autrement vastes et brillantes que l'olympe des polythéistes ou le paradis des chrétiens.

A ces considérations il faut ajouter que l'amélioration matérielle, qui s'étend peu à peu à toutes les classes de la société, ouvrira à un nombre d'esprits de plus en plus grand la carrière des beaux-arts aussi bien que des sciences, et que par suite le vrai génie surgira plus facilement.

Ainsi, sous quelque aspect que l'on envisage son avenir, on

voit que l'esthétique ne restera pas en arrière dans la voie du progrès sur les autres branches de l'activité humaine.

§ 144. — L'industrie, dans le sens le plus étendu, production, distribution, échange, etc., a pris, depuis le commencement du siècle, des développements tels que l'on est disposé à en exagérer plutôt qu'à en restreindre les progrès futurs. Il est vrai que si l'on a beaucoup fait, il reste plus encore à faire, et que la plus grande partie de l'humanité vit encore dans une condition relativement misérable.

Sans prétendre que la guerre entre les peuples va cesser immédiatement, ce que les circonstances actuelles ne permettent guère d'espérer, et sans entrer maintenant dans l'examen des moyens sinon de supprimer complètement, au moins de diminuer beaucoup les conflits internationaux, on admettra cependant, conformément aux conclusions historiques développées précédemment, que l'esprit militaire décroît et fait place de plus en plus à l'esprit industriel. La production progressive, indéfinie, tel est bien le véritable but de notre activité matérielle.

En admettant toutefois que la guerre, ce fléau de l'espèce humaine, vienne à disparaître, l'avenir réserve encore à celle-ci de dures conditions à subir, ou du moins des questions bien ardues à résoudre. La première est celle des subsistances. On connaît la solution qu'en a proposée Malthus : après avoir établi que les moyens d'alimentation ne peuvent augmenter que suivant une progression arithmétique, tandis que la population tend à croître en progression géométrique, il en a conclu que cette tendance devait être combattue par la contrainte morale, c'est-à-dire par des mariages volontairement retardés et peu féconds, ou bien que la guerre, la famine et la peste se chargeraient de ramener la population dans des limites en rapport avec les subsistances disponibles. C'est bien là le résultat de cette dure loi du combat pour l'existence, auquel il paraît difficile d'échapper si l'on n'introduit pas dans la question quelques considérations nouvelles.

Et d'abord, vaut-il mieux, tout bien considéré, qu'il y ait dans une nation, dans un pays, beaucoup d'êtres humains misérables ou un moins grand nombre d'hommes, mais plus civilisés et plus heureux? Le choix, s'il est possible, n'est pas douteux : moins d'existences, mais des existences d'un ordre plus élevé, sans toutefois que la population descende au-dessous d'une certaine densité nécessaire à l'évolution du corps social. Objectera-t-on qu'un peuple sera d'autant plus fort contre les attaques extérieures, qu'il sera plus nombreux? Nous répondrons que le nombre des habitants qu'un pays peut affecter à sa défense, et la force réelle de ses armées, dépendent plutôt aujourd'hui de sa richesse que de sa population. Ce ne sont point les hommes qui manquent en France, par exemple, et ailleurs, pour organiser une force militaire formidable; ce sont les ressources budgétaires.

La préoccupation sociale doit donc être qu'une proportion satisfaisante se maintienne entre la population et les subsistances, sans que les guerres et les maladies interviennent violemment et périodiquement pour rétablir l'équilibre. Ce résultat peut être atteint par la limitation des naissances ou par l'augmentation des subsistances, ou plutôt par les deux moyens à la fois. Le premier doit être considéré comme le résultat d'une loi de l'évolution organique, en vertu de laquelle l'énorme fécondité des espèces inférieures diminue à mesure que l'on s'élève vers les degrés supérieurs de la série animale, où elle se réduit normalement à l'uniparité chez les plus élevés des mammifères. Si l'évolution sociale est, comme nous l'avons vu, le prolongement de l'évolution biologique, on peut admettre que la fécondité humaine se réduira encore, c'est-à-dire que le nombre des naissances diminuera spontanément, ou par suite d'une réserve plus ou moins consciente. Déjà il est constaté que, sous l'influence d'une plus grande prévoyance, de calculs légitimes, d'une culture intellectuelle plus développée, de goûts plus épurés, il y a moins de naissances chez les classes riches, en général, que chez les classes auxquelles on a donné le nom significatif de prolétaires.

Quoi qu'il en soit, le second moyen, c'est-à-dire l'augmentation des subsistances, et en général de tout ce qui est destiné à rendre l'existence possible, facile, agréable, et même luxueuse, demeure l'objet essentiel de l'industrie. Je n'ai point la prétention de tracer le programme des découvertes industrielles que l'on peut attendre de l'avenir ; mais il en est une qui produirait une profonde révolution économique en résolvant complètement la question des subsistances, et qu'il est permis de prévoir avec l'illustre Cl. Bernard (*Physiologie générale*, p. 191) : tous les aliments sont composés d'un petit nombre de corps simples ou élémentaires abondamment répandus dans le milieu ambiant inorganique, dans la terre, dans l'eau, dans l'atmosphère. On sait quelles transformations végétales d'abord, puis en partie animales, ces éléments doivent subir pour devenir propres à l'alimentation ; combien ces transformations sont contrariées par les intempéries, les épizooties, etc., et quel immense travail agricole elles exigent. La tâche de la chimie et de la physiologie de l'avenir sera de tirer directement du monde minéral les substances alimentaires, ainsi que les matières textiles et autres qui servent aux usages ordinaires de la vie.

La chaleur et la lumière ne sont pas moins nécessaires que les aliments. Cependant les produits de la végétation contemporaine, pas plus que les anciens produits accumulés dans les terrains carbonifères, ne suffiront à la consommation toujours croissante du combustible pendant une durée indéfinie. L'industrie devra donc trouver un procédé pratique pour emmagasiner la chaleur solaire en excès, dispersée sans profit pendant une partie de l'année, afin de la restituer en temps utile pour le chauffage, l'éclairage et les actions mécaniques.

On trouvera peut-être ces prévisions très hasardées ; j'y ajoute cependant encore une autre application de la science que Claude Bernard également a énoncée, celle du prolongement de la vie humaine. Il s'exprime ainsi à ce sujet (*Physiologie générale*, p. 182) : « Le physiologiste doit chercher à diriger les phénomènes évolutifs de façon à modifier la nutrition de la matière organisée, et arriver par là à changer plus ou moins la durée, l'intensité ou même la nature de ses propriétés vitales. » De sorte que l'un des plus grands biologistes de l'époque ne prévoit pas seulement l'extension de la durée de la vie, mais encore le perfectionnement de l'organisme, et même (p. 161) la production scientifique de nouvelles espèces. Sans aller si loin, dans un avenir immédiat, et dès à présent, il reste devant l'homme un champ d'activité indéfinie. Il lui reste à conquérir pacifiquement et à exploiter une partie de sa planète qui est encore déserte ou peu peuplée et stérile, à compléter son outillage, à régulariser ses cours d'eau, à irriguer ses champs, à reboiser les montagnes, à organiser le roulement entre la culture, l'alimentation et l'engrais, à poursuivre les applications merveilleuses de l'électricité, à étendre et perfectionner ses moyens de communication et de transport par terre et par eau, et à en trouver de nouveaux peut-être à travers l'atmosphère.

Les résultats actuellement acquis, malgré les guerres et les révolutions ruineuses, ne laissent pas de doute à l'égard de l'accroissement futur des capitaux, c'est-à-dire des produits du travail épargnés sur la consommation générale. Le christianisme a racheté l'homme de l'esclavage ; la civilisation moderne l'a délivré du servage ; on peut prévoir que le capital, en d'autres termes le travail accumulé, joint aux agents naturels employés comme moteurs, affranchira définitivement le travailleur en lui apportant la plus grande somme de bien-être et de sécurité que comporte la condition humaine. Mais cette question, qui entraîne celles de la répartition des produits du travail ainsi que de l'organisation industrielle, et par suite la question entière de la constitution sociale, est trop complexe et trop importante pour être incidemment traitée.

§ 145.— Avant d'aborder ces questions difficiles et brûlantes, je voudrais examiner s'il est possible de faire encore un pas, et de dégager de nos connaissances sur l'homme, sur ses facultés mentales, sur son passé, les règles de sa conduite, c'est-à-dire les principes de la morale positive.

Cette morale, on l'a nommée avec raison morale indépendante; car elle ne dépend absolument ni des systèmes métaphysiques, ni des dogmes religieux, et il est heureux qu'il en soit ainsi; car autrement l'homme resterait sans principes permanents de conduite et sans direction au milieu des ruines ou des transformations incessantes des dogmes et des systèmes.

En fait, l'homme conforme sa conduite à ses instincts, à ses penchants, à ses sentiments, en un mot, aux impulsions de sa nature, éclairées, dirigées et modifiées par les lumières croissantes de sa raison. La morale suit une loi d'évolution semblable à celle des sciences et de tous les êtres vivants. Elle se développe et se perfectionne en même temps par différenciation. Quelque jugement que l'on porte sur les détails de la classification des facultés cérébrales que nous avons reproduite (§ 95), on doit reconnaître qu'elle est vraie au moins dans ses traits principaux, et dans la division qui y est établie entre les moteurs personnels et les moteurs sociaux. Dans l'homme primitif domine l'instinct de la conservation personnelle, auquel se joint l'instinct de la conservation de l'espèce, qui éveille des sentiments affectifs partagés entre tous les membres de la famille suivant l'ordre ascendant et descendant. Engagé pour la guerre ou pour le travail dans des groupes de plus en plus variés et nombreux, de nouvelles relations mettent en jeu, en même temps que ses autres instincts personnels, ses sentiments et ses penchants sociaux. Par la famille, il sort de son égoïsme natif; par la société, il arrive à l'altruisme. Le développement affectif va de l'individu à la famille, de celle-ci au groupe social le plus proche, puis à des groupes plus étendus, jusqu'à ce que naisse enfin, quand l'évolution est assez avancée, le sentiment le plus compréhensif et le moins égoïste : celui de la fraternité, de la charité, de l'humanité, en un mot.

Telle est la loi évolutive à laquelle l'homme obéit spontanément. Mais chez l'être conscient, la connaissance de la loi devient le sentiment du devoir; et la définition du devoir dans toutes les relations humaines, déduite de l'étude du passé et de la nature même de l'homme, constitue la morale, qui se présente ainsi comme véritablement indépendante des fictions philosophiques ou religieuses. Je ne veux point dire par là que les fondateurs de religions ou les philosophes n'ont pas concouru au progrès de la morale; mais c'est moins en l'appuyant de révélations et de sanctions surnaturelles ou de démonstrations rationnelles, qu'en se faisant, à certaines époques, les interprètes de la conscience humaine, et en proclamant quelques-uns de ces axiomes éclatants qui forcent pour toujours l'unanime adhésion des esprits.

Lorsque les fondateurs du christianisme sont venus dire aux hommes sans exception de race ni de nationalité : « Ne faites point aux autres ce que vous ne voudriez point que l'on vous fit », ils ont donné une formule qui contient sinon la totalité, du moins la partie la plus nécessaire de la morale, qui pourra être complétée, mais ne sera jamais changée. Quand on y ajouta : « Aimez votre prochain comme vous-même; faites aux autres ce que vous voudriez que l'on vous fît », le but a été pour ainsi dire surélevé. Ces belles maximes resteront comme l'expression de la morale la plus haute, si haute qu'elle ne peut être atteinte que dans des cas exceptionnels; elles resteront comme l'idéal de la perfection; mais ce ne sont point des règles de conduite pratiques et universelles.

Il résulte clairement de l'étude biologique et historique de l'espèce humaine que les penchants personnels y sont prépondérants. L'égoïsme est la base nécessaire de l'existence individuelle, de l'activité, de la liberté, de la responsabilité. Mais les instincts personnels abandonnés à eux-mêmes, sans frein, sans contre-poids, dissoudraient la société en supposant qu'ils n'en eussent point tout d'abord rendu la formation impossible. Ils sont combattus par les instincts sociaux, modérés et dirigés par les fonctions intellectuelles. De là cette admirable maxime de l'auteur de la *Philosophie positive :*

Agir par affection, et penser pour agir.

Cette maxime, qui est à la fois un principe supérieur de morale, un résumé de la théorie des fonctions cérébrales, et un programme d'activité, complète par une prescription affirmative qui ne dépasse point la portée de la nature humaine, la formule chrétienne qui est simplement négative.

On peut admettre, je crois, que ces deux préceptes comprennent la morale du présent et de l'avenir ; que le progrès de la civilisation est proportionnel à leur influence et à leur degré d'application ; et que le résultat en même temps que le but de ce progrès est l'essor des sentiments affectifs et sociaux, et la restriction des instincts personnels et égoïstes.

§ 146. — Pour apprécier toute la portée de cette conclusion, et quelles difficultés elle résout, il faut nous arrêter encore sur la loi fatale de la lutte pour l'existence, et sur la notion du juste et de l'injuste qui s'y rattache.

Dans cette lutte où se trouvent engagés tous les êtres vivants, les faibles succombent devant les forts ; et la destruction même des espèces inférieures est nécessaire à la conservation et à la propagation des espèces supérieures. Cela est-il juste ? La question ainsi posée n'est point facile à résoudre, et fait voir, ce me semble, que la notion du juste et de l'injuste n'est pas aussi nette dans l'esprit que le pensent certains moralistes.

La notion du juste rappelle naturellement celle du vrai ; mais il faut entre les deux faire cette distinction, que le vrai s'entend des relations entre toutes les existences, abstraites ou concrètes, entre tous les êtres bruts ou organisés ; tandis que le juste ne s'applique qu'aux rapports des êtres intelligents et libres entre eux, et, dans une certaine mesure, avec les autres êtres vivants.

Lorsque je dis que deux et deux font quatre, j'énonce la plus simple des vérités. S'il m'arrivait d'affirmer que cela fait un peu plus de quatre, on pourrait m'imputer une absurdité, mais non une injustice. Si je brise une pierre brute, même sans motif, on ne dira pas que je suis injuste. Mais si l'on détruit pour détruire la plus simple des fleurs, et à plus forte raison un animal inoffensif, la conscience témoigne d'un commencement d'injustice. Dans le cas où cette destruction atteindrait la propriété d'autrui, l'injustice serait flagrante. Si, sans nuire à autrui, l'action m'est profitable, elle devient légitime.

La notion de justice n'a donc rien d'absolu. C'est que, en effet, elle n'a point le caractère des vérités abstraites qui ne sont pas susceptibles de plus ou de moins, et qui s'imposent tout entières à l'intelligence, sans restriction, sans compromis d'aucune sorte.

L'idée la plus élevée que nous puissions nous former du but de l'existence, c'est l'évolution, le progrès, le perfectionnement. A ce point de vue, le monde minéral est naturellement subordonné à la vie végétale. Celle-ci est légitimement sacrifiée à la vie animale, et il est également légitime que dans la série zoologique les espèces inférieures cèdent la place aux espèces supérieures ou servent à la conservation, à la propagation, au bien-être de celles-ci. Dans cette destruction, qui n'est au fond qu'une transformation de l'énergie universelle, nous voyons une nécessité, ou même une certaine harmonie naturelle : la question du juste et de l'injuste n'y est point engagée. Il n'en est plus de même des relations entre les individus d'une seule espèce, lorsque cette espèce est la plus élevée de toutes, lorsqu'elle se compose d'êtres conscients et libres, lorsqu'il s'agit, en un mot, de l'espèce humaine.

Est-il juste que, dans l'humanité, certaines races soient sacrifiées et condamnées à disparaître pour être remplacées par d'autres races plus civilisées ? que, dans les sociétés humaines, certaines classes, les plus nombreuses, soient vouées aux travaux pénibles, à la misère, afin que les classes supérieures aient d'heureux loisirs à consacrer aux développements des sciences et des arts, au progrès général de l'espèce? Si ces inégalités douloureuses avaient le caractère d'une nécessité sociale, la réponse serait embarrassante; car on serait réduit, ou bien à condamner la civilisation, ou bien à admettre une affirmation que réprouve la conscience. Heureusement pour la morale et la logique, on peut échapper à cette alternative.

Sans doute le combat pour l'existence a sa raison d'être et se perpétuera entre les espèces animales d'ordre inférieur. Mais la civilisation aura évidemment pour résultat, sinon de le supprimer complètement entre les hommes, du moins de le transformer en concurrence d'efforts et de travaux qui n'entraînera ni l'oppression, ni le sacrifice des faibles, et assurera à chacun une participation équitable au bien-être général, sans en excepter les impuissants, mais en écartant les indignes. C'est en cela que consiste la justice sociale vers laquelle l'avenir s'élèvera de plus en plus à l'aide de l'accumulation du capital et de l'influence croissante des sentiments affectifs et sociaux. Toute autre solution serait inhumaine, en prenant ce mot dans la double acception que lui assigne une heureuse équivoque.

§ 147. — Les considérations précédentes sur les développements futurs des sciences, des arts, de l'industrie, de la morale, ne peuvent pas soulever de bien sérieuses contradictions. Celles-ci s'adresseraient en tout cas au degré plutôt qu'à la nature de ces développements. Mais malgré toute l'importance de ces éléments sociologiques, leur état d'avancement à une époque donnée, dans le passé ou dans l'avenir, est loin de suffire à déterminer l'état correspondant de l'ensemble de l'organisme social. Rien ne peut dispenser de l'étude directe des appareils et des fonctions de cet organisme. C'est ici que le problème se complique et que les grandes difficultés commencent. Il est toutefois un organe, ou plutôt un groupe élémentaire dont l'évolution laisse peu d'incertitude, et que par cette raison il convient d'examiner d'abord. Je veux parler de la famille, qui, sous tous les rapports, constitue une transition naturelle entre l'existence entièrement personnelle et la vie sociale.

Nous avons indiqué précédemment les transformations qu'ont subies les relations sexuelles depuis la promiscuité primitive jusqu'à la famille actuelle, constituée essentiellement par la monogamie chez les nations placées à la tête de la civilisation. C'est dans le mariage monogame que, suivant la belle remarque de A. Comte, l'instinct le plus énergique de la nature humaine se trouve à la fois satisfait et contenu. C'est également par la monogamie que la conservation et le progrès de l'espèce sont le mieux asssurés. Le progrès véritable ne consiste point, en effet, dans la production d'un grand nombre de jeunes existences bientôt sacrifiées, comme dans les espèces animales inférieures, ou destinées à une condition misérable, mais bien plutôt d'un nombre limité d'enfants en rapport avec les moyens disponibles d'alimentation et d'éducation, et pour ainsi dire avec la quantité d'affection et de soins que les parents peuvent leur donner. C'est évidemment l'union monogame qui satisfait le mieux à cette condition en fixant la double parenté paternelle et maternelle, en resserrant ainsi les liens qui unissent tous les membres de la même famille, et en multipliant d'ailleurs, autant que possible, le nombre des mariages, étant donnée l'égalité très approchée des nombres de naissances dans les deux sexes.

Nous avons également constaté combien la condition de la femme s'est élevée par la monogamie, combien sa dignité s'est accrue. En résumé, c'est dans cette forme familiale que se réalise le plus complètement la conciliation des intérêts de l'espèce, des parents et des enfants.

Le progrès et la direction de l'évolution sont ici tellement marqués qu'il ne peut y avoir de doute sur l'avenir : on peut conclure hardiment que l'union sexuelle normale demeurera monogame. Mais l'institution de la famille soulève d'autres questions d'une solution plus difficile et plus controversée.

Le lien conjugal doit-il être absolument indissoluble? L'homme conservera-t-il toujours sur la femme sa prédominance civile et politique? Jusqu'où s'étendra définitivement l'autorité des parents sur les enfants? Quelles seront les lois de succession? Quelle sera la limite du pouvoir de l'État sur la famille?

Bien que ces questions posées et discutées chaque jour aient une importance pratique actuelle et considérable, elles ne paraissent pas, dès à présent, susceptibles de solutions définitives et absolues. Elles seront probablement résolues différemment suivant la race, suivant les temps et les lieux, et à ce titre elles font partie de celles que nous nommerons questions du jour. Elles ne sont point d'ailleurs indépendantes des questions relatives à l'ensemble de l'organisme social, que nous n'avons point encore abordées. Il est cependant quelques considérations générales qui s'y rattachent, et qui doivent trouver ici leur place.

La possibilité de rompre en certains cas l'union conjugale serait une atteinte sérieuse à l'institution de la monogamie. A. Comte la repousse complètement; il condamne même les seconds mariages, et propose de récompenser solennellement le veuvage perpétuel en décernant une sépulture commune aux époux qui auront conservé jusqu'à la mort la fidélité à leurs premiers engagements. Ce serait la monogamie étendue jusqu'à sa limite extrême, prolongée jusque dans la tombe. H. Spencer, tout en prévoyant que l'union monogame se perfectionnera par la suppression de la bigamie, de l'adultère, du mercantilisme dans le mariage, admet cependant que la morale publique en arrivera à réprouver les unions conjugales où le lien légal ne représente plus le lien naturel, et à provoquer la dissolution de celles où l'affection aura cessé d'exister. Ce serait, il me semble, aller un peu loin : l'inconstance naturelle des sentiments a besoin d'être contenue par une discipline sévère; l'impossibilité de la séparation a pour résultat d'en atténuer les causes et d'en étouffer le désir. Je serais donc disposé à me rapprocher du point de vue de Comte, et à prévoir que le divorce, s'il est légalement autorisé, sera toujours entouré dans l'opinion publique d'une certaine déconsidération, sauf le cas d'indignité de l'un des époux, résultant notoirement d'une conduite criminelle, et particulièrement de la violation scandaleuse du serment conjugal. Les partisans d'un divorce facile oublient que le but du mariage est avant tout la conservation de l'espèce, et sacrifient les enfants aux convenances plus ou moins légitimes des parents.

§ 148. — Quoique la condition future de la femme dans la famille et dans l'État doive dériver de l'ensemble de l'organisation sociale, il ne paraît point difficile de la déterminer dès à présent avec une suffisante approximation. Il faut d'abord en écarter les rêves d'émancipation politique, que nous avons déjà signalés comme le produit de théories révolutionnaires qui se préoccupent plus de proclamer des droits que d'imposer des devoirs. Les facultés morales et intellectuelles de la femme, aussi bien que l'infériorité de sa constitution corporelle, la destinent exclusivement à la vie intérieure de la famille, où son rôle est assez beau pour qu'elle n'ait rien à envier à l'homme. Cette destination est évidente lorsque le militarisme domine dans la société : quand il s'agit de faire la guerre, il est clair que la femme, en général, n'est pas plus appelée à la décider qu'à y prendre part. La question est moins simple dans les sociétés industrielles, où elle peut exercer une activité aussi adroite qu'intelligente. Cependant, dans ce cas même, nous n'hésitons pas à admettre l'axiome de l'auteur de la Philosophie positive : *L'homme doit nourrir la femme,* sous la réserve, bien entendu, que la femme trouve la garantie de son existence dans celui qui l'a choisie pour la compagne de sa vie, ou dans le sein de sa propre famille; autrement, il faut bien qu'elle pourvoie à sa subsistance par son travail. Mais, dans l'état normal du mariage, les soins domestiques et l'éducation des enfants prise dans son acception la plus large, suffiront à lui créer des occupations aussi utiles qu'appropriées à sa nature. Lorsque son existence personnelle sera assurée, et que l'augmentation du capital social n'exigera plus son concours actif, elle n'aura plus à subir les dures conditions de la concurrence industrielle, et pourra s'abandonner aux tendances affectives de son organisation. Son influence sur la conduite des affaires extérieures, publiques ou privées, sera loin d'être nulle; mais elle s'exercera dans les limites que lui assigne sa capacité intellectuelle, par l'intermédiaire du chef de la famille, qu'elle saura conseiller, inspirer, souvent diriger et persuader. La femme, en un mot, représentera, dans le groupe familial, le pouvoir spirituel, dont nous apprécierons ci-après la fonction sociale.

Les autres questions relatives au pouvoir des parents et de l'État sur les enfants, à la situation d'égalité ou d'inégalité de ceux-ci dans la famille, dans le partage des biens, etc., n'exigent pas de longs développements théoriques. Leur solution, variable avec l'état social et avec la législation, dépendra des principes qui prévaudront dans l'organisation politique. Bornons-nous à dire que cette solution devra comporter le maximum de liberté et d'égalité compatibles avec l'ordre, qui demeurera toujours la première condition du progrès.

Suivant ces vues, la dépendance temporelle des enfants à l'égard des parents cessera naturellement pour les fils à partir du moment où ceux-ci pourront se suffire à eux-mêmes, et pour les filles à partir du mariage; mais la tendresse, et au besoin la protection et même la surveillance d'un côté, l'affection, le respect et la déférence de l'autre, continueront à maintenir et à resserrer les liens de la famille.

L'intervention de l'État me paraît devoir être restreinte, autant que possible, contrairement à certaines théories révolutionnaires. Tant que le militarisme sera sinon dominant, du moins nécessaire pour repousser l'invasion étrangère et maintenir l'indépendance nationale, l'État devra malheureusement pouvoir disposer dans de larges limites de l'existence des jeunes citoyens. Mais une fois le régime industriel généralement établi, le service militaire, réduit au maintien de l'ordre intérieur et à la protection des intérêts commerciaux vis-à-vis des peuples encore barbares, deviendra purement volontaire. L'action temporelle, qui, je l'avoue, me paraît encore motivée dans certaines situations exceptionnelles, cessera de se faire sentir sur l'éducation des enfants, si ce n'est peut-être pour en mettre les moyens matériels à la disposition des parents. La législation, enfin, ne réglera plus d'une manière impérative l'ordre et le partage des successions; elle étendra la liberté testamentaire du père de famille, en se bornant à déterminer pour chaque héritier un minimum variable avec la fortune.

§ 149. — En esquissant à grands traits, dans les pages précédentes, l'évolution probable des sciences, des arts, de l'industrie, de la morale, et de la famille, j'ai cherché, par cette espèce d'élimination préliminaire, à simplifier le grand problème qui nous reste, sinon à résoudre, du moins à poser, celui de l'organisation future du corps social, et du fonctionnement de ses principaux appareils, que nous avons nommés, avec H. Spencer, appareil régulateur, appareil producteur et distributeur.

Les éléments ou facteurs sociaux que nous venons d'énumérer, et que nous avons examinés séparément, ont certainement une connexion intime entre eux et avec l'organisme entier; mais ils ne suffisent point à déterminer complétement celui-ci, pas plus que la nature et les propriétés générales des tissus nerveux, musculaires ou conjonctifs, ne suffisent à déterminer les caractères morphologiques d'un être vivant. Il reste toujours à prévoir quelle sera la forme politique des sociétés les plus perfectionnées, quel rôle y joueront l'hérédité et l'élection, quelle sera l'organisation du travail, comment les produits en seront répartis, si les anciennes croyances théologiques seront remplacées par des croyances positives assez complètes, assez consistantes, pour constituer un nouveau lien spirituel entre les hommes, pour servir de base à quelque chose comme une religion nouvelle et un culte nouveau.

C'est ce que je voudrais maintenant examiner. Il résulte immédiatement de cette étude que de grandes divergences se produisent dans les prévisions sociologiques, comme on peut s'y attendre d'après l'état d'avancement de la science. Ces divergences ont pour origine la différence et même l'opposition des deux principes auxquels se rapportent les doctrines qui ont paru jusqu'à ce jour. Les unes dérivent, en effet, du principe d'autorité, et les autres du principe de liberté.

J'exposerai d'abord, dans un court résumé, les premières, qui sont celles de l'auteur de la Philosophie et de la politique positives, et qui constituent la synthèse sociologique la plus forte, la plus complète, et la seule d'ailleurs qui ait encore été proposée. Je le ferai sans interrompre cet exposé par aucune observation personnelle; je dirai ensuite comment les conclusions de A. Comte doivent être modifiées, suivant moi, pour faire une part suffisante à la liberté et à l'inconnu.

§ 150. — Après avoir traversé la préparation théologique et la transition métaphysique ou révolutionnaire, l'élite de l'humanité est arrivée à l'état positif ou définitif.

La doctrine positive n'est pas seulement une philosophie qui cherche à établir notre unité intellectuelle; c'est une religion qui, suivant le sens étymologique de ce nom, consiste « à régler chaque nature individuelle et à rallier toutes les individualités, et, pour cela, se propose de constituer, autant que possible, l'état de complète unité qui distingue notre existence, à la fois personnelle et sociale, quand toutes ses parties, tant morales que physiques, convergent habituellement vers une destination commune. »

La religion positive comprend, comme toutes les autres religions, un dogme, un culte, et un régime.

Le dogme n'est autre chose que l'ensemble de nos connaissances réelles sur l'ordre universel, qui se décompose en deux : l'ordre extérieur et l'ordre humain. L'ordre extérieur est régi par des lois invariables, dont la recherche remplace celle des causes fictives, longtemps poursuivie par le théologisme. La croyance en ces lois constitue la foi positive, non plus révélée et contrainte, mais résultant d'une adhésion volontaire de l'esprit à des vérités toujours démontrables. Les conditions fondamentales sont immuables dans tous les ordres de phénomènes; mais à mesure que ceux-ci sont plus complexes, les dispositions secondaires y deviennent modifiables. Ainsi, apprendre à connaître les lois du monde extérieur pour nous y soumettre, pour y adapter notre conduite en ce qu'elles ont d'invariable, et pour régler notre activité en ce qu'elles ont de modifiable; tel est le premier principe du dogme positif.

L'étude de la nature et de l'évolution humaines conduisent à cette loi de l'ordre intérieur : Que les sentiments affectifs les plus nobles et les plus faibles, dominés d'abord par les instincts personnels, se dégagent de l'égoïsme primitif et se développent de plus en plus, et que la destinée de l'homme, composée, vis-à-vis de l'ordre extérieur, de résignation et d'activité, se complète par l'amour dans l'ordre intérieur, et se résume dans ce deuxième principe du dogme positif : *Vivre pour autrui.*

En dehors de la foi qui s'attache aux vérités démontrées, et de l'amour qui inspire nos sentiments, il n'y a que division et dispersion intellectuelle et morale. Ces deux principes sont le fondement de l'unité complète, de la religion qui règle et relie, et dont la formule sacrée est : *L'amour pour principe, l'ordre pour base, et le progrès pour but.*

Les anciennes religions proposaient des êtres chimériques à l'amour et à l'adoration des croyants; la religion nouvelle les remplace par un être réel, immense, le plus grand que nous puissons connaître, par l'Humanité. « Autour de ce vrai grand Être, moteur immédiat de chaque existence individuelle ou collective, nos affections se concentrent aussi spontanément que nos pensées et nos actes. » Aimer et servir l'humanité, tel est le premier principe religieux et la première règle morale.

L'Humanité doit être conçue comme l'ensemble des êtres humains passés, présents et futurs, à l'exclusion de ceux qui n'ont point vraiment coopéré à l'existence commune. Tous naissent enfants de l'humanité, mais tous n'en deviennent pas les serviteurs. Chez chacun de ceux-ci, il faut distinguer deux existences : l'une directe, objective et temporaire; c'est la vie proprement dite; l'autre, indirecte, permanente, subjective, ne commence qu'après la mort, et ne laisse subsister chacun que dans le cœur et l'esprit d'autrui. « Telle est la noble immortalité, nécessairement immatérielle, que le positivisme reconnaît à notre âme, en conservant ce terme précieux pour désigner l'ensemble des fonctions intellectuelles et morales, sans aucune allusion à l'entité correspondante.

» D'après cette haute notion, la vraie population humaine se compose donc de deux masses toujours indispensables, dont la proportion varie sans cesse, en tendant à faire davantage prévaloir les morts sur les vivants dans chaque opération réelle. Si l'action et le résultat dépendent surtout de l'élément objectif, l'impulsion et la règle émanent principalement de l'élément subjectif. »

La loi fondamentale de l'ordre humain consiste en ce que « la vraie sociabilité se montre davantage dans la continuité successive que dans la solidarité actuelle. »

§ 151. — Ayant assez examiné précédemment les développements du dogme positif sous son double aspect, cosmologique et sociologique, qui correspond à l'ordre extérieur et à l'ordre humain, le résumé fondamental que nous venons d'en faire nous permet de passer immédiatement aux considérations nouvelles qui concernent le culte correspondant.

La partie théorique de la religion, c'est-à-dire le dogme, correspond à l'intelligence, seule base positive de la foi. La partie pratique comprend le culte et le régime qui correspondent respectivement aux sentiments et aux actes.

L'ensemble du culte doit être conçu « comme destiné systématiquement à lier le régime au dogme, en les idéalisant tous les deux... En tant qu'émané du dogme, il le complète et le résume, en nous rendant à la fois plus familière et plus imposante la notion de l'Humanité, d'après une représentation idéale; mais, comme type du régime, le culte doit tendre directement à l'amélioration de nos sentiments. » Il satisfait à cette double condition par l'idéalisation du grand Être, qui est intimement liée au développement de l'amour, base essentielle de son existence ; et cette idéalisation elle-même se réalise par une institution convenable de la vie subjective.

L'Humanité se compose, en effet, beaucoup plus de morts et de personnes à naître, c'est-à-dire d'éléments subjectifs respectivement déterminés et indéterminés, que de vivants ou d'éléments objectifs, d'autant plus que ceux-ci, pendant leur vie, ne peuvent être jugés dignes, si ce n'est dans des cas très rares, de l'incorporation définitive. La représentation du grand Être exige donc un développement spécial de tous les sentiments et de toutes les pratiques qui se rapportent à la vie subjective.

On ne peut d'aillenrs « méconnaître l'aptitude naturelle et unanime de notre espèce à vivre subjectivement, quand on y voit, pendant quarante siècles, prévaloir, sous diverses formes, une telle existence. Les esprits émancipés savent aujourd'hui que, durant cette immense épreuve, tous les cerveaux humains furent habituellement dominés par des êtres purement imaginaires, quoiqu'on leur attribuât une réalité extérieure. » Il y aurait à craindre, chez l'homme, un excès plutôt qu'un défaut de subjectivité, par suite de sa disposition innée au mysticisme.

« La seule différence entre la nouvelle subjectivité et l'ancienne doit consister en ce qu'elle (la nouvelle) sera pleinement sentie et avouée, sans que personne la confonde jamais avec l'objectivité. Nos contemplations religieuses s'accompliront sciemment au dedans, tandis que nos prédécesseurs s'efforçaient vainement de voir au dehors ce qui n'existait qu'en eux-mêmes, sauf à rejeter sur la vie future la réalisation finale de leurs visions. »

L'objet essentiel du culte subjectif est une sorte d'évocation cérébrale par laquelle on fait revivre des êtres chéris au moyen d'images qui raniment à la fois les sentiments qu'ils ont inspirés et les pensées qu'ils ont suscitées. Il en résulte pour eux une existence idéale qui est le prolongement de leur existence objective, qui n'est plus soumise, comme celle-ci, aux lois de l'ordre matériel, ni même de l'ordre vital, mais qui est dominée par les lois propres à l'ordre humain, moral et social.

L'idéalité doit, dans le culte comme dans le dogme, demeurer toujours subordonnée à la réalité. « La vraie théorie de la vie subjective conduit finalement notre culte à laisser l'ordre extérieur tel qu'il est, afin de mieux concentrer sur l'ordre humain nos principaux efforts d'intime perfectionnement. La noble existence qui nous perpétue dans autrui devient alors le digne prolongement de celle qui nous mérita cette immortalité; le progrès moral de l'individu et de l'esprit constitue toujours la principale destination des deux vies. Nos morts sont affranchis des nécessités matérielles et vitales, dont ils ne nous laissent le souvenir que pour mieux les représenter tels que nous les connûmes. Mais ils ne cessent pas d'aimer et même de penser en nous et par nous. »

Sous le régime théologique, la prière, qui constitue la première pratique d'un culte quelconque, consistait en demandes souvent matérielles, et l'on pouvait, par son moyen, espérer obtenir un empire illimité sur l'ordre extérieur. Le culte positif attribue à la prière un autre caractère et une destination plus élevée. Aucun motif intéressé n'y vient altérer la pureté des effusions de reconnaissance et d'amour envers l'Humanité ou envers ses représentants, effusion dont la pratique journalière améliore à la fois le cœur et l'esprit, en imposant de nouveaux efforts pour mieux aimer, mieux penser, et mieux agir.

Après avoir déterminé l'ensemble du culte, il faut y distinguer deux degrés : le culte privé et le culte public; le premier s'adressant à la femme, et le second à l'Humanité.

Le culte privé se décompose lui-même en deux parties : l'une personnelle, et l'autre domestique.

§ 152. — Le culte personnel « consiste dans l'adoration journalière des meilleures personnifications que nous puissions assigner à l'Humanité, d'après l'ensemble de nos relations privées.

Toute l'existence de l'Être suprême étant fondée sur l'amour, qui seul réunit les éléments séparables, le sexe affectif constitue naturellement son représentant le plus parfait en même temps que son principal ministre. »

L'influence collective du sexe féminin se personnifie dans la famille à l'état normal, par la mère, l'épouse et la fille, dont chaque homme est entouré comme de véritables anges gardiens, « qui développent en nous respectivement la vénération, l'attachement et la bonté. » Leur ensemble nous représente les trois modes naturels de la continuité humaine, envers le passé, le présent et l'avenir; comme aussi les trois degrés de la solidarité qui nous lie aux supérieurs, aux égaux et aux inférieurs..... Leur secrète adoration, consolidant et développant leur influence continue, tend directement à nous rendre toujours meilleurs et plus heureux, en faisant graduellement prévaloir l'altruisme sur l'égoisme. »

Un changement nécessaire dans le culte privé, lorsqu'il s'agit du sexe féminin, y introduit naturellement l'époux et le fils à la place de l'épouse et de la fille, en conservent la mère, comme ange principal commun aux deux sexes.

Ces êtres idéalisés, dont l'existence peut d'ailleurs devenir subjective, sont l'objet des trois prières journalières, qui se divisent chacune en deux phases, la première destinée à la commémoration, et la seconde à l'effusion, où prévalent par suite respectivement les images et les signes, et ensuite les sentiments. « Là seulement s'accomplit l'essor décisif de la vie subjective, d'après notre identification croissante avec l'être adoré, dont l'image graduellement épurée devient plus vive et plus nette à chaque année du culte. Par ces pratiques secrètes chacun se prépare à subir dignement l'excitation sympathique qui résultera de la publicité propre à nos autres rites sacrés. »

§ 153. — Le culte domestique peut être conçu d'abord comme une simple extension du culte personnel, sous l'intervention du sacerdoce spontané du chef de la famille. Mais il est plus particulièrement caractérisé par l'institution des neuf sacrements sociaux.

Par la *présentation,* la mère et le père du nouveau-né prennent l'engagement solennel de le préparer convenablement au service de l'Humanité.

L'*initiation* marque le premier essor de la vie publique, lorsque l'enfant, à quatorze ans, passe de l'éducation spontanée que dirigeait sa mère, à l'éducation systématique émanée du sacerdoce.

Sept ans après, le jeune adepte obtient le sacrement de l'*admission*, qui l'autorise à servir librement l'Humanité.

A vingt-huit ans, le choix d'une carrière définitive est consacré par la *destination.*

Le *mariage*, sacrement principal, complété par la grande institution du veuvage éternel, qui peut seul développer assez la vie subjective; le mariage, devant suivre la destination spéciale, ne peut avoir lieu avant vingt-huit ans pour l'homme, et vingt et un ans pour la femme, dont la destination coïncide avec l'admission.

A l'âge de quarante-deux ans commence la phase décisive de la vie objective. Jusque-là l'existence avait été préparatoire, sujette à des déviations plus ou moins graves, mais toujours réparables. A partir de ce moment, une inflexible responsabilité commence pour le serviteur de l'humanité, et lui est imposée solennellement par le sacrement de la *maturité.*

Par la *retraite*, le digne serviteur de l'Humanité vient, à l'âge de soixante-trois ans, librement abdiquer une activité épuisée, désigner son successeur, dont le choix reste soumis au contrôle sacerdotal et populaire, et lui transmettre « celle de la portion du capital humain qui sert d'instrument au fonctionnaire, quand il a prélevé ses provisions personnelles. »

Dans le sacrement de la *transformation,* au moment où finit la vie objective, « le sacerdoce, mêlant les regrets de la société aux larmes de la famille, apprécie dignement l'ensemble de l'existence qui s'achève. Après avoir obtenu les réparations possibles, il fait le plus souvent espérer l'incorporation subjective, mais sans compromettre jamais un jugement qui n'est pas encor mûr. »

Enfin, sept ans après la mort, « un jugement solennel vient irrévocablement fixer le sort de chacun. Le sacerdoce, ayant prononcé l'*incorporation*, préside au pompeux transport des restes sanctifiés, qui, jusqu'alors déposés au champ civique, viennent occuper leur place éternelle dans le bois sacré qui entoure le temple de l'Humanité. Chaque tombe s'y trouve ornée d'une simple inscription, d'un buste ou d'une statue, suivant le degré de glorification obtenue. »

Quant aux cas exceptionnels d'indignité caractérisée, la flétrissure se manifeste en transportant convenablement le funeste fardeau au désert des réprouvés, parmi les suppliciés, les suicidés et les duellistes. »

Il faut ajouter à l'énumération et à la définition de ces diverses consécrations religieuses, qu'elles doivent toujours rester facultatives, mais être accompagnées d'institutions parallèles, établies par le pouvoir temporel, et seules obligatoires. C'est ainsi, par exemple, que le mariage civil, nécessaire à la garantie de l'état légal des enfants, pourra dispenser du mariage positiviste ceux qui ne voudraient point se soumettre à la loi sévère du veuvage éternel.

§ 154. — Les cérémonies du culte public s'accomplissent, sous la direction du sacerdoce, dans les temples de l'Humanité, placés au milieu des tombes d'élite, et « orientés vers la métropole générale, que l'ensemble du passé fixe pour longtemps à Paris. » L'objet du culte aura pour symbole une femme de trente ans tenant son fils entre ses bras. « La prééminence religieuse du sexe affectif doit caractériser un tel emblème, où le sexe actif doit rester placé sous sa sainte tu elle.

Des deux modes propres à cette symbolisation normale, la sculpture convient à l'image fixe placée dans chaque temple, au milieu des femmes d'élite, et derrière la tribune sacrée ; mais la peinture doit prévaloir envers les bannières mobiles destinées à guider nos marches solennelles. Tandis que leur face blanche contiendra la sainte image, la formule sacrée du positivisme remplira la face verte, tournée vers la procession.

L'objet du culte public, nouvelle extension du culte privé et du culte domestique, consiste à faire mieux comprendre et mieux accomplir l'existence correspondante, et pour cela à idéaliser d'abord les liens fondamentaux qui la constituent, puis les préparations essentielles qu'elle exige, et enfin les fonctions normales dont elle se compose. »

L'année positiviste est divisée en treize mois comprenant chacun quatre semaines, plus un jour complémentaire, et un jour additionnel dans les années bissextiles. De là treize fêtes mensuelles destinées à célébrer six liens fondamentaux : l'Humanité, le Mariage, la Paternité, la Filiation, la Fraternité, la Domesticité; trois états préparatoires : le Fétichisme, le Polythéisme, le Monothéisme; quatre fonctions normales : la Femme, le Sacerdoce, le Patriciat, le Prolétariat. Les deux jours exceptionnels sont consacrés à la fête universelle des morts et à la fête générale des saintes femmes.

Aux septièmes jours de chaque semaine correspondent des solennités qui résultent de la décomposition de chaque célébration mensuelles en quatre fêtes hebdomadaires; et chaque jour de la semaine, ainsi rattaché au culte de l'humanité, est placé sous l'invocation de l'un des liens fondamentaux. On trouvera dans le Catéchisme positiviste de Comte les détails et les explications que nous nous abstenons de reproduire ici, pour arriver plus vite au régime.

§ 155. — Le régime se rapporte à la vie active, comme le dogme à la vie spéculative, et le culte à la vie affective.

De même que nous avons reconnu deux espèces d'ordres : l'ordre extérieur et l'ordre humain, il faut distinguer deux sortes de progrès : le progrès humain et le progrès extérieur.

Le premier concerne notre propre nature; le second, qui s'étend jusqu'à l'ordre vital, envers les espèces qui nous servent de provisions ou d'instruments, est habituellement qualifié de matériel.

De là résulte la division entre la théorie et la pratique; entre la religion d'une part, la politique et l'industrie de l'autre; entre l'action spirituelle et l'action temporelle; entre le sacerdoce et le gouvernement.

« Ainsi le domaine pratique de la religion consiste à perfectionner l'ordre humain, d'abord physique, puis intellectuel, enfin et surtout moral. » Elle n'intervient dans l'amélioration de l'ordre extérieur que par l'influence nécessaire qu'elle exerce sur les résultats effectifs de l'agent humain. « Dans toute opération pratique, le succès exige d'abord que chaque coopérateur soit honnête, intelligent et courageux. »

Sous un autre aspect, le sacerdoce positif participe à l'ensemble de chaque industrie, « en tant que connaissant seul toutes les lois essentielles de l'ordre extérieur. »

Chaque organe social doit d'abord remplir sa propre fonction, et ensuite coopérer, autant que possible, à l'accomplissement des autres fonctions. Ce dernier devoir devient d'une pratique d'autant plus difficile, que les fonctions spéciales se subdivisent et se différencient davantage. De là résulte la nécessité d'un appareil central, régulateur qui contienne les divergences et développe les convergences individuelles, d'un gouvernement, en un mot.

La coopération matérielle pour un but déterminé fait spontanément surgir des chefs pratiques qui, se coordonnant entre eux suivant la nature de leurs travaux, constituent des gouvernements d'un ordre de plus en plus général. Mais ceux-ci, toujours limités à une puissance et à une action matérielle, ignorants du passé et de l'avenir, sont incapables de diriger le présent, si ce n'est en subordonnant leur intervention aux conseils d'une autorité théorique qui s'interdise toute action spéciale, pour faire constamment prévaloir l'harmonie générale, et à laquelle ils demandent leur consécration. Cette autorité théorique, c'est le sacerdoce.

Ainsi, «il n'existe point de société sans gouvernement»; «Aucune société ne peut se conserver et se développer sans un sacerdoce quelconque.» Tels sont les deux axiomes fondamentaux du régime positif. Le sacerdoce, «pareillement indispensable à tous pour l'éducation et le conseil, est seul capable de consacrer les gouvernants et de protéger les gouvernés. Il constitue le modérateur normal de la vie publique, comme la femme celui de la vie privée», le véritable pouvoir spirituel, en un mot.

Le sacerdoce est chargé de la direction de l'éducation, dont ses autres fonctions sociales, telles que la prédication, la consécration des fonctions et des organes, le conseil dans les actes importants de la vie, la solution amiable des conflits pratiques, ne sont que la suite et le prolongement nécessaire.

L'éducation exige le concours de la femme et du prêtre. S'étendant jusqu'à l'âge de vingt et un ans, elle se divise en trois périodes : pendant la première, qui se termine avec la dentition, la mère dirige seule l'éducation spontanée, où le développement corporel doit prévaloir, mais à laquelle le cœur prend une part décisive. De la dentition à la puberté, l'éducation domestique comporte des études régulières, surtout esthétiques, toujours dirigées par la mère, quand celle-ci a reçu l'éducation universelle. L'essor moral y continue, et le culte s'y développe avec les moyens d'expression. Les exercices esthétiques de la seconde période se terminent par un chant et un portrait consacrés à la mère.

Dépourvu de toute préparation scientique, mais non de curiosité religieuse, l'enfant reste naturellement fétichiste pendant la première phase, et devient polythéiste pendant la seconde phase de l'éducation domestique.

Vers l'âge de quatorze ans commence enfin pour l'adolescent le développement systématique de l'intelligence avec l'enseignement du dogme positif. Il va, chaque semaine, toujours sous la surintendance maternelle, dans l'école annexée au temple de l'Humanité, entendre du sacerdoce une ou deux leçons, dans l'ordre fixé par l'échelle encyclopédique des sciences. « A ces sept degrés fondamentaux correspondent autant d'années du noviciat théorique, en réservant le quart de chacune d'elles pour l'examen et le repos. Le nombre de leçons annuelles se trouve ainsi réduit à quarante, avec une seule par semaine, ce qui suffit à l'étude philosophique de chaque science, depuis la géométrie jusqu'à la morale. » Par exception, l'étendue et la difficulté de l'initiation mathématique exigent deux leçons par semaine, pendant les deux premières années. Dans cette dernière période de sept ans, s'opère la transition au positivisme final.

L'éducation de la femme, qui doit avoir *des clartés de tout* (Molière), est soumise au même régime et a lieu par les mêmes organes; seulement, l'enseignement mathématique des deux premières années est réduit de moitié.

Les moyens que le sacerdoce emploie pour remplir son office social dérivent tous de l'éducation, de la morale et de son influence sur l'opinion publique. Son action s'exerce d'abord par la persuasion sur le cœur et sur l'esprit, sans aucune coercition, toujours opposée à la nature du pouvoir spirituel. Si les tendances intérieures ne peuvent être ainsi rectifiées, le sacerdoce les contient par le jugement d'autrui, qui « comporte successivement trois degrés généraux. Le sacerdoce emploie d'abord la simple remontrance domestique, devant les proches et les amis convoqués spécialement; puis le blâme public, proclamé dans le temple de l'Humanité; enfin l'excommunication sociale, temporaire ou perpétuelle. » Cette réprobation, purement spirituelle, reposant sur la libre sanction du public, peut cependant avoir des conséquences matérielles analogues à celles de l'excommunication catholique.

La législation pénale demeure toutefois nécessaire pour suppléer à l'insuffisance de la morale. La prépondérance accidentelle des mauvais penchants, dans certaines natures vicieuses, exigera toujours une répression physique, qui pourra même aller jusqu'à la mort juridique, bien que ces cas exceptionnels doivent devenir de plus en plus rares à mesure que l'Humanité accomplit son évolution progressive.

Sans entrer dans les détails de la constitution du sacerdoce positif, nous dirons seulement qu'il doit renoncer complètement à la domination temporelle, et même à la simple richesse : « La classe contemplative doit toujours être collectivement nourrie par la classe active. »

§ 156. — Le régime, comme le culte, se divise en régime privé et en régime public ; et dans le premier on distingue l'existence personnelle et la vie domestique.

La première est régie, comme nous l'avons déjà indiqué, en dehors de tout système, par la règle morale : Vivre pour autrui, qui devient la base de toute la conduite humaine, où les instincts sympathiques comportent seuls un essor indéfini. Les instincts personnels y sont implicitement sanctionnés, comme nécessaires à notre existence, mais à la condition de demeurer subordonnés aux premiers.

Au nom de l'Humanité, qui exige un dévouement entier de ses serviteurs, la morale positive condamne le suicide, les excès de discipline corporelle, aussi bien que l'abus de l'instinct sexuel, de l'instinct nutritif, et les excitations des boissons fermentées qui les engendrent le plus souvent. « L'ensemble de ces règles systématise, chez les deux sexes, la vraie pureté, première base d'une inébranlable moralité. En effet, cette précieuse expression ne doit pas se borner aux deux organes contigus qui déterminent la conservation de l'espèce et de l'individu. Nous devons aussi l'étendre à l'ensemble des sept instincts personnels que nous avons toujours à purifier suffisamment, d'après leur subordination morale au service continu de l'Humanité. »

Le régime domestique repose essentiellement sur la constitution altruiste du mariage. Cette union, qui ne semblait avoir pour objet que la satisfaction, légitime d'ailleurs, de l'instinct sexuel, et la conservation de l'espèce, doit être conçue comme destinée surtout au perfectionnement mutuel des deux sexes. La femme y développe sa prééminence affective, l'homme sa supériorité active. «Quant à l'intelligence, elle offre d'un côté plus de force et d'étendue, de l'autre plus de justesse et de pénétration. Tout concourt donc à prouver l'efficacité mutuelle de cette intime union, qui constitue la plus parfaite amitié, embellie par une incomparable possession réciproque.

Les appétits sexuels n'ont ici d'autre destination que de produire ou d'entretenir, surtout chez l'homme, les impulsions propres à développer la tendresse. Mais il faut, pour cela, que leurs satisfactions restent très modérées; autrement leur nature, profondément égoïste, tend, au contraire, à stimuler la personnalité, presque autant que le font les excès nutritifs, et souvent même avec plus de gravité, parce que la femme s'y trouve odieusement sacrifiée aux brutalités de l'homme.»

Ce caractère supérieur du mariage se trouve complété par la chasteté des unions permises aux couples qui, incapables de concourir dignement à la propagation de l'espèce, y trouvent cependant, sous cette condition, une satisfaction suffisante de leurs sentiments affectifs; et par le veuvage perpétuel, qui seul peut assurer aux relations domestiques la fixité et la plénitude nécessaires à leur efficacité morale. L'union conjugale, ainsi instituée, peut-elle être entièrement dissoute? Oui, mais dans un seul cas : celui de la condamnation de l'un des époux à une peine infamante qui entraîne la mort sociale. «Dans les autres perturbations, l'indignité suffisamment prolongée peut seulement déterminer la rupture morale du lien, qui produit une séparation personnelle, mais sans permettre un nouveau mariage. La religion positive impose alors à l'innocent une chasteté compatible d'ailleurs avec la plus profonde tendresse.»

Quant aux conditions matérielles de la constitution domestique, elles résultent de la destination morale et sociale de la femme, qui remplit dans la famille, comme mère et comme épouse, un office analogue à celui du pouvoir spirituel dans l'État. La femme doit donc rester au foyer domestique, loin des travaux extérieurs, pour y poursuivre librement le perfectionnement moral de son époux et de ses enfants. Une règle fondamentale du régime positif est que *l'homme doit nourrir la femme,* de même que la classe active doit pourvoir à l'entretien de la classe contemplative. « Nourrie d'abord par son père ou ses frères, chaque femme l'est ensuite par son époux ou ses fils. A défaut de ces soutiens spéciaux, l'obligation du sexe actif envers le sexe affectif devient générale, et le gouvernement doit y pourvoir sous l'inspiration du sacerdoce. »

Les femmes se trouvent ainsi écartées, mais sans prescriptions légales obligatoires, de la possession et de la gestion de la richesse, qui auraient pour résultat d'altérer leur caractère et leur destination; et l'union conjugale sera dignement déterminée par des motifs entièrement étrangers à la fortune. Cette modification considérable du régime actuel sera complétée par l'extension de la faculté de tester, et par la libre adoption, de telle sorte que les fils n'aient à attendre sûrement de leurs parents que les moyens nécessaires à leur éducation et à leur première installation.

§ 157. — La base morale du régime public, c'est que personne n'a d'autre droit que celui de faire son devoir. « La notion de droit doit disparaître du domaine politique, comme la notion de cause du domaine philosophique; car toutes deux se rapportent à des volontés indiscutables. Ainsi, les droits quelconques supposent naturellement une source surnaturelle qui peut seule les soustraire à la discussion humaine..... Le positivisme n'admet jamais que des devoirs, chez tous, envers tous... Nous naissons chargés d'obligations de toute espèce, envers nos prédécesseurs, nos successeurs, nos contemporains. Elles ne font ensuite que se développer ou s'accumuler, avant que nous puissions rendre aucun service. Sur quel fondement humain pourrait donc s'asseoir l'idée de droit, qui supposerait raisonnablement une efficacité préalable?... Tout droit humain est donc absurde autant qu'immoral. »

Vivre au grand jour, ne rien faire, par conséquent, qui ne soit avouable; tel est le principe d'où résultent le respect continu de la vérité, le scrupuleux accomplissement des promesses quelconques, et dans lequel se résume toute la morale publique. Elle se complète par la double maxime : *Dévouement des forts aux faibles; vénération des faibles pour les forts.* « Aucune société ne peut durer, si les inférieurs ne respectent pas leurs supérieurs. »

Ces principes sont dans une relation étroite avec la séparation des pouvoirs spirituel et temporel. Car c'est le premier de ces pouvoirs qui doit veiller à leur application en développant les sentiments correspondants, et en intervenant dans les conflits entre les supérieurs et les inférieurs.

La constitution définitive de l'industrie repose sur deux conditions. La première est la division entre les entrepreneurs, qui constituent le patriciat, et les travailleurs, qui forment le prolétariat. Cette division a pu s'établir lorsque, après l'abolition du servage, le développement industriel permit de travailler à l'avance pour les besoins publics, et non plus seulement sur commande.

La seconde est la hiérarchie intérieure du patriciat, qui s'élève des agriculteurs aux fabricants, puis aux commerçants, et enfin aux banquiers. Le patriciat doit être assez condensé pour que chaque industriel y administre tout ce qu'il peut réellement diriger, afin de développer les responsabilités et de réduire les frais généraux. Le morcellement actuel doit donc cesser. La petite bourgeoisie se fondra en partie dans le patriciat et en partie dans le prolétariat, de manière à dissoudre les classes moyennes, dont l'ambition est la principale cause des désordres révolutionnaires.

La concentration des fonctions suppose la concentration des richesses, qui se trouve ainsi rattachée au principe général de la succession des fonctionnaires de tout ordre. L'élection, qui prévaut dans la transition révolutionnaire, a été une protestation longtemps indispensable contre le régime des castes. « Mais, en lui-même, tout choix des supérieurs par les inférieurs est profondément anarchique. Toutes les complications sociales inspirées par la défiance n'aboutissent réellement qu'à l'irresponsabilité. Confiance entière et pleine responsabilité, tel est le double caractère du régime positif. Le digne organe d'une fonction quelconque devient toujours le meilleur juge de son successeur, dont il doit toutefois soumettre la désignation à son propre supérieur..... La richesse étant socialement conçue comme une autorité, sa transmission doit suivre la même règle; ce libre choix de l'héritier, d'après une pleine faculté de tester et d'adopter, fournit le meilleur remède contre les abus ordinaires de la possession. »

La population occidentale, où le régime positif doit d'abord s'établir, composée de cent vingt millions environ d'habitants, sera divisée en soixante républiques. Les grandes agglomérations nationales sont favorables à l'ambition des conquérants, et poussent aux entreprises guerrières, qui finissent ordinairement par l'installation d'un dictateur militaire. Les tendances pacifiques et industrielles prévaudront au contraire dans de petits États, uniquement réunis par le lien religieux, où le patriotisme local deviendra d'ailleurs plus vif en se concentrant.

« Deux mille banquiers, cent mille commerçants, deux cent mille fabricants et quatre cent mille agriculteurs, me paraissent fournir assez de chefs industriels à la population occidentale..... Chez ce petit nombre de patriciens se trouveront concentrés tous les capitaux occidentaux, dont il devront diriger librement l'active application, sous leur constante responsabilité morale, au profit d'un prolétariat trente-trois fois plus nombreux.

» Dans chaque république particulière, le gouvernement proprement dit, c'est-à-dire le suprême pouvoir temporel, appartiendra naturellement aux trois principaux banquiers, respectivement livrés de préférence aux opérations commerciales, manufacturières et agricoles. C'est donc surtout à ces deux cents triumvirs que le sacerdoce occidental, dirigé par le grand prêtre de l'Humanité, devra dignement soumettre les réclamations légitimes d'un immense prolétariat. »

Le travail humain doit être gratuit, et le salaire conçu comme payant, non plus la valeur du fonctionnaire, mais les matériaux qu'il consomme dans l'accomplissement de ses fonctions.

Les satisfactions de l'orgueil et de la vanité sont abandonnées à ceux qui possèdent la richesse et exercent le commandement ou le conseil. Le prolétaire jouit, en compensation, du bonheur que procurent une juste irresponsabilité attachée à une digne soumission, et les affections de la vie domestique.

D'ailleurs, « un prolétaire quelconque doit posséder tous les matériaux d'un usage exclusif et continu, soit à lui-même, soit à sa famille » ; par conséquent, le vêtement, les meubles et même l'habitation.

Le salaire périodique doit être composé de deux parties inégales, l'une propre à l'office correspondant, et l'autre aux résultats journaliers. « C'est le seul moyen de garantir les ouvriers contre les chômages qui ne leur sont point imputables, sans cesser pourtant de permettre aux chefs un juste essor des divers perfectionnements industriels, surtout mécaniques. » Le pouvoir spirituel interviendra dans les conflits entre le patriciat et le prolétariat, sinon pour les prévenir, du moins pour les modérer ; et en tout cas pour flétrir tout procédé militaire des supérieurs ou des inférieurs.

Les républiques occidentales, formées des populations positivistes, auxquelles s'adjoindront successivement les peuples slaves, mahométans, polythéistes, etc., ne seront point politiquement fédérées, mais liées par une même éducation, des mœurs uniformes et des fêtes communes. « Le grand prêtre de l'Humanité constituera, mieux qu'aucun pape du moyen âge, le seul chef vraiment occidental. Il pourra donc, au besoin, concentrer toute l'action sacerdotale afin de réprimer chaque triumvirat tyrannique..... Si les luttes industrielles deviennent pourtant inévitables, sa digne sanction pourra procurer aux coalitions ouvrières une extension décisive, en y faisant participer tous les collaborateurs occidentaux, même en dehors de la profession compromise. Mais, réciproquement, quand le sacerdoce blâmera la conduite des travailleurs, ou seulement refusera de l'approuver, les entrepreneurs surmonteront aisément toutes les réclamations vicieuses. »

§ 158. — Je ne puis point terminer cette rapide analyse de la religion positive sans mentionner le *Système général de commémoration publique propre à la transition organique de la République occidentale*. Cette commémoration consiste à placer chacun des treize mois, chacune des quatre semaines que comprend le mois, et chacun des sept jours de la semaine, sous l'invocation des serviteurs illustres de l'Humanité, qui personnifient respectivement les grandes phases de son passé, ou les arts, les sciences, les vertus et les progrès. Je citerai seulement de ce *calendrier positif*, que Comte appelle aussi le *Tableau concret de la préparation humaine*, ce qui se rapporte aux treize mois :

1. MOÏSE, la Théocratie initiale.
2. HOMÈRE, la Poésie ancienne.
3. ARISTOTE, la Philosophie ancienne.
4. ARCHIMÈDE, la Science ancienne.
5. CÉSAR, la Civilisation ancienne.
6. SAINT PAUL, le Catholicisme.
7. CHARLEMAGNE, la Civilisation féodale.
8. DANTE, l'Épopée moderne.
9. GUTENBERG, l'Industrie moderne.
10. SHAKSPEARE, le Drame moderne.
11. DESCARTES, la Philosophie moderne.
12. FRÉDÉRIC, la Politique moderne.
13. BICHAT, la Science moderne.

Le jour complémentaire de chaque année est consacré à la fête universelle des morts, et le jour additionnel des années bissextiles à la réprobation solennelle des deux principaux rétrogradateurs, Julien et Bonaparte, mais seulement pendant un certain temps (¹).

La célébration des fêtes commémoratives, mensuelles et hebdomadaires du calendrier positif, qui, pour le faire remarquer en passant, a sur les autres l'avantage de la fixité complète des anniversaires, à la fois comme jour de l'année et jour de la semaine; cette célébration, dont il est facile d'imaginer la nature et le développement, constitue le culte public concret, qui ne sera remplacé par le culte abstrait, dont l'ensemble a été précédemment indiqué, qu'à l'époque où l'éducation générale y aura suffisamment préparé les esprits et les cœurs.

§ 159. — Telle est, dans ses traits principaux, cette construction surprenante dont ce qui précède, depuis le § 148, n'est qu'un résumé bien imparfait, extrait du *Catéchisme positif* qui n'est lui-même qu'un abrégé extrêmement condensé du *Cours de philosophie positive*, et en ce qui concerne l'avenir humain, du quatrième volume du *Système de philosophie positive*.

Que faut-il penser maintenant de cette doctrine scientifique, politique, religieuse, qui embrasse toutes les manifestations de la pensée, des sentiments et de l'activité; qui enlace l'homme dans un réseau de prescriptions, de devoirs, de formules, d'exercices, aussi serré que le réseau catholique; qui étend ses prévisions à tout l'avenir, jusqu'à la durée et à la composition des prières quotidiennes, jusqu'à la hiérarchie et aux traitements du sacerdoce, au nombre des industriels, aux salaires du prolétaire?

Lorsque, il y a trente années bientôt, je lus pour la première fois les ouvrages que je viens de citer, et en particulier le Catéchisme positif, cet exposé d'une religion nouvelle, au milieu de l'incrédulité et de l'indifférence de l'époque, refroidit jusqu'à un certain point l'admiration que j'éprouvais pour la première partie, simplement philosophique et scientifique, des spécula-

(¹) Les désignations personnelles du § 158, surtout les dernières, sont susceptibles de révision, suivant Comte lui-même, et n'ont d'ailleurs qu'une destination provisoire, dans le culte positif.

tions de Comte. Cette imitation évidente de l'organisation catholique et féodale; ces expressions mêmes de Grand-Être, de sacerdoce, de sacrements; puis celles de patriciat, de prolétariat, m'inspiraient une sorte de répulsion, ou tout au moins de défiance. Je crois que la plupart des lecteurs ont partagé et partageraient encore ces impressions. Mais je confesse en même temps qu'elles se sont atténuées par la réflexion; que, sur beaucoup de points, j'ai même dépassé l'hésitation, et que je me sens de plus en plus disposé à croire que, sous certaines réserves, sauf le délai d'avènement, sauf la mesure et le degré dans la réalisation, cette doctrine renferme une bonne partie, sinon la totalité, de l'avenir de l'Humanité.

Que reste-t-il en effet, après qu'on l'a dépouillée de cet appareil hiératique, de cette liturgie et de ce vocabulaire catholiques, qui en constituent l'enveloppe, la forme et non le fond? Il reste un dogme, ou, si l'on veut écarter même cette expression, un ensemble de connaissances toujours croissantes et toujours démontrables, qui seules peuvent aujourd'hui servir de base inébranlable à des croyances communes. Il reste la morale la plus pure, la plus élevée qu'on ait jamais proposée pour règle de la conduite humaine, résumée dans une série de formules, d'axiomes sociologiques aussi vrais que profonds, dont je veux encore répéter ici les principaux :

Vivre pour autrui; vivre au grand jour.

L'amour pour principe, l'ordre pour base, et le progrès pour but.

Agir par affection et penser pour agir.

Savoir pour prévoir, afin de pourvoir.

Nul n'a droit qu'à faire son devoir. Etc.

Il reste le principe de la distinction et de la division des pouvoirs spirituel et temporel, qui est la garantie nécessaire de la plus précieuse de toutes les libertés, la liberté de conscience. Il reste les vues les plus nobles et les plus saines sur la destination et la condition de la femme, sur l'éducation, sur la constition de la famille, sur l'ensemble des devoirs sociaux.

Il ne faudrait point d'ailleurs rejeter légèrement des conceptions qui n'auraient que le tort de rappeler trop exactement la destination et la forme des religions antérieures. Si l'on admet, en effet, que l'inconnaissable, relégué dans des sphères de plus en plus éloignées, et, pour ainsi dire, étrangères à l'homme, ne peut plus servir de base ni à de communes croyances, ni à une religion, ni, par conséquent, à un lien social; qu'il ne peut exister toutefois de sociétés stables et progressives sans croyances communes, sans religion dans le sens positif de cette expression, et sans culte (on dit la religion du devoir, le culte du drapeau, le culte des beaux-arts..., etc.), à quelles conceptions, à quelles doctrines faut-il donc avoir recours? Quel être pouvons-nous connaître, aimer et servir, qui soit plus grand que l'Humanité, composée surtout de l'élite de nos prédécesseurs? Quel culte, quelle religion pouvons-nous imaginer, autres que le culte et la religion de l'Humanité, qui se trouvent d'ailleurs au fond de tout système religieux, catholique aussi bien que polythéiste ou fétichiste, dans l'institution des saints comme dans la déification des héros, dans le culte des ancêtres et dans la commémoration des morts? Sur quelle autre vie pouvons-nous sûrement compter, autre que cette vie subjective, qui consiste dans la mémoire que conserve de nous la postérité, et à laquelle on a donné le nom ambitieux d'immortalité, ou tout au moins dans le souvenir plus ou moins durable que nous laissons au cœur de ceux qui nous ont aimés?

§ 160. — Ici toutefois, le doute et les difficultés commencent. Le culte de ce petit, je dirais presque misérable grand Être, roulant obscurément avec sa planète dans un coin de l'espace immense, aura-t-il une efficacité suffisante pour produire cette adoration, cette exaltation religieuse, sur lesquelles on veut fonder la morale et le régime positifs? Pour la morale privée et domestique, passe encore; mais le régime, la politique, la constitution sociale, en un mot! Si nous récapitulons les principales dispositions de ce régime, nous voyons qu'elles comprennent :

Un sacerdoce qui se recrute par lui-même, et dont le chef, beaucoup plus qu'un pape du moyen âge, est le véritable souverain des populations positives, politiquement très divisées;

Un patriciat, c'est-à-dire une aristocratie industrielle qui détient toutes les richesses, toute la terre, tout le capital, et en dispose à son gré;

Un prolétariat qui ne possède rien et vit de son travail manuel, sous la direction du sacerdoce et sous l'autorité des industriels.

Des gouvernements temporels, appelés républicains il est vrai, mais complètement oligarchiques;

La faculté absolue de tester et la désignation des successeurs de toute sorte remplaçant l'hérédité et l'élection;

Le travail de toute nature, considéré comme une fonction sociale, gratuit en principe, et rémunéré seulement suivant les besoins du travailleur.

Tout cela reposant sur le développement des instincts sympathiques, sur la prépondérance de l'altruisme, sur le dévouement à l'Humanité, sur l'éducation enfin, qui est bien puissante, mais pas au point de transformer la nature humaine et de changer le cours de son évolution. Si ce n'est point là une utopie, c'est du moins un idéal dont nous sommes encore bien éloignés. Que résulterait-il d'une déviation de cet organisme rigide, d'une coalition, par exemple, comme on en a vu, du sacerdoce et du patriciat contre la masse prolétaire? Il en sortirait une effroyable oppression, suivie sans doute de violentes commotions populaires et de longues perturbations de l'ordre et du progrès, c'est-à-dire la répétition des événements révolutionnaires qui remplissent l'histoire.

Parmi les considérations qui touchent au régime politique extérieur de l'avenir, il en est une, toutefois, qui nous paraît motiver une adhésion définitive : c'est la division des populations civiles en petites agglomérations indépendantes, d'une étendue semblable, par exemple, à celle de la Suisse ou de la Belgique. Il est clair que si l'Europe comprenait une soixantaine de républiques industrielles, ayant à peu près la même constitution sociale, au lieu de cinq ou six grandes nations militaires, les conflits qui s'élèveraient entre quelques-uns de ces petits États seraient facilement et pacifiquement réprimés par l'arbitrage et par l'intervention des autres. Ce que l'on nomme l'équilibre européen aurait alors quelque stabilité, tandis que chaque grande puissance fait maintenant appel à la force pour régler ses différends, lorsqu'elle croit pouvoir compter sur l'alliance ou la neutralité de ses voisins. Les rêves d'empire universel, de même que les conquêtes et les annexions, doivent donc être condamnés comme contraires aux véritables tendances de l'humanité.

Il est juste, enfin, de reconnaître que l'auteur du Système de politique positive exclut toute contrainte matérielle et ne compte que sur la libre adhésion des esprits et des volontés aux doctrines qu'il a développées. C'est donc la liberté humaine qui aura le dernier mot dans ces grandes questions. Interrogeons-là, pour finir, avec H. Spencer.

§ 161. — Quand on parcourt les ouvrages considérables du philosophe anglais, qui ont paru jusqu'à présent, on est frappé, comme nous l'avons déjà fait ressortir, de l'abondance de ses observations sociologiques, de son analyse pénétrante du passé, de la hauteur de ses vues générales; mais on trouve peu de chose concernant l'avenir, soit que l'auteur ne veuille point conclure, soit qu'il réserve ses conclusions pour finir son œuvre. Dans son *Introduction à la science sociale*, page 128, il écrit « qu'il nous est aussi impossible de pressentir les états sociaux vers lesquels marche notre race, qu'à un pirate normand de concevoir notre état social actuel. » Faut-il en conclure qu'il n'y a point, suivant lui, de prévision, et par conséquent, suivant nous, point de science sociale? Ailleurs, après avoir énuméré les groupes nombreux de phénomènes sociaux, entre lesquels il existe un *consensus*, il ajoute : « Le plus beau résultat qu'on puisse atteindre en sociologie, c'est d'embrasser le vaste agrégat hétérogène du genre humain, de manière à voir comment chaque groupe se trouve, à chaque période, déterminé en partie par ses propres antécédents et en partie par les actions passées et présentes que les autres groupes exercent sur lui. » (*Principes de sociologie*, t. I, p. 590.) Faut-il entendre que cette détermination ne concerne que les périodes écoulées de l'évolution humaine? Dans ce cas encore, il y aurait une histoire sociale fort intéressante sans doute, mais dépourvue d'utilité pratique; il n'y aurait pas une sociologie.

Dans le même ouvrage, page 168, H. Spencer dit que si le moment était convenable, il pourrait tracer les linéaments d'un type social à venir, possible, différant autant du type industriel que celui-ci diffère du type déprédateur. « Comme le contraste entre les types déprédateur et industriel a pour signe la transformation de la croyance que les individus existent au profit de l'État, en une autre croyance d'après laquelle l'État existe au profit des individus, de même le contraste qui existe entre le type industriel et le type *qui doit probablement s'en dégager* a pour signe la transformation de la croyance que la vie a pour but le travail, qui deviendra cette autre croyance que le travail a pour but la vie. »

Cette fois, il y a bien là une prévision sociologique, et même d'une extrême importance, ainsi que nous l'avons déjà remarqué § 106. Ce n'est point la seule dans H. Spencer, où nous trouvons, entre autres et en résumé, ce qui suit :

Les idées de cause et d'origine, malgré toutes les transformations qu'elles pourront encore subir, ne disparaîtront jamais de la conscience, ni avec elles les sentiments correspondants. La science fait reculer le mystère, l'inconnaissable, mais ne le supprime pas. Il y a décroissance continue dans le caractère concret du sentiment religieux; les formes particulières qu'il revêt se modifient, s'effacent, par suite du progrès intellectuel mais la substance de ce sentiment persistera.

L'objet du sentiment religieux ne peut pas être remplacé par un autre objet, tel que le propose la *Religion de l'Humanité*. « Quelque dominant que puisse devenir le sentiment moral voué à l'humanité, il ne pourra jamais se substituer au sentiment religieux, éveillé par ce qui existe au delà de l'humanité et au delà de toutes choses. » (*Introduction à la science sociale*, p. 334.)

En ce qui concerne la conduite humaine, la morale, « l'absurdité de l'altruisme absolu devient manifeste si l'on réfléchit qu'il n'est praticable sur une grande échelle que s'il se trouve dans la même société une moitié égoïste à côté d'une moitié altruiste... L'altruisme pur dans une société implique une notion humaine qui rend l'altruisme pur impossible, faute de gens envers qui le pratiquer. »

Il y aura cependant diminution de l'égoïsme et accroissement de l'altruisme. « A une personnalité latente s'adjoindra une disposition générale à céder aux autres, contre-balancée par le refus de ceux-ci de recevoir plus que leur dû. » (*Ibid.*, p. 208 et 209.)

Les vues de H. Spencer sur la constitution future de la famille ne diffèrent pas beaucoup de celles de A. Comte, si ce n'est sur un point important. Tandis que celui-ci pose en principe l'indissolubilité du mariage, le premier pense que l'opinion publique réprouvera un jour les unions conjugales où l'union par affection sera dissoute.

Quant à la constitution sociale et aux institutions qui s'y rattachent, le sens de l'évolution dans le passé, se prolongeant dans l'avenir, en détermine sinon les détails, du moins le caractère général.

Comme tous les agrégats, comme tous les organismes, les sociétés humaines tendent vers l'équilibre, avec des oscillations de moins en moins étendues : équilibre dans l'industrie entre l'offre et la demande; dans le développement numérique de l'espèce, entre la fécondité et les moyens de subsistance; dans les relations privées, publiques et internationales, entre les impulsions agressives et les sentiments d'union qui sollicitent les hommes, entre les institutions gouvernementales et les désirs des peuples.

« Ce qui caractérise l'établissement de cet équilibre (le dernier), c'est un état de la nature de l'homme et de l'organisation sociale tel, que l'individu n'ait aucun désir qui ne puisse être satisfait sans qu'il sorte de sa propre sphère d'action, tandis que la société n'impose de limites que celles que l'individu respecte librement. L'extension progressive de la liberté des citoyens et l'abrogation des restrictions politiques qui en est la conséquence, tels sont les degrés par lesquels nous nous élevons à cet état.

» Enfin, l'abolition définitive de toutes les restrictions imposées à la liberté de chacun, à l'exception de celles qui résultent de la même liberté chez tous, est le résultat de l'équilibre complet entre les désirs de l'homme et la conduite qu'imposent les conditions du milieu. »

Cet équilibre complet serait l'idéal, la perfection de l'organisme social, et le progrès consiste à en approcher par des oscillations de moins en moins étendues.

Ainsi, dans la théorie de H. Spencer, c'est la liberté humaine, l'indépendance personnelle, l'initiative individuelle, qui doivent prévaloir. Le type destructeur, déprédateur, guerrier, en un mot, entraîne, dans les sociétés où il domine, la concentration de l'autorité, le despotisme, l'esclavage, ou le servage, ou le service militaire obligatoire, la contrainte matérielle enfin sous toutes ses formes. La substitution du type industriel au type militaire modifiera de plus en plus la forme et la destination du gouvernement, qui se bornera à protéger la liberté des citoyens. La contrainte primitive fera place à l'action volontaire; la contrainte morale elle-même, imposée par le théologisme, sous la menace des châtiments ultra-mondains, sera remplacée par la tendance de l'homme, de plus en plus éclairée, à se conformer aux lois de sa nature et, par son adaptation progressive aux conditions de son milieu cosmique et social.

Le moins de gouvernement possible, et la plus grande somme possible de liberté individuelle; telle est la conclusion de cette théorie. Nous l'acceptons, mais en faisant remarquer que par là le but se trouve déterminé, mais non les moyens, et que ceux-ci, en définitive, ne se trouvent que dans le développement des instincts sympathiques, et dans leur prédominance sur les instincts personnels; tout au moins dans une juste combinaison de l'égoïsme et de l'altruisme, où celui-ci entre pour une part de plus en plus grande.

§ 162. — Malgré les difficultés de ces hautes questions, et les divergences de doctrine qui se produisent dès le début de la sociologie, je voudrais bien conclure à mon tour; et je vais essayer de le faire simplement et sans vaine réserve.

L'intelligence humaine rencontre de toutes parts des limites infranchissables, dans l'espace, le temps, le mouvement, la cause, la substance, dans l'origine et la fin de l'univers, dans la divisibilité de la matière, et dans ses rapports avec la pensée, le sentiment et la volonté. La science fait reculer ces limites; mais elle ne pourra jamais les supprimer. Tout ce qui est en deçà constitue l'objet de la connaissance réelle, positive, démontrable. Tout ce qui est au delà forme le domaine vague, obscur, infini, de l'inconnaissable.

L'homme se plaira toujours à contempler ce domaine, à s'y transporter en imagination, et même à s'y égarer. La pensée de l'inconnaissable hantera toujours le cerveau humain, mais sans autre résultat que d'y faire naître la notion de la relativité de nos connaissances, et le sentiment de la résignation à notre humble destinée; résultat important, il est vrai, au point de vue logique et au point de vue moral.

Ce n'est plus dans cet ordre d'idée qu'il faut chercher les éléments du lien social, ni les règles de la conduite publique et privée, pas plus que des explications cosmogoniques, en un mot, et dans le vrai sens de ce mot, une religion.

Que cette expression doive d'ailleurs ou ne doive pas être

conservée, les croyances communes, la sociabilité et la morale qui s'y rattachent, ne peuvent résulter que des vérités scientifiques, démontrées et démontrables, dues à l'étude positive de l'ordre extérieur et de l'ordre humain.

Des lois invariables, c'est-à-dire des relations de similitude, de simultanéité, de succession, régissent ces deux ordres de phénomènes. Mais, parmi ceux-ci, les uns, tels que les phénomènes astronomiques, sont complètement soustraits à l'intervention humaine; tandis que les autres, et particulièrement les faits organiques et sociaux, admettent cette intervention à un certain degré; non pas que les lois de l'évolution y soient moins déterminées qu'ailleurs, mais parce que la complexité des phénomènes y permet, dans la limite des conditions générales, des modifications plus étendues. De là, pour l'homme, un vaste champ d'études, d'activité et de perfectionnement.

Rien ne prouve qu'il existe une unité objective dans le monde extérieur; en d'autres termes, que tous les phénomènes observables puissent être ramenés à un principe unique et général; mais rien ne prouve le contraire, et il n'est pas défendu de rechercher cette unité, cette loi générale, pourvu qu'on ne prenne point des hypothèses pour des réalités. Lors même que cette recherche conduirait à la découverte d'un principe unique, il resterait toujours au delà quelque chose d'inexpliqué et d'inexplicable.

Nous ne connaissons, de science certaine, qu'une seule unité, l'unité subjective du moi humain, qui résulte, d'une manière incompréhensible d'ailleurs, du jeu et du *consensus* des diverses parties de la masse encéphalique, et dont les attributs sont l'intelligence, la sensibilité et l'activité.

Chacune de ces facultés, suivant sa loi propre d'évolution, tend à devenir, l'intelligence de plus en plus synthétique, la sensibilité de plus en plus sympathique, et l'activité de plus en plus synergique. En d'autres termes : abandonnant les méthodes et les explications théologiques ou métaphysiques, l'esprit humain s'attache exclusivement à la recherche et à la généralisation des lois invariables du monde extérieur, successivement substituées aux volontés arbitraires; tandis que, surmontant l'impulsion égoïste de ses instincts personnels, le cœur humain s'ouvre de plus en plus aux sentiments de bienveillance, d'attachement et de dévouement, à l'altruisme en un mot; et que l'activité humaine, d'abord déprédatrice, destructrice et militaire, devenant progressivement pacifique et industrielle, remplace l'antagonisme primitif des individus et des peuples, par la convergence des efforts et la coopération des travaux.

Le devoir de l'homme, qui est en même temps son avenir, consiste à développer, autant que possible, ces tendances de sa nature en lui-même, et dans toutes ses relations publiques et privées.

§ 163. — C'est ici que viennent se placer les grandes maximes positivistes. La première : *Vivre pour autrui*, est la base de toute la morale. La seconde : *Savoir pour prévoir, afin de pourvoir*, est la règle de l'intelligence; et la troisième : *Agir par affection et penser pour agir*, exprime la loi de notre activité privée; tandis que la quatrième : *L'amour pour principe, l'ordre pour base et le progrès pour but*, résume toute l'activité sociale, l'évolution humaine tout entière.

Si la première de ces maximes paraît trop absolue, il faut se rappeler que les instincts personnels conserveront toujours assez de puissance, et qu'il n'est guère à craindre que les hommes se sacrifient habituellement et réciproquement à leurs semblables, au point d'introduire la confusion dans les rapports sociaux, par un excès de dévouement réciproque.

La vie pour autrui a d'ailleurs ses degrés.

L'homme vit d'abord pour la famille, puis pour la cité et la patrie, et enfin pour l'Humanité. L'amour de la famille et de la patrie se sont partagé de tout temps le cœur humain : l'amour de l'Humanité est un sentiment relativement moderne. C'est l'instinct affectif le plus compréhensif, le seul sentiment où aucune rivalité ne puisse se rencontrer, et où la sympathie se développe sans limite et sans contradiction; mais en même temps le plus faible, par suite de sa généralité même.

Laissant de côté les expressions, consacrées par d'autres usages et d'autres conceptions, d'Être Suprême et de Déesse auguste, il faut reconnaître que l'Humanité est le plus grand être collectif que nous connaissions. L'Humanité, composée de la totalité des morts et de l'ensemble des vivants, nous donne le sentiment de la continuité qui se rapporte aux premiers, et de la solidarité qui se rapporte aux seconds. C'est d'elle que nous recevons tout, par l'intermédiaire des parents et des générations passées. Nous en sommes les enfants; nous devons en être les serviteurs, pour en devenir les membres. Personnifiée dans les hommes de tous les temps, illustres par leur génie, par leur science ou par leurs vertus, elle est digne de toute notre vénération et de tout notre dévouement.

Le culte des demi-dieux, des héros, des saints, en un mot, des grands hommes, a toujours existé. Leur commémoration, la célébration de leurs vertus, l'idéalisation des liens fondamentaux de la société, sont les exercices les plus propres à fortifier ces liens, à développer ces vertus, à perfectionner l'ordre humain, individuel et social. Les solennités correspondantes, jointes aux anniversaires domestiques, aux fêtes nationales, peuvent constituer un véritable culte, dans le sens général que nous avons attribué à cette expression.

L'avenir décidera si une foi commune à des vérités toujours démontrables, et des règles communes de conduite, si l'unité intellectuelle et l'accord des sentiments suffiront à établir entre les hommes des liens assez fermes, assez puissants, pour que leur ensemble mérite le nom de religion. En tout cas, je ne vois nulle part les germes d'autres éléments religieux.

Il ne faut point chercher la sanction de la morale dans des récompenses ou des châtiments ultra-mondains. Suivant qu'un organisme quelconque se conforme aux lois de son évolution ou s'en écarte, il se perfectionne ou dégénère, arrive au bien ou au mal. Dans la conscience, ces résultats se produisent par la satisfaction intérieure ou par les remords; et c'est là que l'homme trouve d'abord, sans parler des répressions sociales, la sanction de sa conduite. Mais cette sanction réside surtout dans l'approbation ou la réprobation de ses semblables, dans le jugement de ses contemporains et dans celui de la postérité. La plus haute des récompenses qu'il puisse obtenir est la perpétuité de sa mémoire; c'est la seule autre vie, la seule espèce d'immortalité à laquelle il puisse sûrement prétendre.

La séparation entre le pouvoir temporel et l'autorité spirituelle a toujours existé, à un certain degré, même dans les sociétés primitives. L'autorité spirituelle ou religieuse, sous le nom de sacerdoce, s'imposait comme représentant d'un pouvoir surnaturel et comme interprète de doctrines révélées. Quelque nom qu'on lui donne, le pouvoir spirituel de l'avenir, dépositaire et interprète de la science, exercera son influence par la démonstration et par la persuasion, sans aucune contrainte matérielle. C'est par l'adhésion volontaire des esprits, au nom des vérités et des principes universellement acceptés, qu'il dirigera l'opinion publique, et qu'il interviendra dans les conflits sociaux. Ses principales attributions seront l'éducation et le culte public tel que je l'ai indiqué. Les sociétés scientifiques, esthétiques ou politiques, les revues, les journaux, peuvent donner une idée, et contiennent les germes d'une autorité spirituelle, dont il serait prématuré de vouloir fixer les détails organiques.

Engagé dans les divers groupes sociaux de la famille, de la cité et de la patrie, qui viennent se fondre dans l'Humanité, l'homme, en se conformant, à tous ces degrés, à la grande maxime : *Vivre pour autrui*, accomplit son devoir et trouve son perfectionnement. A la suite d'une longue oppression personnelle, la déclaration révolutionnaire des droits de l'homme a pu être nécessaire. Mais il importe aujourd'hui de substituer la notion du devoir à celle du droit, ou plutôt de confondre ces deux notions, en ce sens que le droit de chacun consiste à ne point être entravé dans l'accomplissement de son devoir, et, par conséquent, dans l'exercice de sa liberté.

Je ne reviendrai pas sur la constitution du groupe familial et sur la condition de la femme. Je rappelle seulement l'indissolubilité du lien conjugal, sauf les cas d'indignité de part ou d'autre; le devoir de l'homme, qui est de nourrir sa compagne, affranchie, autant que possible, des travaux extérieurs, et la destination spéciale de celle-ci, qui représente, dans la vie domestique, le côté affectif, la direction morale, l'autorité spirituelle, et qui est chargée de l'éducation des enfants, au moins jusqu'à la puberté.

§ 164. — Ces principes, pas plus que les considérations précédentes, relatives à la religion et à la morale, ne me semblent exposés à de sérieuses contradictions de la part des esprits suffisamment émancipés. Il n'en sera pas de même, je le crains, de ce qui me reste à dire sur l'organisation politique et industrielle, soit que la prévision devienne ici plus difficile et moins déterminée, soit qu'elle heurte les opinions des réformateurs radicaux.

On admettra cependant, tout d'abord, avec la plupart des penseurs modernes, que l'état industriel se substituera à l'état militaire, et que le travail de toute nature, par opposition à la guerre, constitue la véritable destination sociale.

Après l'abolition de l'esclavage et du servage, c'est-à-dire du travail contraint, le travail libre (pour autant qu'il n'est point imposé par les nécessités de l'existence) peut prendre deux formes différentes : le salariat ou l'association.

L'intelligence, l'activité personnelle, l'unité de commandement, la responsabilité d'une part, le concours dévoué ou intéressé des coopérateurs d'autre part, sont les conditions nécessaires du succès de toute entreprise. Le travail exécuté par les salariés sous la direction des chefs d'industrie satisfait le mieux aux premières conditions, et l'association à la seconde.

L'avenir décidera si ces deux formes sont exclusives l'une de l'autre, et, dans ce cas, laquelle doit prévaloir; ou plutôt si elles ne subsisteront pas l'une et l'autre, suivant les lieux, les circonstances de race et de climat, et suivant la nature même des entreprises.

Je suis porté à croire que le salariat restera la forme du travail, sinon exclusive, du moins dominante, mais avec d'importantes améliorations qu'il faut indiquer.

Les richesses possédées par une génération, c'est-à-dire la terre cultivée, l'outillage de toute nature, les moyens d'échange, les procédés industriels, les inventions, les connaissances acquises, sont, pour la plus grande part, le produit du travail des générations précédentes. Le travail lui-même, pour être productif, demande un concours, une coopération qui n'est point entièrement soldée par le salaire distribué à chaque travailleur séparément. L'homme isolé, privé de toute collaboration, vivrait misérablement, quels que fussent ses dons naturels et ses capitaux.

Si l'on retranchait d'une propriété individuelle ce qui vient d'usurpation primitive et de pillage, aux époques de guerre et de conquête, ce qui vient d'héritage et n'est possédé, par conséquent, que sous certaines conditions législatives qui varient avec les temps et les lieux, enfin et surtout ce qui est dû à la solidarité humaine, il resterait bien peu, dans la plupart des cas, comme produit du travail personnel du possesseur. Je ne veux point dire par là que la possession actuelle soit illégitime, et qu'il faille y porter une atteinte quelconque; mais seulement que les détenteurs de la richesse doivent être amenés à se considérer plutôt comme des administrateurs et des dispensateurs de cette richesse, que comme des propriétaires ayant le droit d'user et d'abuser.

D'autre part, malgré les guerres ruineuses qui désolent encore les sociétés les plus civilisées, la richesse va toujours croissant; elle augmentera dans une mesure presque indéfinie, lorsque ces sociétés cesseront d'être troublées, ou ne le seront plus qu'exceptionnellement dans leur développement industriel et pacifique.

Il est donc permis de prévoir que, de l'initiative même des riches, propriétaires, industriels ou entrepreneurs, dont il ne manque pas d'exemples, dès à présent, non seulement les travailleurs auront un salaire et des loisirs suffisants pour la satisfaction de leurs besoins matériels, intellectuels et moraux; mais qu'ils seront un jour garantis contre les chômages, les maladies et l'incapacité de la vieillesse. Il est certain que cela doit arriver, et que la paix sociale est à ce prix; et il est possible que, sous ces conditions, le salarié préfère en général la tranquillité et la sécurité de sa situation aux soucis, à la responsabilité, aux chances diverses de petit entrepreneur ou d'associé. La question du travail, qui soulève de nos jours tant de controverses et de préoccupations, se trouverait ainsi résolue. Cette solution est liée, comme on le voit, au développement de la grande industrie agricole et manufacturière, à l'augmentation de la richesse générale, à l'essor de l'altruisme, à la paix enfin intérieure et extérieure.

§ 165. — Les modifications de l'appareil régulateur, c'est-à-dire du gouvernement, suivront naturellement celles de l'appareil producteur : les chefs militaires, provisoirement remplacés par les légistes, les avocats et les écrivains, feront définitivement place aux chefs industriels, beaucoup plus propres que ces derniers à prendre la direction temporelle de la société.

L'hérédité des fonctions, consacrée autrefois par la loi civile ou religieuse ou par l'usage, ayant constamment décru dans les sociétés modernes, s'est finalement concentrée dans les fonctions politiques, exercées par la royauté ou par l'aristocratie.

Il n'est pas douteux que l'hérédité politique tende à disparaître complètement, et que le choix des fonctionnaires de tout ordre doive avoir lieu par l'élection ou par l'adoption, ou par les deux modes à la fois.

L'adoption consisterait, suivant A. Comte, en ce que le titulaire, au moment de cesser ses fonctions, proposerait son successeur à l'approbation de son supérieur, sous certaines conditions de capacité déterminées. Ainsi entendu, ce mode de désignation aux emplois publics paraît le plus rationnel et se trouve déjà en usage pour la plupart des fonctions administratives, c'est-à-dire des fonctions secondaires de gouvernement.

L'avenir décidera si, dans les sociétés bien ordonnées, l'adoption ou, s'il s'agit d'une assemblée, le remplacement de ses membres par l'assemblée elle-même peut être appliqué aux fonctions politiques. Il ne faut point se dissimuler qu'il pourrait en résulter une aristocratie ou un patriciat (suivant l'expression de Comte) conservateur à l'excès, incapable d'évolution, chez lequel l'instinct de l'ordre étoufferait le sentiment du progrès.

Je crois donc que longtemps encore, si ce n'est toujours, il faudra recourir à l'élection pour constituer le pouvoir politique. Mais l'élection elle-même, qui comporte divers modes et degrés, doit être soumise à deux conditions : la première, que l'électeur connaisse suffisamment le représentant qu'il choisit ; la seconde, qu'il soit suffisamment éclairé pour ne point donner aveuglément sa confiance. Si ces deux conditions ne sont pas remplies, l'ordre social peut courir des dangers sur lesquels il n'est pas nécessaire d'insister.

De là plusieurs conséquences d'un caractère général. La femme, destinée aux occupations intérieures, et déjà suffisamment représentée par le père, le mari ou le frère, ne doit point prendre part aux élections. Il en est de même des adultes jusqu'à l'âge où commence leur indépendance vis-à-vis du pouvoir paternel. Le droit de vote doit être subordonné à certaines garanties d'instruction élémentaire. Il convient enfin qu'il s'exerce à plusieurs degrés. C'est au pouvoir législatif qu'il appartient de déterminer avec précision les dispositions électorales.

Plus un organisme social est perfectionné, moins le pouvoir régulateur doit s'y faire sentir, et plus les fonctions de gouvernement doivent y être réduites. La société idéale serait celle où l'homme, par suite de sa perfection intellectuelle et morale, sans aucune contrainte, conformerait sa conduite à ses désirs et à l'intérêt public à la fois. Cet idéal ne sera jamais atteint, et, pratiquement, les attributions du gouvernement devront être restreintes à la protection des citoyens dans l'exercice de leur liberté individuelle, à la défense nationale et au maintien de l'ordre intérieur. Je crois qu'il est nécessaire d'y ajouter provisoirement l'exécution de ceux des travaux et des services d'utilité générale, dont l'initiative privée se montre incapable.

Tels sont les aperçus sociologiques auxquels j'arrive, que je n'impose à personne et ne considère pas moi-même comme incontestables, mais que je tiens pour les plus acceptables par la raison moderne, parmi les premiers résultats d'une science difficile qui vient de naître et cherche sa voie.

La tâche que je me suis proposée ne serait cependant pas remplie, si je n'essayais de faire l'application des principes qui précèdent à quelques-unes des principales questions du jour, suivant le précepte positif qui assigne un but pratique et immédiat à toute prévision scientifique.

Encore une remarque cependant avant d'aborder cette question : la politique n'est point une science, c'est un art ; ou, si l'on veut, une science concrète, appliquée. Ses procédés n'ont point l'inflexibilité des vérités abstraites ; ils sont approximatifs, variables et dépendants des circonstances de temps et de lieu, de race et de climat. Il faut, sans doute, en reconnaître autant qu'on le peut, et en soutenir les principes ; mais se garder d'en poursuivre la réalisation absolue, sans délai, partout et toujours. C'est cette dernière tendance qui constitue le radicalisme, aussi bien des conservateurs rétrogrades que des simples démolisseurs, et contre laquelle doivent lutter les vrais constructeurs.

Est-il nécessaire d'ajouter que, les solutions politiques étant essentiellement variables avec l'état correspondant de l'organisme social, les considérations suivantes ne s'appliquent immédiatement qu'à la société française, et que d'ailleurs je n'ai point la prétention d'exposer et de résoudre, dans les quelques pages suivantes, un ensemble de questions aussi importantes, mais de montrer seulement les liens qui unissent la politique proprement dite et la sociologie.

LE PRÉSENT. — QUESTIONS DU JOUR.

République ou Monarchie.

§ 166. — La forme républicaine de gouvernement ne diffère essentiellement de la forme monarchique que par l'élection substituée complètement à l'hérédité dans la constitution du pouvoir central. L'hérédité politique devant, suivant nous, finalement disparaître, il est clair que, s'il n'y a pas lieu de remplacer les monarchies par des républiques partout, violemment et prématurément, du moins les peuples qui possèdent un gouvernement républicain doivent s'efforcer de le maintenir, surtout lorsque ce gouvernement en est, comme en France, à sa seconde ou troisième épreuve et offre déjà certaines garanties d'ordre et de stabilité.

Dans une société démocratique comme la nôtre, il ne saurait plus être question de légitimité ni de droit divin. Peu de personnes admettent encore qu'un homme ait, de par sa naissance, le droit de régner sur le pays. Mais on peut apprécier diversement les avantages d'un pouvoir héréditaire, qui consisteraient surtout à fournir un point d'appui plus fixe et plus résistant contre les entraînements et les excès possibles de la démocratie, à fortifier l'autorité suprême par la durée et la tradition, et en assurer la transmission paisible et régulière.

Malheureusement pour le principe monarchique, ces avantages sont désormais fort contestables en France. On a remarqué en effet que, depuis Louis XIV, c'est-à-dire depuis plus d'un siècle et demi, il n'y a pas eu de transmission directe, de père en fils, de la royauté, et que trois monarques sur sept, de Louis XV à Napoléon III, se sont soumis à l'élection. Quatre fois, d'ailleurs, empereurs et rois, incapables de résister à l'ennemi extérieur ou intérieur, et laissant la nation en proie au démembrement et exposée à l'anarchie, ont été emportés par l'invasion ou par la révolution. Je n'incrimine pas, je ne discute point, je constate les faits et les faiblesses de l'institution.

Il est évident qu'une autorité élue fréquemment perd son prestige et son caractère héréditaire. C'est alors une dictature, appropriée peut-être à certaines circonstances politiques, qu'un vote populaire peut créer, mais qu'un autre vote peut détruire. Il est donc impossible de nier que les monarchistes purs ont raison, à leur point de vue, de persister dans le principe de la continuité du droit de la légitimité, qui n'admet ni l'élection, ni la discussion, et s'impose à la volonté comme la révélation à l'intelligence.

Il faut choisir, en un mot, entre la légitimité et l'élection, et, dans l'état actuel des esprits, le choix n'est point douteux. Or, l'élection, c'est la république. Élire, en effet, un souverain héréditaire, est un acte qui implique contradiction. C'est en vain que l'on invoquerait une sorte de contrat volontaire, bilatéral, passé entre une nation et une dynastie; une génération n'a point le droit de contracter ainsi pour les générations suivantes et de leur imposer des obligations perpétuelles.

Je vais même un peu plus loin, et je dis que, pour rester dans la logique du principe, les fonctions électives ne doivent être conférées que pour une durée dont il est possible d'évaluer le maximum.

Prenons pour exemple le suffrage universel appliqué à l'élection du président de la république. Il y a en France à peu près 9 000 000 d'électeurs, qui ont dépassé l'âge de vingt et un ans. Supposons qu'une élection se fasse à une majorité des deux tiers des voix, soit 6 millions contre 3, et voyons ce que sera devenue la composition du corps électoral dix ans plus tard, en admettant, ce qui nous créera un *à fortiori*, que la population soit restée stationnaire. Chaque année il naît environ 482 000 garçons, dont la moitié atteint à l'âge de vingt et un ans. Ainsi, chaque année de cette période décennale le nombre des électeurs se sera accru de 241 000; en totalité, par conséquent, de 2 410 000, réduits à 2 250 000 par les décès à la fin de la période. Les anciens électeurs auront diminué du même nombre, réparti proportionnellement entre la majorité et la minorité, de sorte que le corps électoral se trouvera composé de 4 500 000 électeurs de l'ancienne majorité, de 2 250 000 de l'ancienne minorité, et de 2 250 000 électeurs nouveaux. On voit que la somme des électeurs des deux dernières catégories égale ceux de la première, et que, par suite, le corps électoral doit de nouveau être consulté.

Ce résultat dépend de l'hypothèse faite sur le rapport de la majorité à la minorité, et ne tient pas compte des modifications qui peuvent se produire avec le temps dans chacun des électeurs et même dans la personne de l'élu. Il ne faudrait donc pas considérer cette période de dix ans comme mathématiquement et invariablement fixée; je suis cependant porté à croire qu'elle est un maximum, au-dessous duquel il convient de rester pour toutes les élections.

Quoi qu'il en soit, le principe électif demeure l'expression la plus avancée du droit politique moderne, et là où la république, qui en est la conséquence, est devenue la forme du gouvernement, elle a pour elle le fait et le droit. Elle a donc, à la fois, l'autorité morale et la force nécessaires pour soumettre les résistances, déjouer les intrigues, repousser les attaques des partis monarchiques et des prétendants, et l'obligation d'agir avec décision et énergie, afin de faire cesser les discussions et les agitations stériles au sujet de la constitution politique du pays, et de diriger tous ses efforts vers le développement de l'industrie et de nos forces militaires, qui nous sont malheureusement aussi nécessaires que jamais.

Par quels motifs, d'ailleurs, les partis opposants ne se rallieraient-ils pas à la république? Ils peuvent se coaliser contre elle; mais si l'un d'eux l'emportait, le jour du triomphe il aurait contre lui tous les autres, plus les républicains. Or, une poignée de ceux-ci, plus jeunes et plus exaltés que réfléchis et habiles, a suffi pour tenir en échec, pendant des années, la royauté de 1830, et pour la renverser enfin. Comment une restauration quelconque pourrait-elle tenir tête à l'énorme parti républicain qui s'est formé depuis dans tous les camps et dans toutes les classes, et qui est actuellement le maître de la situation?

La république, d'ailleurs, n'est plus un parti, ou, si l'on veut, c'est le parti de tout le monde; c'est la nation se gouvernant elle-même, ouverte à tous, n'excluant personne parmi ceux qui en reconnaissent la souveraineté. Les prétendants, au contraire, et leurs partisans, sont nécessairement exclusifs. Aussi, abstraction faite de quelques dévouements personnels ou de motifs intéressés, on ne comprendrait pas que la plupart des monarchistes ne vinssent pas prendre la place qui leur est toujours offerte dans le grand parti national, si l'on ne savait que ce n'est point la république, mais la démocratie, qui les effraye, et, il faut l'avouer, non sans quelque raison.

Simplicité ou complexité dans l'appareil régulateur.

§ 167. — De toutes les combinaisons constitutionnelles que l'on peut former avec une chambre de députés, un sénat et un président de république, la plus simple est, sans contredit, celle qui consiste à supprimer président et sénat, et à concentrer tous les pouvoirs dans une assemblée unique. C'est la simplification radicale de l'appareil régulateur, c'est-à-dire du gouvernement. Je n'entrerai point ici dans la discussion d'une question secondaire en sociologie, quoique fort importante en pratique, discussion dans laquelle les raisons pour et contre ont été tant de fois développées. Je veux seulement faire remarquer, et insister sur ce point, que la simplicité, très séduisante en apparence, n'est point une preuve de perfection, pas plus dans les institutions que dans les organismes.

Nous avons vu que le caractère essentiel de l'évolution, du progrès de toutes les existences et de tous les agrégats, est le passage de l'homogène à l'hétérogène dans la structure, la différenciation dans les fonctions et la division dans le travail. La complication ne comprend point implicitement le perfectionnement, mais elle l'accompagne toujours, comme on peut facilement le vérifier dans toutes les œuvres de la nature, de l'art et de l'industrie, et surtout dans les êtres vivants.

Ce caractère du progrès est manifeste dans l'organisme social, et persiste nécessairement dans ses appareils, dans ses fonctions principales, et par conséquent dans la fonction gouvernementale. Je laisse donc de côté tous les reproches plus ou moins fondés que l'on peut faire à une assemblée unique : la rapidité extrême, l'entraînement, la surprise des décisions; le partage éventuel entre deux fractions égales, qui peut faire dépendre les mesures les plus importantes, la guerre par exemple, d'une seule voix inconnue et irresponsable; l'oppression des minorités, l'accaparement successif des fonctions administratives et judiciaires; tout ce qui fait, en un mot, qu'une assemblée unique ne constitue point un gouvernement normal, mais une dictature de salut public, comme notre grande Convention nationale. C'est en vertu d'un principe supérieur de l'évolution que la division des pouvoirs politiques doit être reconnue préférable, dans les circonstances ordinaires, à une dictature quelconque, individuelle ou collective, et que deux assemblées électives, représentant plus particulièrement l'une l'ordre et l'autre le progrès, valent mieux qu'une assemblée unique. La représentation multiple des intérêts sociaux, si nombreux et si variés, rendra toujours plus supportable aux minorités la souveraineté du nombre, que nous devons accepter comme base de l'édifice politique.

Cette sorte d'illusion que produit le désir de simplifier, et qui séduit surtout les esprits enclins au radicalisme, s'étend à d'autres faits sociologiques d'un ordre moins élevé, mais d'une importance pratique encore considérable. Je me borne à citer ici l'impôt unique. Je n'entends point parler de l'impôt dit progressif, qui serait une atteinte à la liberté, à l'initiative, à la responsabilité individuelle, et finalement à la moralité; mais d'un impôt unique, sur le revenu, par exemple, ou sur le capital, dont la simplicité, qui n'est pas en harmonie avec la complexité des faits sociaux, n'est nullement un titre de recommandation, et dont les résultats fiscaux seraient fort douteux. L'impôt devient moins lourd en se divisant, et il n'est nullement paradoxal de dire qu'il se perfectionne en se différenciant.

La Souveraineté du nombre et la Souveraineté du but.

§ 168. — Une république dont la constitution admet deux chambres avec un président électif, ne diffère pas beaucoup d'une monarchie parlementaire, et dans le cas même où elle serait gouvernée par une assemblée unique, elle pourrait être aristocratique ou oligarchique. Ce n'est point par les diverses combinaisons des pouvoirs législatif et exécutif que se manifeste la démocratie; c'est surtout, on pourrait presque dire exclusivement, par la loi électorale; et lorsqu'elle atteint tout son développement, c'est par le suffrage universel, qui n'est autre chose que la souveraineté absolue du nombre.

Qu'est-ce donc au fond que cette souveraineté du nombre, qui paraît brutale et absurde à quelques-uns, admirable à quelques autres, et qui, pour presque tous, se présente pleine de surprise et d'imprévu, sinon de périls? Elle résulte simplement de la division, nécessaire à tout progrès, entre la théorie et la pratique, de la séparation qui doit exister entre l'autorité spirituelle et le pouvoir temporel, des conditions, en un mot, indispensables à la liberté de conscience, à l'indépendance de la pensée.

Il serait absurde, en effet, de soumettre au suffrage populaire, et même au vote d'une assemblée quelconque, fût-elle une académie, des questions d'ordre moral ou scientifique; de faire décider, par exemple, à la majorité des voix, la spiritualité de l'âme, ou la fixité des espèces animales, ou la génération spontanée, et d'imposer, ce qui serait d'ailleurs impossible, de pareilles décisions à la minorité. C'est qu'ici le nombre ne fait rien à l'affaire, ne prouve rien, et que, sur chaque question donnée, il y a généralement un homme qui en sait plus que les autres, et qui, seul quelquefois, a raison contre tous.

La division des esprits sur les questions purement théoriques est toujours regrettable sans doute, mais ne présente pas de graves dangers immédiats. Faute de preuves expérimentales, faute de démonstrations suffisantes, ces questions peuvent demeurer suspendues, être indéfiniment ajournées, ou même reconnues insolubles. Il n'en est pas de même dans le domaine de la pratique, du pouvoir temporel, du gouvernement. Gouverner, c'est agir; l'action exige, pour être efficace, la décision d'abord, puis l'union, la convergence des efforts, c'est-à-dire la soumission de la minorité à la majorité. Cette soumission résulte nécessairement ou d'une contrainte matérielle, ou d'une contrainte morale. Le progrès consiste à substituer la soumission volontaire à la soumission forcée, le vote à la lutte; on se compte au lieu de se battre, et c'est le parti le plus nombreux qui décide, parce qu'il est présumé le plus fort. Tel est le principe, à mon avis incontestable, de la souveraineté du nombre.

Il est un autre principe, que j'appelle la souveraineté du but, et qui est invoqué par ceux auxquels le suffrage universel inspire du dédain ou de la peur. Ceux-là disent : Nous sommes les plus intelligents, les plus habiles et les meilleurs; c'est à nous qu'il appartient d'être les maîtres, de vous gouverner et de faire votre bonheur comme nous l'entendons, et au besoin malgré vous.

On ne s'exprime pas d'une manière aussi précise et aussi impérieuse; mais c'est au fond la pensée des radicaux de toute couleur. Si l'on entend simplement par là que le gouvernement devrait être aux mains des plus capables et des plus dignes, cette déclaration un peu platonique ne rencontrera pas d'objections et ne résoudra rien. Mais si l'on prétend se choisir soi-même et s'adjuger le pouvoir, on trouvera des contradicteurs, des concurrents, qui se diront aussi les plus capables et les plus dignes; et que leur répondre, comment les écarter? Quelle est la mesure, l'unité, qui peut servir à évaluer la capacité de gouvernement? On arrivera nécessairement, d'exclusion en exclusion, à une aristocratie étroite, et finalement à l'autocratie et à l'usurpation, dont on ne veut plus, je suppose, aujourd'hui, après la triste expérience qui en a été faite. C'est au nom de la souveraineté du but que l'on met à la porte les assemblées élues, que l'on fait un choix arbitraire entre les bons et les méchants pour rassurer les uns et faire trembler les autres, et que l'on va honteusement finir à Sedan, en laissant la patrie vaincue et mutilée.

Il faut donc revenir à l'élection. Mais cette élite de citoyens les plus éclairés, les plus dévoués au bien public, par qui sera-t-elle élue, et qui élira ses électeurs, et les électeurs de ceux-ci? Il est clair que, une fois entré dans cette voie, on est conduit logiquement jusqu'au suffrage universel.

Dans l'état actuel, en France, des choses et des esprits, cette théorie n'a pas besoin de longs développements. Il ne s'agit pas de démontrer le suffrage universel, encore moins de le supprimer, car il constitue véritablement la base unique du pouvoir temporel; mais il faut en atténuer autant que possible les dangers.

Ces dangers résultent de ce que la masse électorale est, dit-on, peu éclairée, mobile, facile à tromper, à séduire et à entraîner, pouvant tantôt verser dans l'anarchie, et tantôt se précipiter vers la dictature. Cependant il ne faut rien exagérer : le suffrage universel, soustrait à la pression officielle, délivré de la gêne administrative, exprimera en général la résultante de toutes les influences légitimes qui dérivent de l'opinion publique, de la presse, de la richesse, du talent, des intérêts locaux, de l'autorité même exercée par les propriétaires, les patrons, les chefs d'industrie et d'atelier, etc. Si le suffrage universel est dangereux, il ne l'est donc point en soi; il ne fait que trahir les dangers plus ou moins latents de la constitution sociale, et les introduire, il est vrai, dans le gouvernement même.

A ce point de vue, la souveraineté du nombre doit être soumise à certaines conditions, contenue dans certaines limites.

La première, c'est que la majorité ne devienne point oppressive; c'est que la minorité ait le droit, par la libre discussion, de maintenir et de défendre ses opinions, de s'étendre et de devenir, si possible, majorité à son tour.

La seconde condition, qui se confond en partie avec la première, c'est que le pouvoir temporel n'empiète pas sur l'autorité spirituelle; qu'il respecte la liberté de conscience et des intelligences dans tous les ordres de conceptions et de croyances. La limite entre les deux pouvoirs est parfois difficile à établir; nous en verrons tout à l'heure une preuve. C'est à l'habileté des gouvernants qu'il appartient de la fixer sous le contrôle de l'opinion publique; à leur prudence, de ne point la franchir.

Il faut, en troisième lieu, que le gouvernement gouverne le moins possible; que ses attributions soient bornées à la défense nationale, au maintien de l'ordre intérieur, à la protection de la libre initiative des citoyens, aux fonctions d'intérêt public, que ceux-ci, seuls ou associés, sont impuissants à exercer; fonctions qui varient, mais décroissent en raison du progrès social. La démocratie française, qui marche à la tête des races latines, doit perdre l'habitude de tout attendre de son gouvernement. La race anglo-saxonne est beaucoup plus avancée sous ce rapport; les Allemands du Nord et du Sud, dont les institutions politiques sont moins libérales et plus récentes que les nôtres, jouissent d'une indépendance locale, d'une initiative personnelle et communale plus grandes. Le rôle de l'appareil régulateur est surtout de prévenir ou de réprimer les conflits matériels, de supprimer les obstacles à l'expansion du travail dans toutes les branches de l'activité humaine, de faire la voie libre aux choses, aux hommes et aux idées. Ainsi conçue, ramenée à sa plus simple expression, la souveraineté du nombre, c'est-à-dire la majorité, pèse le moins possible sur la minorité, et réduit au minimum le sacrifice nécessaire et passager d'une partie de l'indépendance de celle-ci, qui lui est demandé au nom de la paix et de l'intérêt publics.

Il faut, enfin, que le suffrage universel soit suffisamment éclairé.

Déjà, par les motifs que nous avons indiqués, les femmes en sont écartées; les hommes n'y participent qu'à partir d'un âge fixé par la loi et sous certaines conditions de domicile; il convient d'y joindre la condition d'une instruction élémentaire, dont l'étendue serait également déterminée par une disposition législative, et qui consisterait au moins dans la lecture et l'écriture. Je connais les objections que l'on peut y faire, et je sais que les électeurs actuellement illettrés ne sont point toujours responsables de leur ignorance. Mais il faut supprimer des spéculations politiques les idées de droit absolu, comme des spéculations scientifiques celles de vérités absolues. Le droit de vote n'est que relatif, et il y sera satisfait si, en offrant d'une part l'instruction élémentaire gratuite, on déclare d'autre part que, dans un certain délai, il faudra savoir lire et écrire pour être inscrit sur les listes électorales.

L'Instruction publique.

§ 169. — J'ai signalé précédemment la difficulté de déterminer les limites de l'action gouvernementale. Nulle part cette difficulté n'est plus grande que dans les questions qui se rapportent à l'instruction. Pourquoi une instruction publique et un ministère correspondant, tandis qu'il n'y a point, par exemple, d'alimentation publique, sauf les cas exceptionnels d'assistance? Le motif de cette différence est facile à saisir : l'instinct nutritif est universel et tout-puissant; il impose à l'homme la contrainte du travail. Le besoin d'instruction, dont les résultats ne sont pas immédiats, produit une excitation plus faible et moins générale dans les masses populaires. La diffusion de l'instruction donne lieu, d'ailleurs, à une sorte de cercle vicieux; car, pour l'apprécier et la donner aux enfants, les parents doivent déjà en posséder eux-mêmes ou savoir du moins en apprécier les résultats.

On comprend donc que le gouvernement intervienne pour faciliter et répandre l'instruction, surtout dans les sociétés démocratiques, où il importe au bien général que chaque citoyen puisse exercer son droit politique avec quelque discernement. L'État construit ou subventionne, dans l'intérêt public, des ports et des voies de communication. S'il n'exécute pas lui-même les transports des produits de toute nature, il supprime les obstacles matériels qui s'opposent à la circulation, et accomplit ainsi l'une de ses fonctions normales. De même, traitant l'ignorance comme un obstacle, et ne pouvant compter absolument sur l'initiative privée pour la détruire, il établira des musées, des collections scientifiques, des laboratoires, des écoles de haut enseignement, etc., et surtout des écoles élémentaires. Admettons même qu'il aille dans celles-ci jusqu'à la gratuité de l'enseignement, c'est-à-dire, autant qu'il dépend de lui, jusqu'à la suppression totale de l'obstacle; je ne pense pas qu'il ait le droit d'en imposer l'obligation; ce serait empiéter sur celui du père de famille, dont on a beaucoup parlé dans ces derniers temps, et qu'il ne faut ni exagérer, ni méconnaître. Ce n'est point, en tout cas, une bonne chose que de substituer la contrainte matérielle au devoir, et de diminuer les responsabilités morales. On aurait tort d'assimiler l'instruction obligatoire au service militaire. Ce dernier est d'une nécessité absolue, tant que les nations doivent lutter les armes à la main pour leur existence. L'instruction est d'une utilité privée et même publique incontestable; l'ignorance est un mal social qu'il faut combattre; mais on peut trouver un remède efficace au danger politique qui en résulte dans l'exercice du suffrage universel, sans recourir à des moyens coercitifs; ici, comme il arrive souvent, le remède est indiqué par le mal même : il suffit d'imposer au droit électoral la condition de l'instruction élémentaire. Cette mesure serait évidemment mieux appropriée à son objet qu'une amende infligée à des indigents; elle tendrait en même temps à répandre l'instruction et à atténuer les inconvénients sociaux de l'ignorance.

Je n'ai examiné jusqu'ici l'intervention de l'État dans l'éducation que sous son aspect matériel et financier. Il est un autre côté de la question beaucoup plus important : c'est celui de l'enseignement par l'État lui-même et de la liberté de l'enseignement privé.

Je n'hésite pas à reconnaître que, théoriquement, le gouvernement ne doit point se faire lui-même maître d'école ou professeur, et qu'il n'a point à déterminer les programmes, les méthodes, les doctrines qui seraient de la compétence de l'autorité spirituelle, s'il en existait une. Mais j'insiste sur ce point : le gouvernement n'est point affaire de science pure ; c'est une transaction continuelle entre la pratique et la théorie, entre ce qui est et ce qui doit être, entre le passé et l'avenir ; c'est pourquoi, je le répète, ceux qui prétendent diriger la société sont tenus de connaître l'un, et de prévoir l'autre autant que possible. Or, la difficulté ici consiste en ce qu'il n'y a pas d'autorité spirituelle constituée en harmonie avec les tendances de la société moderne ; qu'il en existe une, au contraire, encore puissante, quoique commençant à défaillir, profondément hostile à ces tendances, qui veut s'emparer de l'éducation en général, par ce moyen de la direction de la société, et qui, dans cette entreprise, a pour alliées la femme et la mère, ainsi que les débris du régime ancien auxquels se joignent les égoïstes et les trembleurs de tous les régimes. Bien plus, ce pouvoir, qui a autrefois dominé l'Europe, a son siège et ses représentants les plus élevés en dehors des frontières, et au-dessus des lois du pays. Enfin, ces dangereux adversaires du progrès réclament pour eux la liberté quand ils en ont besoin, mais la supprimeraient pour les autres s'ils venaient à triompher.

Dans cette situation anormale, l'État démocratique ne doit ni abdiquer, ni laisser faire. Il faut qu'il soutienne la lutte, qu'il y emploie les mêmes armes que ses ennemis, qu'il y fasse concourir toutes les influences progressives, et qu'il répande l'enseignement scientifique, lequel aura tôt ou tard raison de l'enseignement théologique. Il n'est pas à craindre que des efforts rétrogrades quelconques puissent arrêter l'évolution positive si prononcée à notre époque ; mais ils pourraient réussir à la dévier momentanément, et ramener à un niveau intellectuel inférieur à celui des nations voisines la France, déjà abaissée un instant, par les guerres impériales, au dernier rang des grandes puissances militaires.

Le caractère singulier et dangereux d'une pareille situation, c'est que la stabilité politique est compromise dans ses conditions rationnelles, et que la marche ordinaire du progrès est renversée. La masse prolétaire, qui a le plus besoin d'être dirigée et contenue, ne sent plus le frein des anciennes croyances, sans que les doctrines nouvelles, encore trop abstraites et trop scientifiques, puissent y suppléer. Tandis que les classes, une partie d'entre elles au moins, riches, spontanément conservatrices et dites éclairées, auxquelles leur développement intellectuel et moral permettrait, sans danger pour l'ordre social, d'entrer résolument dans l'esprit nouveau, s'obstinent dans de vaines tentatives de restauration théologique, surtout motivées par un intérêt mal entendu, et perdent ainsi l'influence directrice qui devrait leur appartenir.

Le remède à cet état de choses me paraît consister exclusivement, je le répète, dans la propagation de l'éducation scientifique et positive, et dans le retour, si possible, des classes supérieures à une plus saine appréciation du véritable progrès.

L'Église et l'État.

§ 170. — Suivant les considérations que nous avons exposées, la séparation des pouvoirs spirituel et temporel est une condition essentielle du progrès social. Mais séparation ne veut point dire hostilité, conflit ou combat.

S'il se produit un jour, comme tout porte à le croire, un ensemble de croyances communes, positives et toujours démontrables, le pouvoir spirituel qui sera chargé de propager et de développer les vérités correspondantes, loin d'être hostile au mouvement social, en sera le directeur et le régulateur. Il sera plutôt distinct que séparé du pouvoir temporel, et deviendra un organe essentiel de gouvernement.

Nous sommes loin de cet idéal ! Ce qui reste de l'ancienne autorité spirituelle, surtout catholique et romaine, est en hostilité évidente avec les tendances scientifiques et politiques de la pensée moderne, hostilité tantôt sourde et dissimulée, comme dans l'enseignement des congrégations religieuses ou dans la prédication, tantôt ouvertement déclarée, comme dans le *Syllabus*.

La situation ne serait point embarrassante si, par une évolution complète et rapide, la société moderne abandonnait des dogmes surannés et ceux qui les soutiennent. Mais la difficulté, comme je l'ai déjà fait remarquer, est que les uns et les autres ont encore sur la masse sociale une autorité considérable avec laquelle il faut compter.

Cette nécessité se traduit sous deux formes, dans deux systèmes différents. Le premier est le régime des concordats, sorte de traités de paix, de *modus vivendi*, établis entre des pouvoirs sinon ennemis, tout au moins rivaux. Le second a été formulé par le grand Cavour dans la maxime célèbre : *L'Église libre dans l'État libre.*

Cette dernière solution me paraît la meilleure, et je crois que l'on y sera conduit avec le cours naturel des choses ; mais je crois aussi que l'application immédiate et absolue en serait prématurée. En effet, la suppression du budget des cultes et leur entretien par les contributions exclusives et volontaires des fidèles en seraient, d'une part, la première conséquence ; d'autre part, l'Église devrait-elle être absolument libre de tout dire, de tout faire, et de mêler dans ses chaires et dans ses écoles l'opposition politique à l'enseignement religieux ?

Dans l'état de division des esprits, dans la situation actuelle de la société française, cela n'est guère possible. La suppression des traitements du clergé passerait, surtout dans les campagnes, pour une persécution religieuse, et son hostilité, dès lors déclarée et légitime en apparence, augmentant la confusion, poussant les conflits à l'aigu, pourrait avoir de regrettables conséquences.

On est ainsi ramené, dans une certaine mesure, au système des concordats et des transactions qui sont la difficulté, mais aussi le succès, des combinaisons politiques. La base de la transaction actuelle devrait être celle-ci :

L'État paye, au nom et à la place des fidèles, les ministres de tous les cultes; mais il leur impose l'obligation de se renfermer dans leurs temples et dans leurs séminaires pour y distribuer un enseignement exclusivement religieux à tous ceux qui viennent l'y chercher, et pour y exercer librement leur culte.

En dehors de ces édifices et de ces établissements spéciaux, tout sous le contrôle de l'État et rien sans son autorisation.

Les Libertés nécessaires.

§ 171. — Elles le sont toutes, à vrai dire, quoique à des degrés différents. La liberté est à la fois le résultat et la condition du progrès; sans elle, il n'y a plus de responsabilité, ni par conséquent de moralité. L'État idéal serait celui où, l'énergie du gouvernement n'étant que potentielle, l'homme, délivré de toute contrainte, adapterait librement au bien public son activité de toute nature. Nous en sommes encore fort éloignés; mais c'est le but qu'il faut marquer et auquel il faut tendre. Ainsi : liberté de conscience, point de religion d'État; liberté intellectuelle, point de doctrines officielles; liberté de circulation, point de passeport; liberté de la production, ni droit au travail, ni ateliers nationaux; liberté de l'échange, point de douanes; par-dessus tout, liberté de la presse et de la discussion. Voilà le programme de l'avenir, qui d'ailleurs est déjà rempli en partie, et, dans la disposition actuelle des esprits, n'a pas besoin de longs développements.

L'homme doit être absolument libre dans sa conscience et dans son intelligence; son indépendance subjective doit être complète. Mais, dans ses manifestations extérieures, sa liberté rencontre comme limites la liberté des autres, l'intérêt public et les conventions sociales; d'absolue elle devient relative. C'est au gouvernement protecteur de toutes les libertés qu'il appartient de déterminer ces limites, qui, suivant les époques et les circonstances, peuvent s'étendre ou se restreindre, mais finalement doivent aller toujours en s'élargissant.

Parmi les libertés nécessaires, il n'en est pas dont la réglementation soit plus délicate que celle de la liberté de discussion par la plume et par la parole. La souveraineté du nombre ne serait qu'une écrasante tyrannie si la minorité était obligée de se courber, soumise et muette, devant la majorité. Dans le jeu des partis politiques, il se forme toujours une minorité rétrograde qui sert de frein au mouvement, et une minorité progressive qui cherche à le précipiter. L'une et l'autre remplissent une fonction sociale ; elles ont le droit d'exprimer et de défendre leurs vues, leurs propositions, et de combattre, en s'y conformant, les décisions de la majorité. Ce droit lui-même n'est pas toutefois absolu ; il s'arrête au point où il deviendrait perturbateur et compromettrait, je ne dis point l'ordre moral dont le gouvernement temporel n'est point l'arbitre, mais l'ordre matériel dont il a la garde et la responsabilité. Dans une société où le suffrage politique est universel, où toutes les questions sont résolues directement ou indirectement par un vote populaire, la violence n'a plus d'excuse, et doit être d'autant plus promptement et décidément réprimée que l'ordre y est moins stable. Or, la discussion a dépassé toute limite, l'ordre est compromis, la violence apparaît, lorsque la conclusion est de saisir un fusil au lieu de déposer son bulletin de vote. Alors, la répression est justifiée ; à plus forte raison, si l'arme est préparée, offerte et distribuée. L'intervalle pourra être court entre la discussion et la menace, la transition rapide entre la simple critique et l'excitation à la lutte : c'est au gouvernement de la saisir et d'y mettre obstacle, appuyé sur la loi et sur l'opinion publique.

L'État Producteur et Distributeur.

§ 172.— Nous avons vu, avec H. Spencer, que, dans les organismes animaux supérieurs, les fonctions primordiales de la vie, la nutrition, la respiration, la circulation, ne dépendent point directement de l'encéphale, et s'opèrent d'une façon inconsciente. Autrement, l'intelligence et la volonté étant continuellement absorbées par ces fonctions, l'homme deviendrait incapable de tout progrès. De même dans les organismes sociaux perfectionnés, l'appareil régulateur ne doit être, si ce n'est par exception, ni producteur, ni distributeur. Si l'État se trouvait chargé de la création, de l'échange et du transport de tous les produits de l'agriculture et de l'industrie, il succomberait sous la tâche, et la société avec lui. Que l'on imagine l'alimentation publique subordonnée à la bureaucratie administrative, et l'on verra que le corps social courrait grand risque de périr d'inanition. Ce n'est donc que transitoirement ou dans des cas exceptionnels, s'il s'agit par exemple de pourvoir à la défense nationale, ou de constituer certaines réserves, ou d'exploiter dans un intérêt fiscal un produit de luxe comme le tabac, que le gouvernement peut se substituer à l'initiative et à l'industrie privées. Dans ce cas même, il doit, sous peine d'étouffer celles-ci, éviter une concurrence inégale et ruineuse entre elles et le trésor public.

Ces principes rencontrent peu d'objections en ce qui concerne la production agricole et industrielle. L'État, en général, n'est plus propriétaire que de quelques domaines successivement réduits par les ventes que nécessitent des dépenses toujours croissantes, et n'exploite que certaines fabrications dans un intérêt fiscal, militaire ou esthétique. Il n'en est pas de même de la circulation; sans parler des transports de la poste qui, par des motifs explicables, sont partout aux mains des gouvernements, il existe aujourd'hui dans la plus grande partie de l'Europe une tendance rétrograde des États à s'emparer de l'exploitation des chemins de fer.

Cette question et celle du libre échange sont des plus importantes que soulève l'industrie moderne. La seconde est certainement résolue en principe dans le sens le plus libéral chez tous les esprits impartiaux et désintéressés. La liberté complète des échanges n'est plus qu'une affaire de temps, et l'on y marche par des transactions plus ou moins justifiées en chaque cas, entre les principes et leur application, entre l'intérêt général et certains intérêts collectifs quelquefois considérables.

La question des voies de communication exige un examen plus attentif. Il faut distinguer le domaine de l'État, qui s'entend des biens que l'État peut posséder au même titre que tout autre citoyen, et qu'il peut, je dirais presque, qu'il doit aliéner, et le domaine public, qui comprend, entre autres, toutes les voies de communication par terre et par eau. Ce dernier, comme tel, est inaliénable, imprescriptible, et doit être, autant que possible, d'un usage commun, libre, ou tout au plus soumis à certains droits de péage. Les voies de fer, aussi bien que les routes, les chemins et les rivières navigables, font partie du domaine public; mais elles ne peuvent évidemment être soumises au même régime de parcours; chacun ne saurait être admis à y circuler avec sa voiture et sa locomotive. Le système le plus rationnel consisterait donc en ce que l'État les construisît dans les mêmes conditions économiques que les routes ordinaires, puis traitât de leur exploitation, pour un temps déterminé, avec des compagnies fermières. La durée des traités, la fixation des tarifs, l'exécution de certains travaux laissés à la charge des compagnies, tels que la voie, ou les stations, ou le matériel roulant, suivant que les ressources de l'État sont plus ou moins abondantes, peuvent donner lieu, du reste, à des combinaisons variées, sans sortir de la condition fondamentale d'une exploitation vraiment industrielle. On ne devrait s'écarter transitoirement de cette condition que dans les cas très rares où l'industrie privée élèverait des prétentions inacceptables pour l'exploitation de certains chemins peu productifs, que l'intérêt de la prospérité ou de la défense nationale rendrait cependant indispensables.

J'ajoute que l'administration militaire devrait être chargée de l'entretien et de l'exploitation d'une ligne stratégique, où se formeraient des bataillons spéciaux de chemins de fer, qui ne sont pas moins nécessaires aujourd'hui que des bataillons de sapeurs et de pontonniers.

La Défense nationale.

§ 173. — Nous sommes encore loin du moment espéré et prévu par les amis de l'humanité où la force armée sera réduite, dans chaque État, à une sorte de gendarmerie affectée au maintien de l'ordre public. L'instinct destructeur et déprédateur de l'homme primitif s'est modifié sans disparaître. La guerre devient une science, le pillage se régularise sous le nom de réquisitions, le droit du plus fort est érigé de nouveau en principe. Le fer et le feu sont proposés comme des moyens nécessaires de résoudre les questions de politique et de nationalité. Les peuples sont entraînés par des chefs ambitieux dans des luttes gigantesques, dont le but est la conquête et la domination. Il en est bien peu qui, à une date plus ou moins récente de leur histoire, n'aient à se reprocher ces excès. Il suffit malheureusement qu'il y en ait un seul animé de semblables passions, et dont la puissance soit une menace permanente au milieu de l'Europe, pour imposer à tous les armements et les sacrifices écrasants, nécessaires à la défense de leur existence et de leur indépendance.

Insensés ou coupables ceux qui ne conserveraient pas, au milieu des dissensions intestines, le souci suprême de la puissance et de l'indépendance du pays, et qui ne sacrifieraient pas à ces premiers des biens, sans lesquels les autres ne sont rien, les querelles de parti et même la forme du gouvernement! Dans l'état des esprits en France, si la liberté intérieure disparaissait, ce serait, comme on l'a vu souvent, par suite de réactions éphémères, et pour renaître bientôt. Dans la situation actuelle de l'Europe, de nouveaux désastres militaires entraîneraient une ruine irréparable et l'achèvement honteux d'un démembrement déjà commencé.

Il faut donc, avant tout, que la France ait une armée nombreuse et fortement organisée; le dévouement et le courage lui seront toujours donnés par surcroît, surtout lorsqu'il s'agira de défendre le sol du pays. Il faut que, abstraction faite de toute théorie, de toute spéculation sociologique, à l'encontre même des tendances de la civilisation, le service militaire soit obligatoire; que chacun, successivement, par rang d'âge et de validité, puisse être appelé à prendre utilement les armes pour la défense commune, et y ait été suffisamment exercé.

L'esprit d'examen et de discussion n'est point, il faut le reconnaître, favorable à la cohésion morale et à la discipline, qui sont la condition nécessaire de la force et du succès des armées. Cependant la discipline est, au fond, absolument indépendante des formes de gouvernement, et peut toujours être obtenue par des règlements sévères qui, s'appliquant à tous sans exception, et substituant autant que possible la loi à l'arbitraire, ne blessent ni l'égalité, ni la dignité humaine. Quant à l'unité morale, à l'entraînement des hommes par un sentiment commun, à défaut du dévouement à un chef militaire et à une dynastie, dont les ressorts semblent aujourd'hui bien usés, il reste l'amour du pays et le culte du drapeau qui le représente sur les champs de bataille. Ces sentiments, qui sont bien autant républicains que monarchiques, n'auront toute leur valeur que dans les guerres entreprises pour la défense du sol ou de quelque grand intérêt national. Ils perdront leur efficacité dans les guerres d'ambition et de conquête, pour lesquelles les démocraties ne sont point faites, et dans les troubles intérieurs, auxquels elles sont malheureusement plus exposées.

On a soulevé la question de savoir si le soldat doit une obéissance absolue à ses chefs, même dans le cas de violation de la loi. Je ferai d'abord observer que cette question peut tout aussi bien être discutée dans un État autocratique que sous une constitution républicaine; mais il vaut mieux l'écarter, au même titre que la recherche de toutes les notions absolues, qui finissent toujours par aboutir à d'inextricables contradictions. Il faut poser en principe la stricte obéissance du soldat au caporal, du caporal au sergent, et ainsi de grade en grade jusqu'au chef de l'État. C'est à la nation de bien choisir celui-ci. Si elle se trompe, si le premier défenseur de la loi en vient à la violer, il en résulte une sorte de cas de force majeure plein de doute et de périls, un trouble profond dans la conscience, dont chacun, citoyen ou soldat, suit alors l'inspiration.

Ainsi, service obligatoire pour tous, dévouement à la patrie et discipline rigoureuse, telles sont les trois conditions fondamentales du rétablissement de la puissance militaire de la France, et dont aucune, insistons sur ce point, n'est incompatible avec ses institutions politiques actuelles.

Il en est une dernière que je veux signaler en finissant, et qui est heureusement remplie dans notre beau pays mieux que partout ailleurs, à peu d'exceptions près : c'est la richesse nationale. Quelques esprits ont conçu des inquiétudes patriotiques sur l'infériorité de l'accroissement annuel de la population française. La population de l'empire allemand, qui est de 45 millions environ, dépasse déjà de 8 millions celle de la France vaincue et démembrée, et l'accroissement en est beaucoup plus rapide. Il y a donc là pour nous un sujet de préoccupation sérieuse. Une considération, cependant, peut nous rassurer : c'est que la force numérique des armées dépend des ressources budgétaires d'un pays au moins autant que du nombre de ses habitants.

Pour former une armée nombreuse et exercée aussi bien qu'elle peut l'être en temps de paix, il faut des cadres solides, anciens, bien payés, dans lesquels on puisse faire passer le plus de recrues possible pendant un temps suffisant à leur instruction. Il faut, en outre, des approvisionnements considérables d'armes, de munitions, de matériel de guerre de toute espèce, des places de dépôt fortifiées, des camps retranchés, des chemins de fer avec des installations spéciales de voies, de quais, de matériel roulant, etc., etc. Il faut, en un mot, des dépenses considérables que les nations riches peuvent seules supporter pendant un temps assez long. Nulle part les hommes ne manquent, mais bien l'argent. Sur une population de 37 millions d'habitants, la France compte environ 4 millions d'hommes de dix-huit à cinquante ans, c'est-à-dire plus de 3 millions capables de défendre leur pays et de lui rendre la sécurité perdue. C'est plus qu'elle n'en peut exercer et armer, même avec ses immenses ressources; c'est plus qu'il n'en faut contre ses ennemis. Il n'y a donc point lieu de trop se préoccuper de l'accroissement de la population : au point de vue militaire, il vaut mieux, dans un pays, moins d'habitants, et des habitants plus vigoureux, plus riches et plus intelligents; le patriotisme, dans cette question vitale, ne contredit pas à la théorie de l'évolution humaine.

§ 174. — En considérant le point d'où je suis parti, le chemin que j'ai parcouru rapidement à travers les connaissances et les idées humaines, et en voyant le point où je viens d'arriver, je ne puis me défendre d'une sorte de surprise. Je crois, cependant, ne pas m'être écarté beaucoup du sujet et même du titre que j'ai choisi; car si les réflexions précédentes sur les nécessités militaires de notre époque ne sont point des idées modernes, elles sont malheureusement d'une flagrante actualité. Je n'ai certes point voulu faire appel à la haine et à la guerre; mais j'ai jeté un cri d'avertissement presque involontaire, expression de l'inquiétude que je ressens pour l'existence et la grandeur de mon pays.

Un jour viendra peut-être où les peuples civilisés, où tous les peuples se réuniront dans des croyances unanimes, dans des sentiments universels de fraternité, de charité, d'amour de l'humanité; où ces croyances et ces sentiments seront assez énergiques et assez idéalisés pour mériter le beau nom de religion, que l'un des penseurs les plus profonds de notre temps et de tous les temps a cru pouvoir donner à la conception sociologique qu'il en a formée. En attendant, et à défaut de la religion de l'humanité rêvée par ce grand et noble esprit, cultivons la religion de la patrie, qui, plus que jamais, a besoin du dévouement et de l'amour de tous ses enfants.

FIN

TABLE DES MATIÈRES

PREMIÈRE PARTIE.

INTRODUCTION.

CONSIDÉRATIONS GÉNÉRALES.

DEUXIÈME PARTIE.

COSMOLOGIE.

TROISIÈME PARTIE.

SOCIOLOGIE.

FIN DE LA TABLE

www.ingramcontent.com/pod-product-compliance
Ingram Content Group UK Ltd.
Pitfield, Milton Keynes, MK11 3LW, UK
UKHW021846190726
13855UKWH00001B/168